· *Colección Sendero* ·

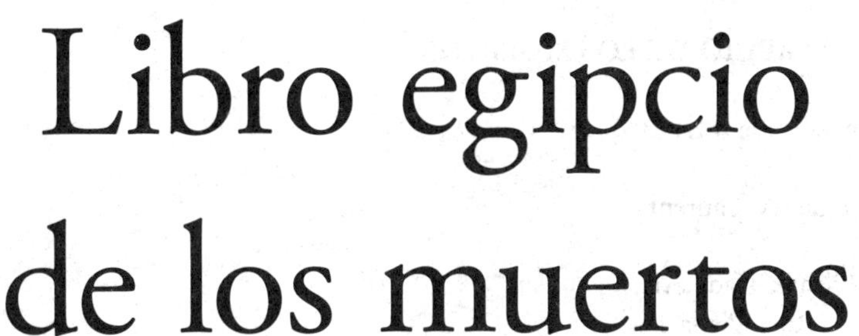

Libro egipcio de los muertos

Salida del alma hacia la luz del día

Primera versión poética

Traducción: A. Laurent

Según el texto jeroglífico publicado por Wallis Budge. (Kegan Paul, Trench and Trüber, Londres 1898)

LIBRO EGIPCIO DE LOS MUERTOS

Traducción: A. Laurent

Edita: Olmak Trade S.L.
C/ Roca Plana 1
08110 - Montcada i Reixac
Barcelona (España)

www.olmaktrade.com
info@olmaktrade.com

@O_BookTrade

Impreso en España / Printed in Spain

I.S.B.N: 978-84-10109-84-1
Depósito Legal: B 22591-2024

"...¿Ignoras, oh Asclepios, que Egipto es la imagen del cielo, o mejor dicho, que es la proyección de aquí abajo de todo el orden de las cosas celestes? A decir verdad, nuestra tierra es el centro del mundo. Sin embargo, como los sabios deben prevenir todo, hay una cosa que debéis saber: vendrá un tiempo en el que parecerá que los egipcios han observado en vano el culto a los dioses con tanta piedad y que todas sus santas invocaciones han sido estériles e inatendidas. La divinidad se retirara de la tierra y subirá al cielo, abandonando Egipto, su antigua morada, y dejándolo huérfano de religión, privado de la presencia de los dioses.

"El país y la tierra, se llenarán de extranjeros y no solamente se descuidarán las cosas santas, sino lo que es aún más duro, la religión, la piedad y el culto a los dioses serán prescriptos y castigados por las leyes. Entonces esta tierra, santificada con tantas capillas y templos, quedará cubierta de tumbas y muertos. ¡Oh Egipto, Egipto! No quedarán de sus religiones más que vagos relatos en los que la posteridad ya no creerá, y palabras grabadas en piedra que cuenten tu piedad."

HERMES TRISMEGISTO

INTRODUCCIÓN

De todos los pueblos de la antigüedad, ninguno ha manifestado por el misterio de la muerte un interés tan apasionado y exclusivo como el egipcio. El rito mortuorio, en las primeras épocas privilegio de los reyes o altos funcionarios, pronto se trasladó a todas las capas sociales. todo ser normal ambicionaba poseer las 'Palabras de Potencia", las fórmulas para devenir un dios, para sobrevivir en la tumba.

Los parientes del muerto solicitaban a los escribas una selección de conjuros (la más numerosa que poseemos es la del papiro de Turín, de unos ciento sesenta conjuros) que, en forma de rollos, colocaban en su tumba. En la actualidad, poseemos unos 190 fragmentos de dimensiones y valor innegables. Richard Lepsius hizo la primera edición en 1842, con el nombre de Libro de los Muertos, que si bien inexacta (el nombre correcto es "Salida del Alma hacia la Luz del día) ha perdurado hasta nuestros días.

El cuerpo del volumen consiste en un vasto monólogo del difunto, que dirige tanto a sí mismo como a los dioses y entidades del Más Allá. Como en todos los textos de origen oriental la repetición és una de las claves para la transmisión oral de las ideas. La actitud del recitante (el difunto) es, en general, la de un visionario: las visiones suceden a las visiones, y donde una cierta incoherencia no está jamás ausente. De las preocupaciones pmsóicas (bienes, comida, bebida) se pasa a sublimes elucubraciones sobre la Eternidad y el Absoluto. Algunos pasajes son dramáticos, otros patéticos, pero todos imbuidos de una profunda religiosidad.

En general, todo depende de la sangre fría del espíritu; si no ha sido puro sobre la tierra, puede sin embargo invocar las Palabras de Potencia, llamar a los dioses por su Nombre, penetrar los misterios del Más Allá..

El antiguo Egipto estaba fascinado por el Misterio de la Muerte. El Universo todo es un gran sarcófago, inmenso, cósmico. En el centro se encuentra Osiris, muerto y momificado, derrotado por las fuerzas del Mal. Sólo los otros dioses actúan, veneran a Osiris, vengan a Osiris, pero son arrastrados por los peligros y a veces "mueren"

Las diosas viven sollozando y lamentándose. Una atmósfera lúgubre, funeral se extiende sobre 'toda la vida egipcia.

Las fuerzas del Mal triunfan. Por cierto Isis y Neftis, Hathot y Neith protegen al mundo, pero Isis, la diosa principal, está viuda, y por ende todo iniciado, todo egipcio, está desprotegido, abandonado...

Osiris está muerto, pero Osiris vive. Es el Señor del Amenti, Rey del Mundo Inferior, juez supremo de los muertos. Existe, pero es un fantasma, un fantasma menos real que los muertos mismos. Y en esto consiste el caracter específico, único, del Libro de los Muertos, en esta conciliación singular y suprema de un Osiris a la vez presente y ausente. Es un dios símbolo, sus roles caen sobre los otros dioses: Ra, Tum, Horus... La falta de Osiris transforma a la existencia terrestre en irreal, en un crepúsculo para la vida póstuma, la única autentica. La tragedia de Osiris baña a todo Egipto de una angustia indecible y, como resultado, tenemos una actitud espiritual única en todos los anales del espíritu humano.

Toda la atención del hombre está sujeta a su vida futura, y son precisamente estos conjuros los que indican el camino a seguir. Todo es caótico allí: el triunfo al lado del terror, de la Barca de Ra a las tinieblas del Duat, de los Campos de los Bienaventurados a la constelación del Anca, Cronológicamente el desarrollo de la "odisea" tras la muerte es el siguiente:

el alma franquea el "Portal de la muerte" , emerge en el Más Allá, y es deslumbrada por la "plena luz del día" El corto fragmento, aparentemente mutilado del conjuro CLXXV nos relata las primeras impresiones. Después de haber recobrado la conciencia, el alma es irresistiblemente atraída hacia el cuerpo que acaba de abandonar: va y viene. Pero las entidades se encargan de guiarla, arrastrándola lejos del sarcófago. Asi' deberá atravesar una "región de tinieblas". descripta magnificam ente en un fragmento realista intercalado en el conjuro CLXXV, que comienza con estas palabras: ...¡Oh Tum! ¿A qué lugar llego ahora?': Desesperación, lamentos y gritos llenan las tinieblas. El camino esta obstruido.

La etapa siguiente está constituida por la llegada del difunto ante Osiris, el "Dios-Bueno ", el "Dios- delCorazón-Detenido ", el rey del Mundo inferior. Su morada es el Amenti (País Occidental); el resto del Mundo inferior es el Duat, región sombría y desolada, que contiene el Lago de Fuego, los Campos de Fuego (el Infierno propiamente dicho) y los demonios.

Una vez delante de Osiris, el difunto glorifica al "Dios-del-Corazón-Detenido " Con los brazos elevados en adoración frente al dios inmóvil, a cuyo lado se encuentran Isis y Neftis, el difunto pronuncia las fórmulas sagradas... A partir de ese momento la Unión mística está hecha: el difunto y Osiris son un solo ser.

En la etapa siguiente, comparece ante el tribunal de justicia presidido, nominalmente, por Osiris; también está presente Maat, la diosa de la justicia, pero no toma parte en el debate. El difunto recita la célebre "Confesión negativa" (Con/urn CXXV). Anubis pesa el corazón del difunto. Si no resiste esta prueba, deberá residir en el Reino del Duat; en caso contrario se transformará en un Espíritu santificado (iakhu).

A partir de ese momento una nueva vida comienza para él. Es libre de todos sus actos, de una libertad absoluta. Puede recorrer a su voluntad el Cielo, la Tierra y el Mundo Inferior, reconfortar a los condenados, visitar los Campos de la Paz y los Campos de los Bienaventurados (el Paraíso), tanto como la Barca de Ra o navegar con Khepra por el Oceáno celeste. El mismo se ha transformado en un dios...

Está orgulloso, constata que es joven, vigoroso, que desborda vitalidad, en tanto que la mayor parte de los dioses que lo rodean muestran signos de decrepitud. Es por eso que no cesa de proclamarse "el heredero de los dioses" Así se identifica, entonces, con esos dioses: unido a Osiris por su muerte, se transforma en Tum, Ptah, Thoth,... Los dioses saludan a su sucesor.

En general, estos dioses son también personificaciones más profundas: la diosa Maat, además de presidir la justicia, es también la noción del orden divino, de Orden en el Caos; la diosa Hathor, Madre del Mundo, representada con una Vaca sagrada, es en sí la naturaleza elemental; en tanto que el dios Khepra preside el devenir universal...

Los principales diez dioses "antiguos" mencionados en el Libro son: Nu (Nun), el Oceáno cósmico primordial donde reposan los gérmenes de los mundos por venir; Shu y Tefnut (el A ire y la Humedad); Keb (Geb), dios de la Tierra; Nut, diosa del Cielo; Tum (A Tum), el "único ", el "solitario", el dios del sol nocturno. Ra ocupa, entre otras cosas, el lugar de Zeus en la teología griega. Y luego, Ptah, Amon y Khnum, dioses demiurgos.

Así es, brevemente, el "argumento" principal de este "Libro". No hemos querido hacer de este trabajo un manual de erudicción, si hemos querido preservar su valor poético, tan descuidado por las ediciones anteriores. Es por eso que nos limitamos y nos limitaremos, durante todo el texto, a efectuar sólo las aclaraciones que creamos necesarias para la comprensión de la lectura.

La traducción de este volumen fue efectuada revisando las traducciones anteriores y comparándolas con el texto jeroglífico de Wallis Budge. Este texto no tiene ningún tipo de puntuación, tan sólo la grave majestuosidad de las aguas del Nilo. Es quizás una idea arbitraria otorgarle un ordenamiento poético, pero no menos cierto es que una versión 'literal" sería imposible, casi diría absurda. La dificultad esencial de la traducción no reside en la literalidad del texto, sino en la comprensión de los sentidos. La traducción de Birch, por ejemplo, es totalmente ininteligible.

Los egipcios pretendían que el "Libro" estaba inspirado por el propio

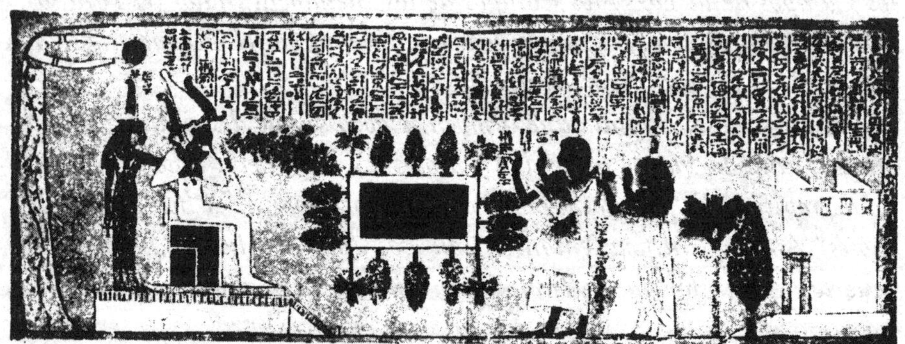

Osiris Khent-Amenti protegido por Maat y adorado por el escriba Nekht y por la hermana (la mujer), cantante sagrada del Templo de Amón. A la izquierda, la divinidad del Oeste recibe al Sol poniente. Al medio, un estanque rodeado de árboles frutales y de palmeras. A la derecha, una casa con el techo especialmente construido para recibir el aliento refrescante del viento norte.

Thoth, y es este dios quien habla por la boca del difunto (Conjuro I), quien revela la voluntad de los dioses. Así que, inspirado por Thoth, y por la Esfinge, símbolo de lo enigmático, entrego esta versión que, sin sacrificar escrúpulos de orden gramatical, revela por primera vez el gran valor poético del texto.

A.L.

Conjuro I

En los Conjuros que aquí comienzan,[1]
Se narra la Salida del Alma
Hacia, la plena Luz del Día
Su Resurrección en el Espíritu,
Su entrada y sus viajes en las regiones del Más Allá.

Son estas las palabras que deben pronunciarse
El día de la Sepultura,
Cuando el Alma, separada del Cuerpo,
Ingresa al Mundo del Más Allá.

¡Salve, oh Osiris, Toro del Ainenti![2]
¡He aquí que Thoth, Príncipe de la Eternidad,
Habla por mi boca!
Ciertamente, ¡soy el gran Dios
Que acompaña a la Barca celeste en su navegación!
Vengo ahora para luchar junto a ti ¡Oh Osiris!
Porque soy una de esas antiguas divinidades
Que hacen triunfar a Osiris frente a sus enemigos
En la Pesada de la Palabras. [3]

---

1. La palabra "ra-u", traducida generalmente "Capítulo", por los egiptólogos, significa en realidad encantamiento, sortilegio o conjuro, forma que he preferido para esta traducción.
2. El difunto comienza así su discurso dirigido a Osiris, soberano de los muertos. Lo llama "Toro del Amenti", es decir Todopoderoso del Más Allá, porque el toro representa la fuerza, el poder. El difunto se identifica con Thoth, el dios lunar, que acompaña en su navegación a la Barca celeste.
3. La "Pesada de las Palabras": así se designaba al Juicio del difunto en el Más Allá. Este se identificaba con Osiris; sus enemigos se transformaban en los de Osiris; y Horus, hijo de Osiris, debía protegerlo.

¡Oh Osiris! estoy ahora en lo que te rodea,
Como los otros dioses, nacidos de la diosa Nut;
Ellos destruyen a tus enemigos y aprisionan a los demonios.
Pues yo integro tu séquito, ¡oh Horus!
En tu Nombre, yo salgo al combate.

Soy Thoth, que hace triunfar a Osiris frente a sus enemigos,
Cuando son pesadas la palabras en el gran Santuario de Heiópolis.
Ciertamente, soy Djedi, hijo de Djedi.[4]
Nut, mi madre, me gestó y trajo al Mundo En la ciudad de Djedu.
Yo soy de los gimen y lloran por Osiris
En las tierras de Rekht
Y logran que Osiris triunfe sobre sus enemigos.
Ra ha enviado a Thoth para que Osiris triunfe
Sobre sus enemigos.
He aquí que Thoth me hace triunfar, a mí,
Sobre sus enemigos.
Yo estoy junto a Horus
El día en que la momia real de Osiris es vestida
Y hago brotar los manantiales de agua
Para purificar "El Ser-Divino-del-Corazón-Detenido".[5]
He aquí que deslizo el cerrojo de la Puerta
Que se abre ante los misterios del Mundo Inferior.[6]

Abrid la Vía a mi Alma hacia la morada de Osiris!
¡Que pueda acceder a ella con seguridad!
¡Que salga de ella en paz!

---

4. Djed: pilar liso, más ancho en su base que en la mitad, está cruzado en la parte superior por cuatro barras horizontales. Era el símbolo más antiguo de Egipto y tan importante como la cruz cristiana. Se empleaba para designar la columna vertebral de Osiris (eje del mundo); al propio Osiris; a la duración, a la eternidad y a la estabilidad, el Ser contrapuesto al Devenir. La ceremonia más antigua consistía en el "enderezamiento" del Djed acostado, que simbolizaba la resurrección de Osiris y, por eso mismo, la esperanza de salud eterna del difunto.
Djedi es un epíteto de Osiris. Djedu y Djedi eran las dos ciudades del Delta: Busiris y Mendés, donde Osiris era particularmente venerado.
5. Título oficial de Osiris, rey de los muertos y del Más Allá.
6. Los Misterios del Re-stau, la región más inaccesible del Más Allá, y la parte más difícil de la "travesía"; era la cuarta y la quinta etapa del viaje nocturno de la Barca de Ra.

¡Que no sea repelida a la entrada
E impulsada a retroceder!
¡Que le permitan entrar y salir a su voluntad
Y que la Palabra de Potencia sea triunfadora!
¡Qué sus mandatos sean cumplidos en la morada de Osiris!
¡Oh, Espíritus divinos, observad!:
Mi Alma marcha a vuestro lado.
Ella os habla está también purificada como vosotros,
Pues la Balanza del juicio se ha declarado en su favor.

*
* *

¡Que el veredicto de los jueces que me concierne
No circule en boca de las multitudes!
¡Que sea reconocida como justa y pura
Mi forma de obrar en la tierra!
¡Que pueda estar erguido, jubiloso, ante Osiris
Y que pueda aparecer delante de tí,
¡Oh Príncipe de los diose!
¡He aquí que arribo a la región de la Verdad-Justicia
Y que soy coronado como divinidad viviente!
¡Que emane la Luz, oh dioses, como uno de vosotros!
¡Que pueda pisar con mis pies
El sol sagrado de Her-Ahau
Y contemplar en su pareja travesía por el Cielo
A la Barca sagrada de Seket!
¡Que no sea rechazado
ni impedido de contemplar vuestros rostros,
Oh dioses del Mundo Inferior!
Que colocado al mismo nivel que los otros dioses,
pueda respirar el agradable olor de los alimentos,
Cuando el sacerdote
Invoque a los dioses ante mi ataud
Estoy en la ciudad de Sekhem,[7] junto a Horus,
Cuando éste arranque a los enemigos

7. Letópolis.

El brazo izquierdo de Osiris.[8]
Entro y paso, ileso, entre las divinidades resplandecientes
El día en que son aniquilados los demonios en Sekhem.
Acompaño a Horus a las fiestas de Osiris.
En el Templo de Heliópolis hago ofrendas
El sexto día de la fiesta de Denit.
Ahora, soy sacerdote en Djedu, a cargo de las libaciones.
Y este es el día en que la Tierra está en culminación.
Y he aquí que en mi presencia se realizan los misterios de Re-Stau...
En Djedu, pronuncio las fórmulas consagradas a Osiris.
Pues, sacerdote de difuntos, me ocupo de ellos.
Soy, igualmente, el gran Amo de la sabiduría mágica,
Cuando se coloca sobre los trineos
El barco del dios Sokari. [9]
Cuando en las ceremonias en Herakleópolis,
Hay que perforar la tierra, recibo una azada.
¡Oh, Espíritus divinos, que hacéis ingresar a las Almas perfectas
En la sagrada morada de Osiris,
¡Dejadme marchar a vuestro lado, a mí, alma perfecta!
¡Dejadme penetrar en el santuario de Osiris!
¡Que escuche como vosotros escucháis,
Que vea como vosotros véis,
Quede de pie o sentado, como vosotros, a mi voluntad!
¡Oh vosotros que ofrendáis a las Almas perfectas
En la mansión sagrada de Osiris,
entregad dones consagrados para que mi Alma viva!
¡Oh vosotros Espíritus divinos, que libráis de obstáculos la Vía,
Y delante de las ofrendas que me son destinadas.
¡Que pueda aproximarme al barco Neshem
Sin que mi alma ni su Amo
Sean rechazados!
¡Salve, oh Osiris, Señor del Amenti!
¡Déjame penetrar en paz en tu Reino!

8. El brazo izquierdo de Osiris correspondía al Oriente, y un ataque a este "lado débil" era para él un peligro mortal.

9. El dios Sokari es la más vieja de las divinidades de la región de los muertos. Durante la travesía del Re-stau (la morada de Sokari), es decir durante el momento más crítico de la iniciación, la barca solar no podía avanzar, siendo reemplazada por trineos.

¡Que los Señores de la Tierra Santa
Me reciban con gritos de alegría!
¡Que me otorguen un lugar junto a ellos!
¡Que encuentre a Isis y Neftis en el momento propicio!
¡Que el Ser-Bueno me reciba con favor!
¡Que acompañe a Horus al Mundo del Re-stau
Y a Osiris a Djedu!
¡Que pueda pasar por todas las Metamorfosis posibles
Y por todas las Regiones del Más Allá,
De acuerdo con los placeres de mi corazón!

RÚBRICA[10]

Si durante su vida en la Tierra el muerto ha aprendido este conjuro y lo ha hecho escribir en las paredes de su sarcófago, podrá salir o entrar en su Mansión a voluntad, sin encontrar a nadie que pueda oponérsele. También estarán a disposición suya pan, cerveza y carne, el altar de Ra; vivirá en los campos de Sekhtlath y compartirá con él las cosechas de trigo y cebada; y allá lejos será fuerte y venturoso como lo fue en la Tierra...

• • •

Conjuro II

PARA RESUCITAR TRAS LA MUERTE

¡Oh tú, dios del Disco lunar,
Que resplandeces en las soledades nocturnas! ¡Observa!
¡Yo también estoy junto a tí,
Entre los moradores del Cielo que te circundan!
Yo, Osiris, muerto, accedo a mi voluntad
Ora en la Región de los Muertos,
Ora en la de los Vivos en la Tierra,
A cualquier lugar donde me guíe mi deseo.

10. Algunos conjuros terminan, como éste, con una "Rúbrica", que suele responder a indicaciones de orden litúrgico o mágico (o bien reseñas históricas del conjuro que lo precede); en el original, de ahí su nombre, estaban escritas en rojo.

Conjuro III

PARA LLEGAR A LA LUZ DEL DÍA Y PARA VIVIR TRAS LA MUERTE

¡Salve, Oh Tum,
Tú que te elevas sobre las profundidades de los Abismos cósmicos!
¡Enorme es, ciertamente, tu fulgor!
¡Ante mi apareces en forma de un León con dos cabezas...
¡Permíteme aprender tu Palabra de Potencia!
¡Da tu fuerza a los que de pie, ante ti, la escuchan!
¡Aquí estoy y me uno a los innumerables dioses
Que te circundan, oh, Ra!
¡He dado cumplimiento a los mandatos que en la tarde
Has dado a tus servidores, oh, Ra!
En verdad, como Ra, tras la muerte vivo, día tras día,
Y como Ra renace todos los días de la víspera,
Así yo renazco de la muerte.
Todos los dioses del Cielo se regocijan viéndome vivir,
Así como se regocijan viendo vivir a Ptah,
Cuando se exhibe en todo su esplendor
En el gran templo de Heliópolis.

• • •

Conjuro IV

PASO POR SOBRE LA VÍA CELESTE EN EL RE-STAU

¡He aquí que cruzo los Abismos de las Aguas celestes
Que están entre los Dos Combatientes[11]
Y que arribo a los campos de Osiris...
¡Que pueda disfrutar de ellos a voluntad!

11. Hours y Seth.

Conjuro V

PARA NO TRABAJAR EN EL MÁS ALLÁ

Vengo de Hermópolis para erguir el brazo de aquellos
Que están incapacitados y abatidos.
Soy el espíritu vivo de los dioses.
Fui instruido en el Saber de los Espíritus-servidores de Thoth.[12]

• • •

Conjuro VI

LAS FIGURILLAS MÁGICAS

¡Oh tú Figurilla mágica, [13]óyeme!
Si he sido convocado
Si he sido sentenciado a realizar tareas de toda índole,
Las mismas que obligan a ejecutar a los Espíritus de los Muertos en el
Más Allá;
Pues entonces, ¡oh Figurilla mágica:
Ahora que ya posees instrumentos,
Debes obedecer al hombre en su requerimiento!
Debes saber que tú serás la condenada
En mi lugar, por los vigilantes del Duat:
A cultivar los campos,
A colmar de agua los canales,
A transportar la arena
Del Este al Oeste...
(La Figurilla contesta:)
-Aquí estoy... Espero tus ordenes...

12. Espíritus-servidores de Thoth (Iaani), adoradores del sol y maestros de sabiduría.
13. Figurillas encontradas en las tumbas, con forma de hombres, animales, etc, conocidas con el nombre de "ushebti" o "shauebti" (los que responden a las llamadas). Por medio de la magia se encargaban de todos los trabajos impuestos al difunto.

Conjuro VII

EL PASO POR DETRÁS DEL DETESTABLE APOPI[14]

¡Oh tú, funesta criatura de cera,
Que vives para destruir a débiles y desamparados!
¡Aprende que yo no soy débil!
¡Que no soy un alma exhausta y desanimada!
¡Que tus brevajes no podrán penetrar en mis miembros!
Porque el Cuerpo de Tum es mi propio Cuerpo! [15]
Y de no agonizar tú mismo,
¡Tampoco los sufrimientos de la agonia podrán llegar a mis miembros!
¡Porque yo soy Tum en el medio del Océano celeste!
¡Y verdaderamente ¡todos los dioses me favorecen eternamente!
Mi nombre es un Misterio.[16]
Mi morada es sagrada para siempre.
Ya no afrontará más a los Jueces del Infierno,
Pues desde ahora acompaño al propio Tum.
¡Soy omnipotente! ¡Soy omnipotente!

14. Apopi (Apepi o Apophi), Espíritu del Mal por Excelencia, de la teología egipcia. Se le llama «criatura de cera» porque se solía colocar figurillas de cera que lo representaban para realizar conjuros o invocaciones mágicas.
15. El dios Tum (Atum) corresponde al estado del Cosmos antes de la "escisión" es decir, antes de la salida del Sol, de la Luna, de la Tierra original. Tum ignora, entonces, la muerte, que según la teología egipcia acecha a todos los dioses.
16. Poseer el nombre de algo o de alguien era poseer este algo o este alguien.

Conjuro VIII

EL PASO A TRAVÉS DEL AMENTI

Yo penetro en los Misterios de Hermópolis, [17]
Pues el mismo Thoth ha puesto un sello sobre mi cabeza;
Y el ojo de Horus que he liberado me ampara, omnipotente.[18]
El reluce sobre la frente de Ra, Padre de los dioses.
Ciertamente, yo soy Osiris y permanezco en el Amenti.
Osiris, que conoce la hora fasta,
¡No vivirá sin que yo viva!
¡Pues yo soy Ra, entre los otros espíritus divinos,
Y no pereceré en toda la eternidad!
¡Arriba pues, tú, Horus resucitado!
¡Los dioses mismos te consagraron dios!

• • •

Conjuro IX

LUEGO DEL PASO POR LA TUMBA

¡Oh tú gran Alma, potente y llena de vigor!
¡Heme aquí! ¡Llego! ¡Te admiro!
He pasado las puertas del Más Allá
Para admirar a Osiris, ¡mi Padre divino!
Ahora esfumo las tinieblas que te rodean,
Pues te amo, Osiris, y vengo a admirar tu rostro.
Yo he perforado el corazón de Seth;
He realizado los ritos fúnebres por Osiris, Padre mío.

---

17. El templo de Hermópolis era la sede de los misterios de Thoth (Hermes) y de una escuela de teología rival de la de Heliópolis.
18. El "Ojo de Horus" era una de las más poderosas imagenes-visión; en la Tierra su equivalente es el Disco Solar. Era una divinidad distinta, guerra y activa, que velaba por la ordenación cósmica y combatía a sus enemigos.

Yo despejo los senderos en el Cielo y en la Tierra,
Pues soy Osiris, tu hijo, que te ama...
He vuelto aquí, con Espíritu puro y santificado.
Estoy fortificado por Palabras de Potencia...
¡Dioses del gran Cielo! ¡Espíritus Divinos!
Todos vosotros, ¡Contempladme!
¡Verdaderamente! habiendo concluido mi viaje
Llego aquí ante vosotros.

• • •

Conjuro X

UN ENCANTAMIENTO CONTRA LOS ENEMIGOS

He violado la entrada del Cielo.
Derribo ahora las Puertas del horizonte.
Voy por la Tierra toda entera. Espíritus superiores están bajo mis órdenes,
Pues mis poderes mágicos son incontables.
Mi boca y mis mandíbulas tienen gran fuerza. Ciertamente, para toda la Eternidad, soy el Señor del Duat;
Pero los medias de mi Ascensión no os serán desvelados...

• • •

Conjuro XI

UN ENCANTAMIENTO CONTRA LOS ENEMIGOS

¡Oh tú, Espíritu, que devoras tu propio brazo,
Aléjate de mi senda!
¡Pues yo soy Ra que se eleva en el Cielo frente a sus
enemigos! Ya no podrán huir de mí,
Este dios poderoso los ha dejado entre mis manos. Mi brazo está restau-

rado Como el del Amo de la Corona[19]
A medida que las diosas-serpientes se elevan,
Yo aligero mis pasos...
¡Ya no seré entregado a mis enemigos!,
Pues colocados en mis manos ya no podrán huir de mí.
Estoy de pie como Horus;
Estoy sentado igual que Ptah; soy tan fuerte como
Thoth; soy imbatible como Tum.
Mis piernas me llevan en su correr!
De mi boca se oyen Palabras de Potencia.
He aquí que busco por todo el Cielo a mis enemigos,
Que me serán entregados y no podrán ya huir de mí.

• • •

Conjuro XII

PARA ENTRAR Y SALIR A VOLUNTAD

Bendito sea tu nombre,
¡Oh Ra, Guardián de las Puertas misteriosas
De las que sale un Camino hacia Keb y la Balanza
Que contiene la Verdad y la Justicia!
¡Observa! ¡Yo trazo mi camino a través de la Tierra! ¡Dios quiera que pueda, como un niño, renacer a la vida!"[20]

19. Osiris.
20. La muerte es un "nacimiento" en los dominios del espíritu; el difunto deviene un "nuevo-nacido". *Nhh* significa: 1) haber nacido, 2) hacerse viejo. El determinativo del texto debe ser atribuido a un error del copista.

Conjuro XIII

LA ENTRADA AL AMENTI

Entro al Cielo como un Halcón.
Exploro las regiones del Cielo como un Fénix.
Los dioses idolatran a Ra y él libera los caminos.
Y ya penetro en paz en la bella Amenti.
Estoy aquí, al lado del Estanque sagrado de Horus;
Tengo cautivos a sus perros.
¡Liberada sea la Senda para mi!
¡Que penetre en ella
Y pueda idolatrar a Osiris, Señor de la Vida Eterna!

RÚBRICA

Declamar este conjuro sobre un brazalete de flores ANKHAM, puesto en la oreja derecha del muerto; declamar del mismo modo, sobre otro brazalete, liado con un paño de tinte púrpura, en el que se inscribirá el nombre del difunto en el día de sus funerales.

• • •

Conjuro XIV

PARA FINALIZAR CON EL SENTIMIENTO DE VERGÜENZA QUE AQUEJA AL CORAZÓN DE LOS DIOSES

¡Oh dioses, reguladores de los Ritmos sagrados,
Vosotros que dirigís el desarrollo de los Misterios...
Que vuestros nombres sean glorificados!
Oíd mis palabras:
"Ciertamente, los dioses se avergüenzan y confunden

Cuando descubren mis maldades;
Pero con los golpes que hará caer sobre mis pecados
El dios de la Verdad y de la Justicia
¡Mis culpas y defectos se esfumarán!"
¡Oh, Dios de la Verdad y de la Justicia,
Aniquila el Mal que habita en mí!
¡Borra mi Maldad y mis crímenes,
Expulsa de mi corazón todo el Mal Que podría alejarme de ti,
Para que la paz sea entre nosotros!
Y tú, ¡oh Señor de la Ofrendas,
Te traigo aquí lo que te dará vida,
Con el fin de que yo también pueda tenerla!
Y el sentimiento vergonzante que anida en tu corazón,
Por mi causa, ¡Destrúyelo para toda la Eternidad!

• • •

Conjuro XV

UN HIMNO A LA GLORIA DE RA

¡Salve, oh, Ra!,
Como Tum te elevas sobre el Horizonte;
Y como Horus-Khuti culminas en el Cielo. [21]
Tu belleza alegra mis ojos
Y tus rayos dan luz a mi Cuerpo en la Tierra.
La paz se expande por los vastos Cielos,
Cuando navegas en tu Barca Celeste.
He aquí que el viento impulsa las velas y regocija tu corazón;
Cruzas al Cielo con ligera marcha.
Son abatidos tus enemigos
Y la Paz te rodea.
Los Genios planetarios recorren sus órbitas
Cantando tu gloria.
Cuando detrás de las montañas del Oeste,

21. Horus-Khuti (o Horakhte, Harmakhis) es el "Horus de los Dos Horizontes" (matutino y vespertino) cuyo templo está en Edfú.

Bajas en el Horizonte, Los Genios de las estrellas fijas
Te adoran hincándose ante ti...
Al alba y por la tarde, es grande tu Hermosura,
¡Oh tú, Señor de la Vida y del Orden de los Mundos!
¡Gloria a Ti, oh Ra, cuando te elevas en el Horizonte,
Y cuando como Tum, por la tarde te acuestas!
¡Pues ciertamente, tus rayos son bellos
Cuando desde la cumbre de la Bóveda celeste
Te dejas ver en todo tu esplendor
Es allí donde vive Nut que te trajo al Mundo...
He aquí que eres coronado Rey de los dioses.
Nut, tu Madre, diosa del Océano celeste,
Se prosterna, adorándote a tí.
El Orden y Equilibrio de los Mundos, de tí fluyen.
Cuando partes, desde la mañana hasta la tarde, al llegar,
Caminas por el Cielo a grandes pasos.
Tu Corazón se regocija y el Lago Celeste queda en paz..
¡Abatido es el Demonio!
¡Sus miembros y vértebras son cercenadas!
Favorables vientos impulsan tu barca hacia el Puerto.
Eres adorado por las cuatro Regiones del Espacio.
¡Oh tú divina Sustancia
De la que fluyen todos los Seres y las Formas!
He aquí que has emitido una Palabra;
Y callada, la Tierra te escucha...
Tú, única Divinidad, reinabas ya en el Cielo,
Cuando no era aún la Tierra con sus montañas...
¡Tú, el Señor! ¡Tú, el Rápido!, ¡Tú, el único!
¡Tú, el Creador de lo existente!
Tú has modelado la lengua de las jerarquías divinas;
Tú has quitado los Seres del Primer Océano
Y los has salvado en una Isla del Lago de Horus...
¡Que pueda yo respirar el Aire cerca de tu Nariz
Y el Viento del Norte que envía Nut, tu Madre!
¡Oh, Ra, dígnate a consagrar mi Espíritu!
¡Oh, Osiris! ¡Reintegra a mi alma su naturaleza divina!
¡Gloria a ti, oh Señor de los dioses!
¡Sea alabado tu Nombre!

¡Oh Artífice de Obras admirables!
Esclarece con tus rayos mi Cuerpo Que descansa en la Tierra
Para toda la Eternidad...

• • •

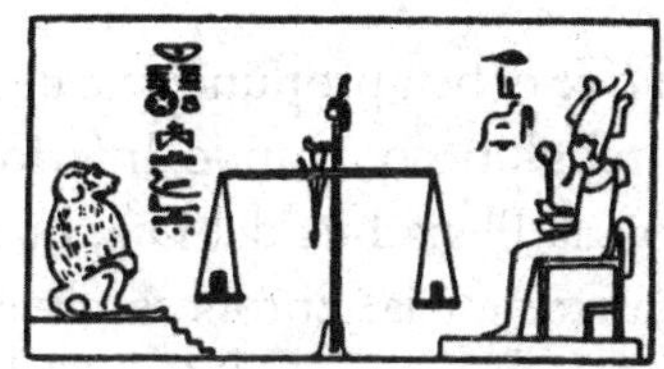

Conjuro XVI

(Sólo contiene una viñeta)

Conjuro XVII

PARA ENTRAR EN EL MUNDO INFERIOR Y PARA SALIR DE ÉL[22]

Comienzan aquí los himnos de adoración que deben pronunciarse cuando el difunto fuera ya (del cuerpo) entre en el glorioso Mundo Inferior y en la bella Amenti (o sea): cuando asomando a la Plena Luz del Día, puede expresarse a voluntad en todas las formas de la Existencia. Entonces, alojado en una sala, podrá jugara las damas o quizá realizará, por su cualidad de alma viviente, extensos viajes. Y dirá:

Yo soy el dios Tum,
Solitario de los amplios Espacios del Cielo;
Soy el Dios Ra
Elevándose al alba de los Tiempos Antiguos,
Similar al Dios Nu.[23]
Soy la Gran Divinidad
Que se procrea a sí misma.
Los poderes misteriosos de mis Nombres
Crean las jerarquías celestes
Los dioses no se oponen a mi progresión;
Pues yo soy. el Ayer
Y conozco el Mañana.
El cruel combate que libran los dioses,
Unos contra otros,
Es de acuerdo a mis voluntades.
Sé el Nombre misterioso
De la gran Divinidad que está en el Cielo;
Soy el Gran Fénix de Heliópolis;[24]

---

22. Este conjuro (con el mismo tratamiento que los conjuros XLII, LXIV, CLXV, y algunos otros) es uno de los textos más antiguos del Libro. Deliberadamente he suprimido las glosas y comentarios de la época que pretendían explicar este texto oscuro.
23. Nu, la más antigua de las divinidades egipcias. Dios del Espacio líquido e ilimitado, el gran océano cósmico.
24. El Fénix (BENNU) es una manifestación del Alma de Ra. Heliópolis (Annu o

Soy el que guarda el Libro del Destino,
Donde se escribe todo lo que fue
Y todo lo, que será.
Soy el Dios Amsu en el momento en que se hace presente,[25]
Y las dos Plumas de la diosa Maat
Engalanan mi cabeza.
He aquí que arribo a mi Patria de origen; [26]
Y aguardo el lugar de mi morada definitiva.
El Mal que habitaba en mí
Ha sido extirpado con sus raíces.
Mis defectos y mis vicios han sido barridos.
Yo recorro las Sendas del Más allá...
Ciertamente, me son conocidas.
Mi marcha sigue la dirección
De la Ordenación de los Mundos.
Ahora, arribo al país del Horizonte,
Cruzo el Portal sagrado...
¡Oh dioses! ¡Vosotros que os dirigís a mi encuentro,
Extended vuestros brazos hacia mí!
Pues conseguí ser un dios,
¡vuestro igual! Cuando el Ojo divino,[27]
En la Batalla de Horus con Seth
Estaba por extinguirse,
Yo restituí su vigor.
Y ordené los Circuitos celestes
Luego del gran Desmoronamiento de los Mundos...
Ayer ví nacer a Ra,
Cuando emergía de las profundidades del Cielo.
¡Entonces su fuerza es mi fuerza!,
Pues, realmente, soy un Espíritu poderoso
Entre los que circundan a Horus...
¡Oh guardianes del Orden de los Mundos, Salve!

Iunu) era el centro iniciático consagrado al culto de esta divinidad.

25. AMSU o MIN es una divinidad muy vieja; es una forma arcaica del Amón (Amun) de Tebas. Como Ptah de Menfis está representada envuelta en vendas de momia, ostentando en la mano el símbolo del poder.

26. Es decir el Más Allá.

27. El Ojo divino (de Horus, de Tum, de Ra, etc.), es una divinidad poderosa, guerrera, vengadora; una especie de representación del mismo dios. Ver llamada 18.

Vosotros, jerarquías divinas que circundais a Osiris,
Que destruís el Espíritu del Mal,
Y vosotros, servidores de la diosa Hotep-Sekhus [28]
Permitidme alcanzaros. ¡Destruid el Mal que se aferra a mi Alma!
(Como purificasteis a los siete Espíritus
Obedientes a su Señor, Sepa). [29]
He aquí a Anubis que ordena sitios para ellos
Durante este gran Día cuyo nombre es:
"¡Por aquí, ven!"
Yo soy aquel cuya Alma mora
En la doble deidad Djafi.[30]
Yo soy ese gran Gato divino[31]
Que cortó el Arbol sagrado de Heliópolis
En la noche de la destrucción
De los demonios, esos enemigos de Neberdjer[32]
¡Oh Ra! Tú que resides en el Huevo Cósmico,
Que resplandeces como Oro puro
En tu Disco solar,
Que asciendes por sobre el Horizonte
Y navegas por un Cielo de bronce,
Tú, inigualable, único entre los dioses!
El Cielo sostenido por los Pilares del dios Shu,
Tú lo recorres en toda su extensión...
Un hálito de Fuego emerge de tu Boca
Y tus gloriosos Espíritus alumbran las dos Tierras ....
¡Oh Ra! ¡Preservame de ese demonio
Que tiene su faz oculta tras un velo
(Los Brazos de la Balanza son tus dos cejas,
Cuando en la Noche fatal
Mis pecados antes de ser destruidos
Serán computados.)
¡Preservame de esos Espíritus-Guardianes
Provistos de largos cuchillos

28. Hotep-Sekhus, una variante del "Ojo de Ra", que combate y quema a sus enemigos.
29. El "Señor de Sepa", Anubis, dios psicopompo.
30. Djafi es un "alma doble", o cualidad de Osiris y de Ra en una misma persona.
31. El "gato divino", una manifestación de Ra.
32. Neberdjer ("Señor de los Mundos"), un epíteto corriente de Osiris (o de Ra).

Y cuyos dedos hacen tanto mal!
Yo sé: la mortandad de los servidores de Osiris es su placer...
¡Que carezcan de fuerza para conmigo!
¡Que no me lleven hacia sus calderas!,
Pues yo sé vuestros nombres, ¡oh dioses!,
Como sé quien es el Ser divino
Oculto en los dominios de Osiris,
Cuyo Ojo (Bien que el mismo se mantenga invisible y velado)
Reluce en el Cielo. Rodeado por una envoltura de fuego
Que emerge de su boca Anda por el Cielo dando órdenes
Al dios del Nilo celeste;
Y no obstante se mantiene invisible...
. . . .
¡Logre yo ser fuerte en la Tierra,
junto a Ra!
¡Logre arribar en paz hacia mi Puerto de amarre,
junto a Osiris!
¡Logre,oh dioses, hallar puras en vuestros altares
Las ofrendas que me son destinadas!
Porque yo soy de los que van tras Osiris...
Y el "Libro de las Metamorfosis" dice:
"Yo vuelo como un halcón,
Grito como un ganso salvaje;
Como Neheb-Kau, nunca pereceré".[33]
. . . .
¡Oh Ra-Tum, Príncipe de los dioses!
Tú que siempre contemplas la inmensidad del Espacio,
Guárdame de este demonio
Cuyo rostro se parece al de un can,
Pero cuyas cejas se asemejan a las de un hombre...
El monta guardia en los canales del Lago de Fuego;
El devora los cadáveres;
El acuchilla los corazones y arroja inmundicias...
Y sin embargo, El permanece invisible...
¡Oh tú, poderoso Señor de las dos Tierras,
Amo de los Demonios Rojos!,
Sé que dominas los sitios de las ejecuciones

33. Neheb-Kau, o bien Ra.

Y que los intestinos de los difuntos son tu comida preferida...
¡Aléjate!
Ahora, la Corona Real acaba de colocarse en la cabeza
De cierta deidad de Heracleópolis,[34]
Primera entre los dioses,
El día de la Reunión de las Dos Tierras ante Osiris;[35]
¡Oh dios de la cabeza de Carnero, Señor de Heracleópolis,
Destruye el Mal que se prende a mi Alma!
¡Guíame por los Senderos
De la Vida Eterna!
¡Presérvame de este Espíritu demoníaco
Que atisba en las Tinieblas!
Porque se adueña de las Almas y engulle los Corazones.
Se alimenta de inmundicias y de todo lo putrefacto.
Las Almas cálidas e indefensas
Le temen...
¡Oh Khepra, tú que remas en la Barca celeste! [36]
Las jerarquías divinas que forman tu cuerpo
Se descubren ante mis ofuscados ojos.
¡Oh Khepra! ¡Presérvame de los Espíritus
Que ejercen custodia en la proximidad de los Condenados!
Porque éstos les fueron dejados por Osiris
Con mandato de velar sobre sus enemigos,
De atarlos y matarlos en sus dominios.
¡No es fácil, ciertamente, huir de esos vigilantes!,
¡Que no me atrapen sus cuchillos!,
¡Que no sea entregado indefenso
A sus cavernas de tortura!,
Pues ciertamente nada hice
De lo que los dioses abominan;
Y fui lavado de todos mis pecados
Cuando penetré en Mesket.[37]

---

34. Hershefi, representada con una cabeza de carnero ("ARSAPHES").
35. La reunión de las dos Tierras -los dos Egiptos, el Alto y el Bajo- tenían gran importancia en la teología egipcia.
36. Khepra (Khepré), divinidad que presidía el Porvenir cósmico, era representada con la forma de un escarabajo.
37. Mesket y Tehenet: dos regiones del Duat (el mundo Inferior). El texto siguiente simboliza las etapas de la encarnación: Tum crea los cuerpos (la "morada"); el dios-

En el Tehenet, ya en la tarde, gozo con mi cena;
Tum erige mi morada,
Y quien dibuja los planos
Es el dios de doble cabeza de León.
Es así que me alcanzan perfumes sagrados;
Horus es purificado,
Seth cubierto de incienso;
Yo soy aceptado en esta Tierra
Y tomo posesión de ella con mis propios pies.
. . . .
Yo soy el dios Tum.
Llego a mi Patria de origen...
¡Retrocede, pues! ¡Retrocede, oh León Rehu!
Llamas emergen de tu boca;
Tu cabeza la circunda el fuego;
Pero por la fuerza de mi Palabra
¡Serás repelido!
¡Sabe que estoy alertado!,
¡Que soy invisible!
Isis se dirige a mi encuentro;
Derrama su densa cabellera sobre mi rostro...
Ahora percibo mi concepción por Isis y mi engendramiento por Neftis.
Estas dos diosas acosan a mis enemigos.
Me sigue mi Potencia acompañada del Terror.
Mis fuertes brazos siembran el pánico.
Incontables Seres plenos de amor y de esperanza
Me rodean por todas partes...
Separo las multitudes de los Espíritus enemigos
Y me adueño de las armas de los demonios.
Isis y Neftis dan a mi vida dulzura y dicha.
En Kher-aha y en Iunu[38]
Dirijo el acaecer de las cosas a mi capricho.
Doy miedo a todas las deidades; Porque yo soy muy grande;

León (Akeru) es el dios de la Tierra que forma el destino (los "planos"); enseguida el niño nace, introducido por dos entes adversos: Horus y Seth; al fin toma posesión de la Tierra...

38. Dos centros de misterios.

¡Mi autoridad es enorme!
Arrojo mis flechas contra todos los que blasfeman;
Vivo como me parece:
Pues yo soy la diosa Uadjitdueña de la Llama[39],
¡Ay de los se subleven contra mí!

• • •

Conjuro XVIII

(El sacerdote dice:)

¡Oh vosotras, Soberanas Jerarquías
Del Cielo, de la Tierra y del Mundo de los Muertos!
¡Es aquí que secundado por un difunto, llego a vosotras!
¡Que me quede, pues, para siempre, con vosotras!

(El muerto dice:)

¡Salve oh Señor del Más allá,
Osiris, Amo del Re-stau,
Dios-Bueno del Santuario de Abydos.
Es aquí que llego ante ti.
Siempre ha sido fiel mi corazón al Camino del Bien.
Mis ideas nunca fueron habitadas por el Mal.
En mi pecho ¡ningún pecado!
Nunca mentí premeditadamente,
Ni actué con falsedad.
¡Que las ofrendas, pues, fluyan hacia mí!,
Que pueda presentarme Ante el altar del Señor, de él ¡el Dueño de la Verdad y la Justicia!
Pueda, sí, entrar en la Región de los Muertos,
Salir de ella según mi voluntad.
¡Que mi alma no sea rechazada!

39. Uadjit: "el Ojo de Ra", diosa-vigía del Bajo Egipto.

¡Que pueda contemplar eternamente
Los Espíritus divinos de la Luna y el Sol!
¡Yo te saludo, Oh Rey de la Región de los Muertos,
Príncipe del Reino del Silencio!
Estoy aquí, ante ti... Sé cuales son tus deseos y conozco las normas de tu Reino;
Poseo el saber de las Formas y de las Metamorfosis
Realizadas en la Región de los Muertos.
¡Dadme un sitio en tu Reino;
Junto al Amo de la Verdad y la Justicia!
¡Ojalá pueda habitar en la Región de los Bienaventurados
Y aceptar ante tí ofrendas sepulcrales!
¡Oh Thoth!, tú que logras que Osiris triunfe sobre sus enemigos
Protégeme de mis enemigos: En esta noche siniestra,
En esta noche de batallas
En la que serán destruidos
Los enemigos del Señor de los Mundos...
Aboga por mí ante los tribunales: de Heliópolis...
De Busiris... de Sehkem... de Pe y Dep...
De Rekhti... de Djedu... de Nairerf... de Re-stau...[40]

RÚBRICA

Recitando el conjuro precedente, el difunto -después de su arribo al Más Allá- podrá salir a la plena Luz del Día y logrará a voluntad revestir las formas de todos los seres. Todo el que le lo haya recitado será fuerte en la Tierra. Cuando tenga que atravesar las regiones de Fuego en el Más Allá no será apresado por los malos actos cometidos en su vida en la Tierra; éstos no lo tendrán prisionero por toda la eternidad.

40. He abreviado la letanía del Conjuro XVIII que contenía diez secciones, repitiendo siempre las mismas fórmulas.

Conjuro XIX

LA CORONA DE LA VICTORIA[41]

Tum preparó para poner en tu frente
Una Corona de Victoria;
Para que, fiel a los dioses
Puedas vivir eternamente;
Porque Osiris, Señor de la Región de los Muertos,
Hace que triunfes sobre tus enemigos;
Keb te ha elegido como su legatario universal.
Ven, pues, y canta la gloria de Horus,
Hijo de Isis y de Osiris,
Que hace que asciendas por sobre el Trono de Ra, tu Padre divino,
Y te otorga el poder sobre las Dos Tierras.
Tum también lo ha resuelto,
Y esta orden ha sido ejecutada por la jerarquía divina de su séquito,
Pues todo el poder de Horus, hijo de Isis y de Osiris,
Ha surgido de la Victoria...
Del mismo modo que yo seré victorioso, sí por siempre...
Al triunfo de Horus, hijo de Isis y de Osiris,
Asisten todas las Regiones, todos los dioses y todas las diosas,
Las del Cielo y las de la Tierra.
Este triunfo conseguido ante Osiris era indispensable
Para que lograse yo Triunfar sobre mis enemigos
El día en que Horus consigue vencer
A Seth y sus demonios,
Yo, difunto, triunfo sobre mis enemigos,
En la noche de la Fiesta en que el Dios Djed
Es ascendido en Djedu;
Ante las divinidades que moran sobre las Vías de la Muerte...
Esto acontece en la Noche de los Misterios de Letópolis,
Ante los poderosos Seres de Pe y de Dep,
La Noche en que Horus se constituye en Heredero, La Noche de la Pa-

41. Este conjuro es una variación sobre el leitmotiv de la "reciprocidad" tan frecuente en el *Libro*: el difunto se identifica con Horus, hijo de Osiris y de Isis; por lo tanto, la victoria de Horus será la suya.

labra pesada ante los Grandes jueces;
La Noche en que Horus toma posesión del Lugar de Nacimiento de los dioses;
La Noche en que Isis, yacente,
Vela y llora a su Hermano bienamado;[42]
La Noche en que Osiris triunfa sobre sus enemigos...
Es aquí que Horus pronuncia cuatro veces
Las Palabras de Potencia;
Y sus adversarios yacen aplastados ya por tierra.
Yo, difunto, digo iguales Palabras Cuatro veces. ¡Ojalá mis adversarios
Sean abatidos y destrozados!
He aquí que Horus, hijo de Isis -y Osiris,
Es alabado en millones de fiestas,
En tanto sus enemigos son entregados
A la gran Destrucción del Abismo y la Nada...
¡Nunca podrán evadir
La terrible vigilancia de Keb![43]

RÚBRICA

Este conjuro se recitará sobre una corona debidamente consagrada y colocada sobre el rostro del muerto; en este tiempo el celebrante, pronunciando el nombre del difunto, arrojará el incienso sobre el fuego. Esto asegurará la victoria del muerto sobre sus enemigos durante el "pasaje" hacia la muerte; y cuando sienta su resurrección, se hallará en las proximidades de Osiris; y allí, mientras contempla la figura del Dios, surgirán dos brazos ante él, llevando uno pan, el otro la bebida consagrada...

Recitar este conjuro al alba, dos veces seguida. Este texto es de un poder infalible.

42. Isis y Osiris eran hermanos y esposos a la vez. Esta costumbre estaba muy extendida en todo Egipto, sobre todo entre la nobleza.
43. Keb, dios de la Tierra, juega un rol importante en el Más Allá, protegiendo los primeros pasos del difunto.

Conjuro XX

¡Oh Thoth, tú que das a Osiris la victoria sobre sus enemigos,
Prende también con tus lazos a mis enemigos!
En presencia de todos los dioses y de todas las diosas,
En presencia de los grandes dioses de Heliópolis,
En la noche de las batallas en Djedu
Y de la derrota de los demonios,
En la noche en que se pone de pie el Djed en Letópolis,
En la noche de las catástrofes entre las tinieblas,
Que tendrán lugar en Letópolis, en Pe y en Dep,
En la noche en que Horus adquiere sus derechos de Heredero
Sobre las posesiones de Osiris, su Padre, en Rekhti;
En la noche en que Isis se lamenta en Abydos
Ante el féretro de su Hermano, Osiris;
En la noche de la ceremonias de Haker
Donde se separan a los condenados
De los elegidos para cruzar las vías de la muerte;
En la noche de la ejecución de las almas condenadas,
Cuando se realiza en Naarerutf y en Re-stau
La gran ceremonia del cultivo de la tierra;
En la noche; por fin, en que Horus vence a sus enemigos...
Ciertamente, ¡Horus es grande!
Plenos de alegría están los dos Horizontes del Cielo;
Y lleno de contento el corazón de Osiris...
¡Oh Thoth! Permíteme, pues, triunfar sobre mis enemigos
En presencia de las jerarquías de los dioses y de las diosas
Que juzgan a los difuntos en nombre de Osiris,
Reunidos detrás de la cámara mortuoria de este dios...

RÚBRICA

Si un hombre ritualmente puro recita este conjuro, el muerto saldrá -después de su Arribo a Puerto[44] al campo Luminoso del Día; y podrá tomar a su capricho todas las formas de los seres y atravesar sin riesgo la Zona del Fuego. [45]

• • •

Conjuro XXI

PARA RESTITUIR A UN MUERTO LOS PODERES DE SU BOCA[46]

¡Salve Oh Príncipe de la Luz,
Tú que alumbras la Mansión de las Tinieblas!
¡Mira! ¡Me presento ante tí santificado y purificado!
Más ¿qué veo? ¡Tus brazos dirigidos hacia atrás
Rechazan todo lo que te llega de tus Antepasados![47]

44. Es decir, después de la muerte.
45. La Zona de Fuego: el Infierno.
46. Los títulos de los conjuros XXI y XXII son idénticos, tal como luego ocurre en otras partes del *Libro*.
47. Se refiere a los actos del Pasado, que pasan sobre el alma del muerto; en este

¡Dad a mi boca los poderes de la Palabra,
A fin de que cuando reinen la Noche y las Nieblas,
Pueda guiar mi Corazón!

• • •

Conjuro XXII

PARA RESTITUIR A UN MUERTO LOS PODERES DE SU BOCA

He aquí que subo ahora al Cielo del Universo misterioso,
Que asemeja al Huevo Cósmico circundado por sus rayos ...
[48]Que me sea devuelto el poder de mi boca,
¡Que pueda pronunciar ante el Señor del Más Allá
Las Palabras de Potencia!
¡Que no sea rechazado por las jerarquías divinas
El ruego de mis dos brazos tendidos con fe,
Porque en verdad, yo soy Osiris,
Señor del Re-stau!
¡Pueda, pues, compartir la ventura de aquellos
Que se hallan en la cumbre de la Escalera celeste!
He llegado aquí por voluntad de mi corazón;
He cruzado el Lago de Fuego [49]
Y mi presencia ha extinguido sus llamas.

---

caso, el alma de Osiris.

48. La doctrina del Huevo cósmico es común a todas las teorías: hindú, griega (órfica), escandinava, etc.

49. Es decir, el Infierno.

Conjuro XXIII

LA APERTURA DE LA BOCA DEL DIFUNTO

¡Ojalá Ptah pueda abrir mi boca!
¡Ojalá pueda el dios de mi ciudad desatar las ataduras
Que cubren mi rostro!
¡Ojalá Thoth armado con las Palabras de Potencia
Quite estas funestas vendilas, heredadas de Seth! [50]
¡Ojalá Tum pueda arrojarlas a la cara de aquellos enemigos
Que quieran usarlas para volverme impotente para siempre!
¡Ojalá Shu, con el arma de hierro
Que abre la boca de los dioses,
Pueda abrir mi boca![51]
Pues yo soy Sekhmet, la diosa que mora
En la Región de los Grandes Vientos del Cielo...
Soy el Genio de la Constelación Sahu [52]
En medio de los Espíritus divinos de Heliópolis.
¡Ojalá los dioses y Espíritus que escuchen los hechizos en mi contra
Permanezcan seguros e indiferentes ante ellos!

50. Las vendas que se colocaban en torno a las momias son el símbolo de la muerte y, por lo tanto, la "herencia de Seth"; porque Seth, por haber suprimido a Osiris, el principio de la Vida, deviene en el factor más importante de la muerte.
51. La abertura de la boca -con un instrumento de hierro dedicado especialmente a este fin- era una ceremonia de alta magia, y con ella se devolvía al difunto la facultad de la Palabra.
52. La constelación de Orión.

Conjuro XXIV

UN ENCANTAMIENTO PARA EL DIFUNTO[53]

Soy el Dios Tum.
Soy Khepra el dios del eterno Devenir,
Que escondido en el seno de su Madre celeste, Nut,
Talla y modela su propia Forma.
Los que residen en el Océano celeste
Vuélvense malos como lobos; Los espíritus de las jerarquías
Vuélvense furiosos como hienas
Oyendo mis Palabras de Potencia.
Pues a éstas las busco y recojo por doquier
Con más rapidez que la luz,
Con más habilidad que un perro de caza.
Oh tú que haces navegar la Barca de Ra,
¡Mira! Las velas y vergas de tu Barca
Dilatadas son por el soplo del viento,
Mientras fluye por el Lago de Fuego
En la Región de los Muertos.
He aquí que reúno todas las Palabras de Poder
De todas las Regiones en dónde se hallaban,
Así como en el corazón de todo hombre
Que las haya contenido...
Yo las busco y las unifico
Con más rapidez que la luz,
Con más habilidad que un perro de caza.
Soy aquél que hace nacer los dioses del Abismo,
Y cuando es cumplido su Ciclo,
Los ve bajar hacia la Nada
Y el exterminio mediante el Fuego.
He aquí que yo unifico todas las Palabras de Poder
Que trataba de hallar con más rapidez que la luz,
Con más habilidad que un perro de caza.

---

53. Este conjuro, con su triple repetición del refrán, es un ejemplo típico de un encantamiento egipcio.

Conjuro XXV

PARA RESTITUIR AL DIFUNTO SU MEMORIA

¡Que sea restituido mi Nombre en el Templo del Más Allá!
¡Que pueda atesorar el recuerdo de mi Nombre
Cercado por las Murallas encendidas del Mundo Inferior,
En el transcurso de la noche en que se contarán los Años
Y enumerarán los Meses.
Pues yo perduro junto al gran dios del Oriente celeste.
Todas las divinidades se jalonan detrás de mi;
Y mientras cada una de ellas pasa
Yo puedo pronunciar sus Nombres.

• • •

Conjuro XXVI

PARA RESTITUIR AL DIFUNTO SU CORAZÓN

¡Qué mi Corazón "ib" pueda encontrar su lugar!
¡Qué mi Corazón "hati" pueda encontrar su lugar![54]
¡Qué mi Corazón repose en paz conmigo!
¡Qué me comunique con Osiris al Este de la pradera en flor!

54. "Hati" significaba, en un comienzo, "lo que está por delante", "pecho"; después se utilizó en el sentido físico, situado en la vida subconsciente e instintiva. Por el contrario "Ib" era el comienzo, el corazón conciente, lleno de aspiraciones y deseos, y lugar donde residía la voluntad lúcida y la conciencia moral.
Después de la muerte, era "ib" quien juzgaba -en primera instancia- la vida terrestre del difunto. (Cf. A. Piankoff: *Le Coeur dans les Textes egyptiens*, 1939.)
En los conjuros XXVI al XXX, que forman un grupo aparte homogéneo, los términos relativos al corazón son empleados en sentido diametralmente opuesto.
"Hati" es el *pasado*, el Karma fijo. El destino *futuro*, la posibilidad, es "Ib". De allí la insistencia del difunto en la *sustitución* del corazón "ib" en lugar del corazón "hati".

¡Que pueda subir y descender con mi Barca el Nilo celeste!
¡Que los poderes de mi boca me sean devueltos,
De modo que pueda pronunciar las Palabras de Potencia!
¡Que los poderes de mis dos piernas me sean restituidos,
De modo que pueda caminar!
¡Y de mis brazos, de modo que pueda derrotar a mis enemigos!
¡Qué las Puertas del Cielo permanezcan abiertas para mi!
¡Qué pueda Keb, Principe de los dioses, abrir mis dos mandíbulas!
¡Qué pueda él abrir las pesadas vendas
Que cubren mis dos ojos!
¡Qué pueda él separar mis dos piernas!
¡Qué Anubis fortalezca mis piernas
De modo que pueda mantenerme erguido!
¡Que pueda la diosa Sekhmet conducirme al Cielo!
¡Que los secretos me sean revelados en Menfis!
Mi saber visionario lo doy a mi Corazón "ib";
Mi poder mágico lo doy a mi Corazón "hati".
Yo dirijo a mis dos brazos y mis dos piernas me obedecen.
En verdad, ¡puedo cumplir con la voluntad de mi Ka!
Mi Alma no será aprisionada en mi cadáver
Ante las Puertas del Más Allá;
Así podré entrar y salir en paz.

• • •

Conjuro XXXI

PARA QUE EL CORAZÓN NO LE SEA ARREBATADO AL DIFUNTO

¡Salve, oh divinidades terribles,
Que aferran y destruyen los Corazones!
¡Vosotros, Señores de la Duración, Príncipes de la Eternidad!
No aferren nunca
Mi Corazón "ib" ni mi Corazón "hati";
¡Que las palabras de acusación
No sean pronunciadas en mi contra!

¡Oh vosotros, que haceis pasar por las Metamorfosis,
En conformidad con los actos pasados, el Corazón del hombre,
Pueda mi conducta sobre la Tierra impedir que me culpen ante vosotros en el Más Allá!
Pues este Corazón pertenece al de un dios, Señor de los Nombres mágicos,
En el cual las Palabras son potentes en su Cuerpo.
Él ha dirigido su Corazón hacia estas entrañas
Y las ha renovado delante de los dioses.
Nadie le habla mucho a este poderoso
De lo que ha hecho sobre la Tierra!
Su Corazón, como sus Miembros obedecen sus órdenes.
¡Su corazón no lo abandonará jamás!
Así que, victoriosos, ¡yo te ordeno
Que me obedezcas en el Mundo Inferior
Y en la Región de la Eternidad!

• • •

Conjuro XXVIII

PARA QUE EL CORAZÓN NO LE SEA ARREBATADO AL DIFUNTO

¡Salve, oh dios de la doble cabeza de León,
¡Mírame! yo soy una Planta en flor!
¡Por tal causa el cadalso me horroriza!
¡Ojalá que mi corazón no sea desgajado de mis entrañas
Por los dioses de Heliópolis que luchan ávidamente!
¡Oh tú, espíritu benefactor que ornaste con vendillas
La momia de Osiris;
Tú que enfrentaste, heriste y abatiste a Seth,
¡Obsérvame! Mi corazón que llora ante Osiris
Rogando está por mí... He aquí que, en el Templo del dios del rostro terrorífico,
Le he ofrendado todo lo que anhelaba;
Y en Khemenú me he apoderado de ofrendas para él.

¡Oh Espíritus! ¡No me arrebatéis ya más mi Corazón,
Pues permito tu acceso a mi morada
Con el fin de que pronto podáis llevar
Este Corazón con vosotros
Hacia los Campos de los Bienaventurados...
Hacedle vigoroso, ¡libradle
De todos cuantos puedan horrorizarle!
No le quitéis el alimento espiritual que está en vuestro poder,
Pues mi Corazón ha respondido a los designios de Tum
Y masacrado a sus adversarios en las guaridas de Seth...
Que este Corazón "hati" que está aquí
No reemplace al Corazón "ib"
Ante los dioses del Mundo Inferior. Y el que halle una de mis piernas
O vendillas que hayan sido de mi Momia,
¡Que le sea permitido enterrarlas con esmero!

• • •

Conjuro XXIX

PARA QUE EL CORAZÓN NO LE SEA ARREBATADO AL DIFUNTO

¡Partid! ¡Alejáos de aquí, Mensajeros del Señor del Más Allá!
¿Llegáis para quitarme mi Corazón, poseedor de la vida eterna?
Ciertamente, no, ¡No os será entregado!
Los dioses pronto se percatarán, cuando yo avance,
Pues por doquier hay ofrendas y plegarias en mi honra:
Sobre y debajo de ellos, cada una en su sitio...
Yo velo en verdad el dominio de mi Corazón;
Y nunca, no, me será arrebatado.
Pues yo soy el Señor de los Corazones
Y otorgo una nueva duración a los corazones
Que viven en la Justicia;
Yo soy Horus que vive en los Corazones,
En el medio de los Cuerpos.

Yo vivo por mi Palabra de Potencia.
¡Que mi Corazón "ib" no me sea arrebatado!
¡Que mi Corazón "hati" no sufra transformación alguna!
¡Que no se ejerza violencia alguna contra mí!
Pues yo habito en el Cuerpo de Keb, mi Padre,
Y en el de Nut, ¡mi Madre divina!
Y no habiendo cometido acción que los dioses abominen
¡Pueda una Victoria glorificar esta prueba!

• • •

Conjuro XXX

PARA QUE EL CORAZÓN DEL DIFUNTO NO SEA RECHAZADO

Mi Corazón "ib" llega a mí de mi Madre celeste.[55]
Mi Corazón "hati" me llega de mi vida sobre la Tierra.
¡Que no se digan falsos testimonios en mí contra!
¡Que los jueces divinos no me rechacen!
¡Que sean certeros los testimonios
De mi conducta en la Tierra Ante el Vigilante de la Balanza
Y el divino Señor del Amenti!
¡Salve, oh mi Corazón "ib"!
¡Salve, oh mi Corazón "hati"!
¡Salve, oh Entrañas mías![56]
¡Salve, oh dioses majestuosos de Cetros brillantes,
Señores de sagrada cabellera![57]
¡Que vuestras Palabras de Potencia me protejan ante Ra!
¡Hacedme fuerte ante Neheb-Kau!
Ciertamente, aunque mi Cuerpo permanezca atado a la Tierra
No falleceré, pues seré santificado en el Amenti...

55. El corazón "ib" es visto como un principio *maternal*, es decir, de potencialidad ilimitada. Ver llamada al conjuro XXVI.
56. Las entrañas (hígado, riñones, pulmones, etc.) eran consideradas un "testimonio" en pro o en contra del difunto.
57. La cabellera, el peinado y la forma de la cabeza de cada divinidad correspondían a su "aura" específica.

¡Oh tú Espíritu encargado de la Balanza del juicio,
Apréndelo: ¡tu eres mi Ka!
¡Pues habitas en los límites de mi Cuerpo!
¡Tú, emanación del dios Khnum,
Das la Forma y la Vida a mis Miembros!
Ven pues hacia el origen de la felicidad
Hacia donde juntos nos dirijimos.
¡Que mi nombre no sea corrompido ni repugne
Ante los Señores todopoderosos
Que, rigen los Destinos de los hombres!
¡Que la Oreja de los dioses se alegre
Y estén plenos sus Corazones
Cuando mis Palabras sean pesadas
En la Balanza del juicio! ¡Que no se digan falsas palabras
Ante el dios poderoso, Señor del Amenti!
En verdad, ¡grande será el día de la Victoria!

RÚBRICA

Decid las oraciones sobre un escarabajo de piedra ornado de cobre y decorado con un anillo de plata; que luego sea colocado en el cuello del difunto.

El Conjuro precedente fue hallado en la ciudad de Khemenú (Hermópolis Magna) a los pies de una efigie que simbolizaba al dios sacrosanto (Thoth). La inscripción, grabada en un bloque de hierro en la propia escritura del dios (o sea en jeroglífico), fue descubierta en épocas del rey Men-Kau-ra (Menkera, 2700 años a. C.) por el príncipe real Herutataf, en ocasión de su viaje de reconocimiento de los templos.

Conjuro XXXI

PARA RECHAZAR A LOS ESPÍRITUS CON CABEZA DE COCODRILO

¡Vuelve!, ¡Retrocede, oh tú Su¡, demonio con cabeza de cocodrilo!
¡Verdaderamente no tienes poder sobre mí
Ya que, Espíritu consagrado, yo existo
Gracias a la Potencia maravillosa que vive en mí!
Escucha como pronuncio ante tí el Nombre de la gran divinidad,
Para que ella te deposite en manos de sus mensajeros
Uno de los cuales es llamado: "Señor de los Cuernos",
Y otro tiene por nombre: "Tu cara se vuelve hacia la Verdad y la Justicia".
Las Revoluciones de los Cielos
Se adaptan a los Ritmos de los Tiempos.
Así también, mi Verbo de Potencia
Circunda y guarda mis dominios.
La magia, aquella que fluye de mi Boca, Crea una red impenetrable
Y mis dientes semejan a un cuchillo de sílex.
Tú, demonio que reposas acechante y recorres todo con tu ojo inmóvil,
Aprende que mi Palabra de Potencia
No te será posible, ¡no! arrancármela...
Tú, demonio de cabeza de cocodrilo,
Cuyo único sustento son las Palabras de Potencia quitadas a la fuerza,
Palabras que mantienen y sostienen la vida,
Las mías, ¡apréndelo!, ¡no podrás arrancármelas!

Conjuro XXXII

ENCANTAMIENTO PARA RECHAZAR A LOS ESPÍRITUS CON ROSTRO DE COCODRILO

Ha sido abatida la gran Divinidad antigua, derribada...
Sobre un costado descansa, el rostro contra la Tierra.
Sin embargo las jerarquías celestes la elevan...
Y ahora mi Alma arriba: habla con su Padre divino...
Y le libra de las trampas de ocho demonios con cabeza de cocodrilo...
Ciertamente, conozco sus Nombres
Y sé como se sustentan;
Libero yo a mi Padre celeste de los actos de estos demonios.

¡Aléjate demonio con rostro de cocodrilo,
Tú cuya morada está en el Oeste!
¡Sé que los Signos del Zodíaco te sustentan.
Sabe, pues, que yo traigo en mi corazón lo que más tú odias!
¿Te vuelves implacable frente de Osiris?...
Pues escucha: ¡Yo soy Ra!
¡Aléjate, diablo con rostro de cocodrilo,
Tú que moras en el Oeste!
Aprende que el Espíritu Serpiente Naau mora en mi pecho!
Lo voy a arrojar contra ti,
Para que tu fulgor no pueda dañarme.

¡Aléjate demonio con rostro de cocodrilo,
Tú que moras en el Este!
¡Te nutres de los que devoran las basuras!
¡Lo que traigo en mi Corazón
Es lo que tú más aborreces!
¡Observa!
¡Mira como camino!
Sí, yo soy ¡Osiris!

¡Aléjate demonio con rostro de cocodrilo,
tú que moras en el Este!
¡La diosa-serpiente Naau habita en mi pecho!

¡La arrojo hacia tí, ¡míralo!
¡Tu fuego no podrá perjudicarme!

¡Huye, demonio con rostro de cocodrilo,
Tú cuya morada está al Sur!
¡Tú que persistes entre desperdicios y excrementos!
Porto en mi corazón lo que más odias.
¡Que no esté en tu mano la fulgurante llama!
Soy Septu, la divinidad del sol, ¡obsérvame!

iAléjate demonio con rostro de cocodrilo,
Que moras en el Sur!
¡Mírame, estoy sano y salvo,
Andando entre flores plenamente abiertas!
Sabe, pues, que no seré entregado a tí, ¡no!

¡Aléjate demonio con rostro de cocodrilo,
Que moras en el Norte!
¡Tú que vives de las violencias
Que utilizas hora tras hora!
¡En mi pecho traigo lo que más tú aborreces!
¡Que tu veneno no llegue a mí
Que verdaderamente soy Tum!

¡Aléjate demonio con rostro de cocodrilo,
Tú que moras en el Norte!

¡Observa! ¡La diosa Serket[58] reside en mi pecho!
Ciertamente yo soy la diosa de ojos de esmeralda.
Todo lo creado, ¡bajo el designio de mi brazo está!
Respecto a los mundos futuros,
Las posibilidades que crecen, oprimidas están aquí en mi pecho.
Acorazado estoy con Verbos mágicos de gran poder.
Han sido sacados del Cosmos, de la parte inferior a mí.
Respecto a mi Ser, sublimado y engrandecido ha sido.
Mi Laringe descansa junto a mi Padre Celestial, [59]

58. Serket (o Selkit): diosa de la cabeza de escorpión.
59. La importancia de la laringe —como en el conjuro XXXVIII— se debía a que era

El dios antiguo, el grande,
Que situó cerca de mi poder al bello Amenti,
País de los Muertos,
Con todos los que están condenados y los que vivirán...
En lo que atañe a él mismo, este dios, en épocas de gran poder,
Reside allí también, eternamente inerte y quieto...
¡Observa!, ha quedado descubierto mi rostro,
Mi corazón está en el sitio debido
Y mi cabeza es adornada con la Corona de Serpientes.
¡Porque yo soy Ray sabré defenderme!
¡Ciertamente ningún influjo negativo me alcanzará!

• • •

Conjuro XXXIII

PARA RECHAZAR A LOS DEMONIOS-SERPIENTES

¡Espera, Rerek![60] ¡Huye, demonio de cabeza de serpiente!
¡Mira, ahí tienes a Shu y a Keb que despejan tu camino!
¡No te muevas! ¡Quieto ahí mismo!
Pues te nutres de ratas, que Ra detesta,
Y roes los huesos del gato putrefacto.

• • •

Conjuro XXXIV

PARA EVITAR LAS MORDEDURAS DE LOS DEMONIOS-SERPIENTES

¡Oh tú diosa de cabeza de Serpiente!
¡Observa!, soy la luz que ilumina los incontables años futuros

---

el órgano de la Palabra.
60. Nombre de un demonio.

He aquí la leyenda inscripta en mi estandarte:
"Lo futuro florece rumbo a mi encuentro",
Pues yo soy la diosa con cabeza de Lince.

• • •

Conjuro XXXV

PARA NO SER DEVORADO POR LOS DEMONIOS-SERPIENTES

¡Observa, Shu! ¡Aquí está Djedu!
¡Observa Djedu! ¡Aquí está Shu!
Uno y otro tienen en su poder la corona de Hathor.
Amorosamente ellos tienen a su cuidado
La momia de Osiris.
Aquí dos demonios se aproximan para devorarme...
Pero sin que lo advierta el diablo Seksek, camino entre ellos...
Este ser que ruega: ¡Cuidad de mi sepulcro!, es Osiris,
O sea yo mismo.
El Príncipe de los dioses mira hacia él y con su Ojo lo purifica;
Según el juicio dictado, Le otorga su porción de Verdad-Justicia.

• • •

Conjuro XXXVI

PARA RECHAZAR A LOS DEMONIOS

¡Retrocede!, ¡aléjate!, demonio de las fauces abiertas!
Pues yo soy Khnum, señor de Pshemu. [61]
Yo traigo a Ra las palabras de los dioses,
Un mensaje del Amo de esta casa.

61. Khnum, dios demiurgo.

Conjuro XXXVII

INVOCACIÓN A ISIS Y A NEFTIS

¡Salve, oh diosas hermanas his y Neftis!
¡Os anuncio mis palabras de Potencia!
He aquí que en medio destellos Navego en mi barca celeste.
Ciertamente, yo soy Horus, hijo de Osiris:
Vengo aquí para admirar a Osiris, mi Padre.

• • •

Conjuro XXXVIII

PARA VIVIR POR LA RESPIRACIÓN (Papiro Nu)

Yo soy el Dios Rerti, primer hijo de Ra y de Tum.
Los espíritus que viven ocultos
Preparan para mí los senderos
En medio de los Abismos del Cielo.
Estoy aquí cumpliendo los Circuitos signados
Yendo por la senda que recorre la Barca de Tum...
Elevado en medio de la Barca de Ra Recito las palabras de los Iniciados
Y oro por aquellos cuya laringe no ha salido ilesa
De la prueba de la muerte...
Y ahora la Tarde llega...[62]
Mi Padre celeste pesa mis actos y me juzga...
Sellados están los labios de mi boca,
Pues se me ha alimentado con la Vida Eterna...
Ciertamente, yo resido en Djedú;
Existo nuevamente después de la muerte,
Tal como Ra, renaciendo todos los días.

62. La "tarde" finaliza el "día" y es el símbolo de la iniciación, que corona la evolución espiritual del hombre.

Conjuro XXXVIII

PARA VIVIR POR LA RESPIRACIÓN (Papiro Nebseni)

Yo soy el dios Tum surgiendo del Océano de antes
Y surcando los Abismos del Cielo.
Me ha sido asignado un lugar en la Región de los Muertos.
He ordenado a los Espíritus sagrados
Cuyas moradas son secretas
Y a los Servidores de la divinidad de la doble cabeza de León.
He surcado el Cielo cantando los himnos en la Barca de Khepra.
Un flujo vivificante ha sido mi alimento...
Merced a él, poseo los poderes mágicos,
Sentado en la Barca de Ra.
Ra prepara para mí los caminos y abre las Puertas de Keb.
Yo impulso tras de mí a quienes habitan
En la cercanía de la poderosa divinidad.
Yo enseño el camino a los que residen en sus cámaras mortuorias .
. . . . Los dioses Horus y Seth. [63]
Yo guío a los jefes de los hombres.
Yo entro y salgo a voluntad en la Región, de los Muertos.
Mi laringe está sana y salva;
Navego en la Barca de la diosa Maat;
Y enseguida paso a la Barca de Ra.
Estoy junto a este dios en sus moradas celestiales,
Entre el séquito que rodea a este dios...
Estoy aquí existiendo tras la muerte cotidiana de mi vida.
Me siento poderoso y semejante al dios de la doble cabeza de León...
Ciertamente, existo tras la muerte y liberado estoy.
Me esparzo por la Tierra y la lleno.
Como la azucena de esmeralda, me abro,
Yo, dios Hotep de dos países.[64]

63. Texto mutilado.
64. Hotep, dios de la paz después de la muerte.

Conjuro XXXIX

PARA RECHAZAR AL DEMONIO APOPI

¡Retrocede! ¡Aléjate de aquí, oh Apopi[65]
O serás asfixiado en las honduras del Lago del Cielo,
Allí donde tu Padre celestial había ordenado que murieses,
¡Aléjate del sitio donde vió la luz Ra!
¡Ciertamente, sientes un gran temor!
¡Obsérvame!, yo soy Ra, ¡siembro el terror!
¡Retrocede pues, demonio,
Ante los rayos de mi Luz que te lastima!
Los dioses destrozan tu pecho;
La diosa de cabeza de lince te impide todo movimiento;
La diosa de cabeza de Escorpión
Vuelca sobre ti su copa destructora;
La diosa Maat te impulsa lejos de su senda.
Desaparece, pues, Apopi, tú, adversario de Ra.
Desearías surcar las Regiones Orientales del Cielo
Esparciendo la destrucción entre truenos...
Pero de pronto Ra abre las Puertas del Horizonte,
En el instante mismo en que Apopi aparece;
Y éste se hunde al verse atacado y destrozado.
¡Oh Ra!, yo ejecuto tus designios!
Yo actúo con el objeto de lograr la futura paz de Ra;
Yo preparo tus cuerdas, ¡oh Ra!
Y he aquí que las tiendo...
¡Apopi ha sido derribado!
¡Es atado y encadenado
Por las divinidades del Sur, del Norte, del Este y del Oeste!
Todas ellas lo encadenan...
Ra está conforme ahora...
En paz cumple sus revoluciones celestes.
¡Apopi ha sido abatido! ¡Se aleja el enemigo de Ra!

65. Apopi (Apepi, Apofi), el dragón del Abismo y de las Tinieblas, encarnación del Mal Absoluto y el mayor adversario de Ra.

El dolor que te ha inflingido la diosa Escorpión,
¡Mucho has sentido!
¡Sufres mucho ahora!
¡Ciertamente, ha actuado poderosamente contra ti!
Serás eternamente enmasculado, ¡oh, tú, Apopi! adversario de Ra.
¡No gozarás ya de los placeres del amor!
¡Ra te lleva a retroceder! ¡Te detesta!
¡Ahora te observa!... ¡Retrocede pues Apopi!
Corta mil veces tu cara, te golpea la cabeza,
Fractura tus huesos, secciona tus miembros;
Pues ciertamente, esta Región es ¡su propio dominio!
Tú, Apopi, enemigo de Ra, Has sido condenado por el dios Aker.[66]
Los Espíritus divinos de tu séquito, ¡oh Ra!
Calculan y suputan tu ruta y al avanzar,
Logran que exista paz cerca de ti...
Ora te detienes, ora reemprendes tu Viaje;
Y tu Ojo avanza también irresistiblemente.
¡Que no escuche yo de tu boca un solo juicio negativo
¡Que me sea favorable tu Ojo divino!
Pues soy Seth, el que desencadena las tempestades del Cielo,
Tal como lo hace Nedjeb-ib-f...
Heme aquí: Tum dice:
"¡Recomponed vuestro calor, oh soldados de Ra!
¡Observad como yo destruyo al demonio Nedja!
¡Cómo lo he arrojado de la vista de los dioses!"
Keb dice:" ¡Manteneos quietos en vuestros Tronos
En la Barca de Kepra!
Empuñando la lanza, ¡forzad el paso!
Hathor dice: "¡Empuñad vuestros cuchillos!"
Nut dice: "¡Venid conmigo!
Rechacemos al demonio
Nedja que ha penetrado en los santuarios
Del señor del Universo, ese Viajero solitario..."
En tanto las jerarquías celestes recorren sus circuitos
Rodeando al Lago de Esmeralda. ¡Venid!,
¡Adoremos a la Gran Divinidad! ¡Liberémosla!
Todas las jerarquías celestes se salieron de su santuario

66. Aker: divinidad poco conocida.

¡Adorémoslas! ¡Venerémoslas!
¡Venid todos juntos a mis preces!
He aquí a Nut que dice de mí al más dulce de los dioses:
"¡Observa cómo avanza! ¡cómo busca y halla su Vía".
Entonces los dioses me toman y estrechan en sus brazos.
He aquí a Keb que avanza con su todo-poder.
Las jerarquías también se adelantan para unirse a Hathor
Que al mismo tiempo esparce el terror.
Ciertamente, ¡Ra ha abatido a Apopi!

• • •

Conjuro XL

PARA RECHAZAR AL DEMONIO AM-AAU[67]

¡Aléjate, oh demonio Hai, espanto de Osiris!
Tu cabeza fué cortada por Thoth.
Las crueldades que yo he hecho en tu persona
Me fueron ordenadas por las jerarquías del cielo.
¡Retrocede pues oh demonio Hai, Tú, hacia quien Osiris siente espanto!
Sepárate de mi Barca impulsada por vientos propicios!
¡Dioses del Cielo que habéis vencido a los enemigos de Osiris, vigilad!
Los dioses de la vasta Tierra están atraillados. ¡Aléjate, demonio Am-aau,
El dios, Señor de la Región de los Muertos, te aborrece!
¡Te conozco!, ¡te conozco!, ¡te conozco!
¡Aléjate, demonio!, ¡no me ataques,
Pues soy inmaculado y me adapto a los ritmos cósmicos!
¡No te aproximes, tú que vienes sin ser llamado!
¡No me conoces a mí, demonio,
Y no sabes que yo guardo el dominio
Sobre los encantamientos de tu boca!
Pues bien, ¡sábelo!: estoy a resguardo de tus garras.
En cuanto a tí, ¡oh demonio, Has-as!,

67. Am-aau, Hai y Haas, demonios que amenazaban en el Más Allá la existencia de los muertos.

He aquí a Horus que corta tus uñas.
Ciertamente, fuiste destruido en Pe y en Dep
Con tus filas de demonios en orden de combate.
¡Te ha vencido el Ojo de Horus!
Mientras avanzas, demonio, ¡yo te rechazo!
Con el aliento de mi boca
Te he vencido a ti que devoras y torturas a los pecadores!
Sabe, pues, que en mí no hay Mal.
Devúelveme mi Tabla de Escritura
Con todas las acusaciones que contiene.
Yo no he pecado contra los dioses!
Por lo tanto, ¡no me ataques!
Toma sólo lo que yo mismo te doy.
No me lleves contigo.
¡No me devores!,
Pues soy el Señor de la Vida,
Soberano del Horizonte.

• • •

Conjuro XLI

PARA RECHAZAR LAS MATANZAS

¡Oh Tum! He arribado cerca de la divinidad de la doble cabeza de León,
¡Ojalá seas santificado!
¡Que este dios grandioso abra para mí las Puertas de Keb
He aquí que me inclino
Ante el gran dios de la Región de los Muertos.
Se me guía hacia las jerarquías divinas del Arnenti.
¡Oh tú, Espíritu-Guardian de la Puerta,
Deja que el Hálito vitalizador me nutra!
¡Que un Espíritu poderoso me guíe junto a la Barca de Khepra!
He aquí que ha llegado la Tarde...
Déjame hablar a los Espíritus sentados en esta Barca,

Para que me sea posible entrar y salir de ella a voluntad.
Que pueda admirar los misterios en el interior de la Barca y elevar el pie a esta divinidad inerte...[68]
He aquí que le hablo así:
"¡Dios poderoso, héme aquí!
Habiendo atravesado el Portal de la Muerte
¡Existo y vivo!".
En cuanto a vosotros, hombres de la Tierra
Que portáis las ofrendas y que abrís la boca de mi cadáver,
¡Mostrad la lista de tus ofrendas!
¡Colocad a Maat, la diosa, en su Trono!
¡Mostradme la Tabla de mis acciones pasadas!
¡Ubicad a Maat delante de Osiris, Príncipe de la Eternidad,
Que inmóvil cuenta los Años que pasan...
¡He aquí que habiendo oído las palabras provenientes de las Islas,
Alza el aire su brazo izquierdo
Dando ordenes a los antiguos dioses...
Ciertamente, es Él quien me envía junto a mis jueces
Del Mundo Inferior.

• • •

Conjuro XLII

PARA RECHAZAR LAS MATANZAS

He aquí la Región
En la que con la Corona Blanca sobre la cabeza, [69]
El Cetro de mando en la mano, Permanece sentado el Ser divino.

68. Osiris.
69. La corona blanca, cónica, de Osiris era el símbolo del Alto Egipto; la del Bajo Egipto era chata, de color rojo.

Una vez ante El, detengo mi Barca
Y pronuncio estas palabras:
"¡Oh Dios poderoso! ¡Señor de la Sed!
¡Mírame!, acabo de nacer!
¡Acabo de nacer! ¡Acabo de nacer!"[70]
El responde. "Sobre la huella de los castigos que ves aquí
Vénse a plena luz tus malas acciones.
Tú las conoces como nadie...
Sin embargo, haré recordar tus faltas".[71]
Yo replico:
"Yo soy Ra que hace fuertes a quienes ama.
Soy el Nudo del Destino cósmico
Oculto en el bello Arbol sagrado. [72]
Si yo prospero también Ra lo hace.
Ciertamente, ¡observa!
Los cabellos de mi cabeza son los propios del dios Nu,
Mi rostro es el Disco solar de Ra.
En mis ojos vive la fuerza de la diosa Hathor.
En mis dos orejas resuena el Alma de Up-Uaut.
En mi nariz viven las fuerzas del dios Khenti-Khas.
Mis dos labios son los labios del Anubis.
Mis dientes son los propios de la diosa Serkit.
Mi cuello es el cuello de la diosa Isis.
Mis dos manos son las propias del poderoso Señor de Djedu.
Es Neith, soberano de Sais,
Quien vive en mis dos brazos.
Mi columna vertebral es la de Seth.
Mi falo es el falo de Osiris.
Mi hígado es el propio del Señor de Kher-Aha.
Mi pecho, el del Señor de los Terrores.
Mi vientre, mi espalda, los de la diosa Sekhmet.
La fuerza del Ojo de Horus circula por la parte baja de mi espalda.
Mis piernas son las piernas de Nut.

70. El difunto *nacía* para el Más Allá; de allí las frecuentes alusiones a su primera juventud, a su misma infancia, a su vigor juvenil, etc.
71. La vida pasada surgía con todas sus faltas ante la mirada del difunto que, para ser perdonado, afirmaba con orgullo sus relaciones con lo divino.
72. Como en casi todas las religiones, el Cosmos se simboliza con un árbol gigantesco.

Mis pies son los pies de Ptah.
Mis dedos son los del doble Halcón divino
Que vive eternamente.
Por cierto, ¡ni uno solo de los miembros de mi Cuerpo
Deja de ser sitial de una divinidad! Respecto a Thoth, él proteje mi
Cuerpo entero.
Como a Ra, cada día me renuevo.
Nadie podría paralizar mis brazos
Ni tomar mis manos:
Ni los dioses, ni los Espíritus santificados,
Ni las Almas condenadas, ni las Almas de los antepasados,
Ni los Iniciados, ni los Angeles del Cielo...
Yo soy el que va hacia adelante
Cuyo Nombre es un Misterio.
Yo soy el Ayer,
"El que contempla millones de años"
Ese es mi Nombre.
Yo recorro los caminos del Cielo...
He aquí que me ha sido otorgado el título de Señor de la Eternidad.
Soy proclamado el dios del Devenir
El Amo de la Corona real.
Yo resido en el Ojo divino de Horus y en el Huevo Cósmico
El Ojo de Horus me otorga la Vida Eterna
Y al cerrarse me protege...
En medio de radiaciones avanzo por mi camino
Y entro a todas partes, a gusto de mi Corazón.
Yo existo y vivo...
Yo soy Horus que recorre los incontables años.
La Palabra y el Silencio equilibrados están en mi boca.
Sentado en mi Trono yo practico el mando
Ciertamente, mis Formas están transformadas.[73]
Yo soy Unnefer, el Ser perfecto,
Dios que se adapta a los Ritmos de los Tiempos.
Mi esencia está oculta en mi Ser.
¡Solo existo!... ¡Solo!.... ¡Solo!...

73. De acuerdo con la Tradición, en el Más Allá la vida aparece como "invertida" con respecto a la terrestre. Lo que en ésta era *interior*, luego de la muerte sería *exterior*, y viceversa.

Solo recorro las soledades cósmicas...
Ciertamente, yo resido en el Ojo de Horus
Y ningún Mal puede alcanzarme.
He aquí que abro las Puertas del Cielo
Y que envío Nacimientos a la Tierra.
Y el niño que nacerá
No será atacado en el camino que conduce a la Tierra...
Yo soy el Ayer.
Yo soy el Hoy
De las generaciones incontables.
Yo soy el que os protege todos los días de nuestra vida.
¡Oh vosotros, residentes de la Tierra y del Cielo!
¡Los del Norte, del Sur, del Este y del Oeste!
Ciertamente, ¡el horror ante mí oprime vuestro corazón!
Pues yo me he modelado y formado por mí mismo.
Y no pereceré por segunda vez.
Algunos rayos de mi Ser llegan a vuestros pechos;
Pero mis Formas las oculto en mí,
Pues yo soy aquel a quien nadie conoce...
¡Oh vosotros, Demonios Rojos!
En vano volvéis vuestras caras hacia mí:
Un triple velo me esconde.
No es posible regresar a la época lejana
En que el Cielo fué creado por mí,
En que la Tierra fué separada;
En que fueron ubicados en lugares distintos
Los seres nacidos del Cielo y los nacidos de la Tierra.
Una vez divididos ya no volverán a unirse en la Fuente primera...
Mi Nombre extraño es a la mácula del Mal.
Poderosas son las Palabras mágicas
Que mi boca os pronuncia.
Una radiación de Luz fluye de todo mi Ser.
Yo soy un Ser circundado de murallas,
En medio de un Universo también rodeado de murallas.
Yo soy un Solitario inmerso en mi Soledad...
No pasa un día sin mi saludable intervención...
¡Pasan! ¡Pasan! ¡Pasan ante mí!
Ciertamente yo soy un Ser pleno de savia

Nacido del Océano celeste...
Mi Madre es la diosa del Cielo, Nut.
Ella es quien ha modelado mi Forma.
Yo estoy inmóvil,
Soy el Gran Nudo del Destino que descansa en el Ayer;
En mi mano reposa el Destino del Presente.
Por nadie soy conocido Pero yo, os conozco.
Nadie puede tomarme;
Pero yo puedo tomaros
¡Oh Huevo Cósmico! ¡Óyeme!
¡Yo soy el Horus de incontables años!
Dirijo hacia vosotros el Fuego de mis rayos
Para que vuestros corazones se vuelvan hacia mí.
Soy el Amo del Trono.
Libre de todo Mal, recorro los Tiempos y los Espacios...
Soy el Cinocéfalo de oro sin piernas ni brazos,
Tonante en el templo de Menfis...
Sabedio: si me perfecciono ¡también lo hace él,
El Cinocéfalo de oro en Menfis!

• • •

Conjuro XLIII

PARA IMPEDIR QUE SEA CORTADA LA CABEZA DEL DIFUNTO

Príncipe yo mismo, Hijo de un Príncipe soy.
Soy el dios del Fuego surgido del Fuego divino.
Así como la cabeza de Osiris no le ha sido quitada,
También mi cabeza tras las matanzas, me será restituida...
Siendo otra vez joven, renovándome,
Mantengo íntegro mi Ser múltiple
Pues soy Osiris, Señor de la Eternidad.

Conjuro XLIV

PARA NO MORIR POR SEGUNDA VEZ EN EL MAS ALLÁ

Mis recintos misteriosos fueron profanados;
Mis escondites han sido revelados;
Los Espíritus santificados han sido arrojados en las Tinieblas;
Pero he sido santificado por el Ojo divino de Horus,
Y Up-Uaut me ha alimentado con la leche de sus tetas.
Ahora me oculto entre vosotras ¡oh Estrellas fijas!
Ciertamente, mi frente es la propia de Ra.
Mi rostro se quita el velo; mi corazón está en su justo lugar.
Yo soy el Amo del Saber Sagrado y del Verbo mágico.
Como Ra, me protejo a mí mismo.
Nadie podrá ignorarme ni dañarme.
Ciertamente, tu Padre celestial vive para ti,
¡Oh tú, Hijo de la diosa Nut!
He aquí ¡oh Príncipe de los dioses! que llego junto a tí.
Soy tu Hijo y he presentado tus Misterios...
Coronado Rey de los dioses no pereceré por segunda vez
En el Mundo Inferior!

• • •

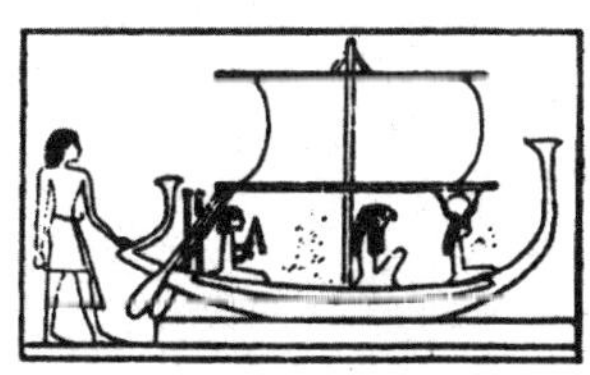

Conjuro XLV

PARA IMPEDIR LA DESCOMPOSICIÓN DEL CUERPO EN EL MUNDO INFERIOR

¡Oh tú inmóvil e inerte como Osiris,
Tú, inerte e inmóvil como Osiris cuyos miembros están helados.
Sal de tu quietud, para que ellos no se pudran!
¡Que no se aparten
De tu cuerpo y te abandonen!

¡Que mi Cuerpo no se pudra!
Pues yo soy Osiris...

• • •

Conjuro XLVI

PARA REVIVIR EN EL MUNDO INFERIOR

¡Salve, oh Hijos de Shu! ¡Salve, oh Hijos de Shu!
Es por las generaciones venideras por quien lo hace...
Ciertamente, si yo revivo Osiris revive.

• • •

Conjuro XLVII

PARA QUE SU TRONO NO LE SEA ARREBATADO AL DIFUNTO

He aquí mi lugar en el Mundo Inferior
¡Y he aquí mi Trono!
Viajando por los circuitos me acerco a él
Y digo estas palabras:
"Yo soy vuestro Señor, ¡oh dioses!
¡Acércaos a mí! ¡Seguid mis pasos,
Pues yo soy el Hijo de vuestro Señor!
Mi padre celestial os ha creado;
Por mí vivís. ¡Oh dioses!"

Conjuro XLVIII

(Repetición del Conjuro X)

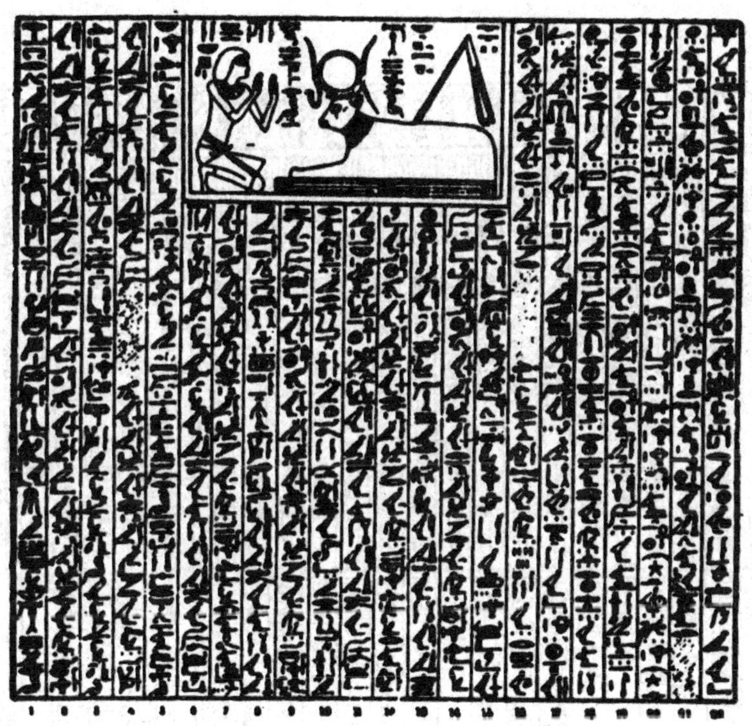

Conjuro CXX y CXXI

(Repetición de los Conjuros XII y XIII)

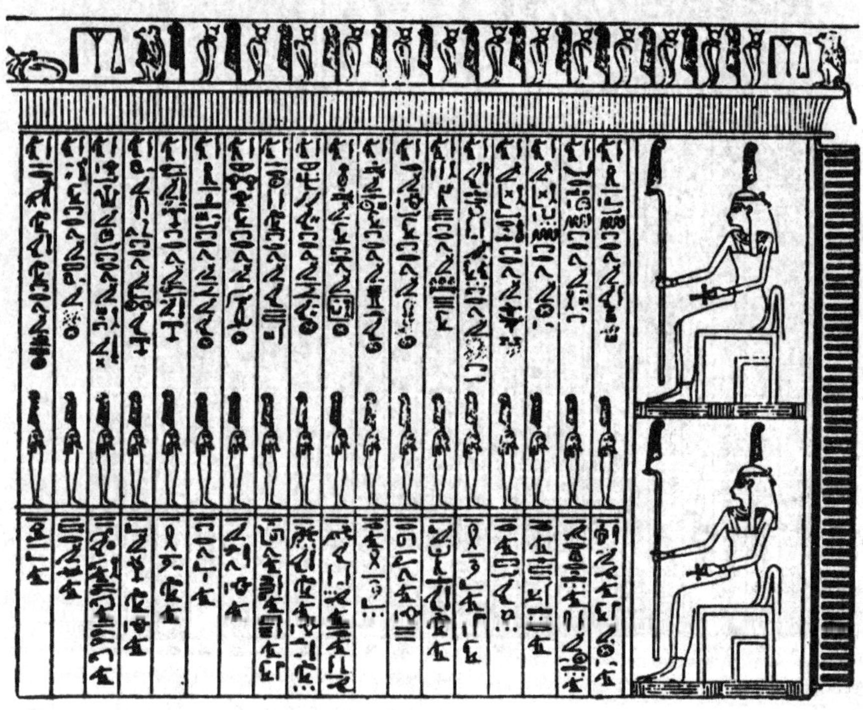

Conjuro L

PARA NO SUFRIR EL CASTIGO
(Papiro Nu)

En el Cielo, como en la Tierra
He ajustado las vértebras de mi cuello.
Tras el día de la Matanza y de la Confusión,
Ra coloca y ajusta a los Retrasados
La columna vertebral sobre sus piernas.
Y Set ayudado por las jerarquías
Da a las vértebras de mi cuello su antiguo vigor.
¡Que nada pueda conmoverlas!
¡Vigorizad, pues mi ser para que pueda defenderse
De los asesinos de mi Padre celestial![74]
He aquí que tomo posesión de mis dos Tierras!
Y la propia Nut es quien fortifica las vértebras de mi cuello...
Tienen el aspecto de otro tiempo,
De cuando la diosa Maat era invisible
Y cuando los dioses, que flotaban en los espacios celestes
No habían nacido...
¿En verdad, soy heredero de los grandes dioses.

74. La posición vertical de la columna vertebral se consideraba de gran importancia para la evolución del espíritu. Era considerada, en gran parte, dependiente de las cuatro vétrebras del cuello.

Conjuro LI

(Variación del Conjuro LII)

Conjuro LII

UN ENCANTAMIENTO CONTRA LAS BASURAS

¡Espanto! ¡Repugnancia!
Yo no comeré de ellas, no,
Pues esas basuras son para mí un espanto y una repugnancia
Y no ofrendas para mi Espíritu!...

¡Que nunca sea tentado!
¡Que no las toque con mis manos!
¡Que no las holle con mis sandalias!
-Entonces ¿de qué vivirás?
-Veo a los dioses llegar hacia mí.
Traen los Siete Panes que me son asignados,
Aquellos que me harán vivir,
Los mismos que en otra época le fueran llevados a Horus y a Thoth...
"Qué quieres comer?", interrogan los dioses.
Yo respondo: "¡Ojalá pueda comer bajo el Árbol sagrado
De Hathor, mi diosa!" Ojalá llegue mi hora
Entre esos Espíritus que, revoloteando,
Bajan sobre las ofrendas!
¡Ojalá me sean asignados los Campos de Djedu!
¡Ojalá puedan prosperar en Heiópolis!
¿Mi alimento? Son los panes hechos con Trigo Blanco.
Mi bebida? La cerveza extraída del Trigo Rojo.[75]
¡Oh guardianes de mi Puerta,
Que me sean traídas aquí las Formas de mi padre y de un madre!
He aquí que por el Verbo de Poder de mi Boca
Fuerzo mi camino, ensancho mi sendero
Y permanezco allí donde aguarda a mi corazón.

75. La Comunión de las dos especies (sólida y líquida) se expresaba mediante los símbolos de los colores correspondientes del Sol (rojo) y de la Luna (blanco).

Conjuro LIII

OTRO ENCANTAMIENTO CONTRA LAS BASURAS

Yo soy el Toro Sagrado,
Señor del Cielo, Amo de la Luz que surge de la Llama.
Yo ordeno los Ritmos del Cielo y el curso de los Años.
Gracias al dios de la doble cabeza de León
Puedo vivir como Espíritu santificado.
(¡Espanto! ¡Repugnancia! ¡Yo no como basuras! ¡Yo no bebo orines!)
¡Ojalá no lleve la cabeza hacia abajo!
Pues poseo panes de las ofrendas de Heliópolis.
Mis panes están en el Cielo delante de Ra.
En la Tierra mis panes están delante de Keb.
Las dos barcas me los traen
Al templo del gran dios de Heliópolis.
Feliz, recorro el Cielo junto a los Espíritus.
Como lo que ellos comen,
Vivo de lo que ellos viven.
Yo como pan consagrado
Procedente del templo del Señor de las Ofrendas.

• • •

Conjuro LIV

PARA RESPIRAR AIRE EN EL MUNDO INFERIOR

¡Oh Tum!, ¡permíteme respirar el vivificante aire
Tan dulce a las ventanas de tu nariz!
Pues yo soy el Huevo del Océano Cósmico.[76]
¡Puedan mis formas variables quedar bajo la buena vigía de los dioses!
Pues yo soy un Mediador entre Keb y la Tierra...
Si yo vivo, ella vive.

76. El huevo simboliza la totalidad sinárquica (Microcosmos o Macrocosmos).

Pues soy joven, yo existo y respiro.
Yo soy la fuente del Equilibrio de los Mundos.
Yo giro alrededor del Huevo Cósmico;
Mis rayos le iluminan.
(No obstante, Horus está en guerra con Set...)
¡Oh vosotros, Espíritus divinos que alegráis las dos Regiones,
A una con néctar y a la otra con lapislázuli,
Guardad atentamente el Huevo Cósmico
Que descansa en el fondo del Nilo celeste!
¡Mirad!, yo joven dios voy a vuestro encuentro!...

• • •

Conjuro LV

PARA RESPIRAR AIRE EN EL MUNDO INFERIOR

Entre los Purificados soy un Purificado.[77]
Soy el dios Shu que, en las regiones de los dioses luminosos,
Atrae hacia él el Aire del Océano celeste
Hasta los límites del Cielo,
Los límites de la Tierra,
Los límites de la Luz divina.
Que el Aire anime, pues, a este joven dios Y ¡que despierte!

77. S,'b (el sentido literal es: a) chacal, b) juez o consejero real), es un grado —difícil de apreciar— de la iniciación.

Conjuro LVI

PARA RESPIRAR AIRE EN EL MUNDO INFERIOR

Que el Aire dulce de respirar llegue a las ventanas de mi nariz
Como llega a las tuyas, oh Tum!
¡Bendito sea tu santuario de Unnu!
He aquí que, volando en medio del Océano celeste,
Yo permanezco en guardia ante el Huevo Cósmico de Gengen-Ur...
Si yo ofrendo, este Huevo también ofrenda.
Si yo revivo, este Huevo también revive.
Pues el Aire que yo respiro y me vivifica
Es el mismo Aire que lo vivifica a él.[78]

• • •

Conjuro LVII

PARA OBTENER PODERES SOBRE LAS AGUAS EN EL MÁS ALLÁ

¡Oh Nilo celeste, tú, gran divinidad del Cielo!
Por tu Nombre que es:
"Aquel-que-atraviesa-el-Cielo-en-su-totalidad",
Yo te conjuro; ¡Otórgame sobre tus aguas celestes un poder
Similar al que posee la diose Sekhmet!
Cuando la terrible Noche de las Tempestades y de las Inundaciones,
Ella es la que hace guardia ante Osiris...
Permítaseme llegar hasta los Espíritus divinos
Que residen en las Fuentes de las Aguas celestiales,
Así como estos Espíritus anhelan
Arribar hasta la sacrosanta Divinidad Cuyo Nombre es un Misterio...
He aquí que llego a Djedu y que los orificios de mi nariz son abiertos.[79]

78. La expresión clásica del leimotiv de la reciprocidad.
79. Después de embalsamadas las cabezas, la nariz queda obturada, por ello se habla

Después descanso en Heliópolis.
Es la diosa Sesheta quien ha levantado para mí una morada. [80]
Ha sido ayudada por el propio dios Khnum.
Cuando el viento sopla del Norte me siento al Sur.

Cuando el viento sopla del Sur me siento al Norte.
Cuando el viento sopla del Este me siente al Oeste.
Cuando el viento sopla del Oeste me siento al Este.
Huelo con los huecos de mi nariz el viento que se aproxima,
Accedo a todas partes, según agrade a mi corazón,
Y allí fijo mi morada.

• • •

Conjuro LVIII

OTRO ENCANTAMIENTO PARA TENER PODERES SOBRE LAS AGUAS

-¡Ábreme la Puerta!
-Quién eres? ¿Adónde vas? ¿Cómo te llamas?
-Yo soy un Espíritu divino como vosotros.
-Quiénes son tus acompañantes?
-Son las dos diosas serpientes.
-¡Aléjate de ellas si quieres avanzar!
-¡No! Ellas me ayudarán a llegar hasta el santuario
Donde hallará a los dioses superiores.
"El Alma que se concentra" es el Nombre de mi Barca;
"El Espanto" es el nombre de mis Remos;
"La-que-estimula" es el nombre de mi Cala;
"Navega-derecho-delante-de-ti" es el nombre de mi Timón.
Asimismo, sábelo, es modelado mi Ataúd durante la travesía...
Que mis ofrendas sean:
Leche, pan y carne del templo de Anubis.

---

de "abrir las ventanas de la nariz" para poder así respirar en el Más Allá.
80. Sesheta: la diosa del Saber sagrado.

Conjuro LIX

LOS PODERES SOBRE LA RESPIRACIÓN Y SOBRE LAS AGUAS

¡Salve, oh Árbol sagrado de la diosa Nut!
¡Otorga a los orificios de mi nariz tu Soplo vivificador!
¡Sea alabado tu santuario de Unnu!
He aquí que hago la guardia del Huevo Cósmico de Gengen-Ur.
Si respira yo respiro;
Si crece, yo crezco;
Si vive, yo vivo.

• • •

Conjuro LX

PARA ABRIR LAS PUERTAS DEL CIELO

¡Que las puertas del amplio Cielo se abran ante mí!
¡Que las Puertas de la Tierra húmeda
Sean cerradas con cerrojo ante mí!
He aquí que ese gran dios del Nilo celeste...
Que se adapta a los Ritmos de Ra...
¡Otorgadme, oh dioses, poder sobre las Aguas del Cielo!
Pues ciertamente, el día de las Tempestades en la Tierra
Yo sabré dominar a Seth, mi adversario.
He aquí que, yendo por el costado del camino adelanto a esos poderosos dioses
De vigorosos brazos alineados a mi paso,
Así como ellos adelantan
A ese dios fulgurante acorazado de fórmulas mágicas
Cuyo Nombre no será revelado...
Ciertamente, ya he adelantado a los dioses de los poderosos brazos.

Conjuro LXI

LOS PODERES SOBRE LAS AGUAS DEL CIELO

Heme aquí,
Yo que, dilatando y desbordando los Abismos,
Hice fluir las Aguas del Cielo...
Ellas me hicieron mantener sobre sus
Espacios líquidos...
Por ello ¡en mi poder quedaron
Las Aguas del Cielo!

• • •

Conjuro LXU

PARA BEBER AGUA EN EL MUNDO INFERIOR

¡Puedan los Abismos de las Aguas, morada de Osiris,
Abrirse ante mí y permitirme atravesarlos!
Puedan abrirse ante mí
(¡Oh Señor de los dos Horizontes!)
El Océano celeste del Toth
Y las aguas del Nilo celestial,
Pues mi nombre es: «Aquél que penetra victorioso»
Que rue sea otorgado el poder sobre las aguas,
¡Pues yo poseo ya el de los miembros de Seth!
He aquí que atravieso el Cielo...
Soy el dios de la cabeza de León y soy Ra;
Yo soy el dios Smam.[81]
Dentro de mí Resplandece la constelación de Khpesh[82]
Recorriendo los lagos y los caminos
De los Campos de los Bienaventurados,

---

81. Literalmente: el dios-Víctima.
82. Constelación de la Osa Mayor.

Tomo posesión de mi Herencia celestial.
La Eternidad infinita me ha sido otorgada;
Y la Duración sin límites es mi bien...
Ciertamente, ¡yo soy el Heredero de la Eternidad!

• • •

Conjuro LXIII

PARA NO SER ESCALDADO BEBIENDO EL AGUA

¡Salve, oh Toro del Amenti!
Ante ti me presento, yo, el remo de Ra.
Fue por mi ayuda que este dios logró
Tomar a bordo a las antiguas divinidades
Debilitadas por su edad
Y hacerlas cruzar ilesas el Abismo de las Aguas.
¡Que el Fuego celeste destructor
Sea impotente ante mí!
Ciertamente, yo soy el primer Hijo de Osiris
Y resido en el Ojo divino.
Toda divinidad que en Heliópolis se presente ante él
¡Soportará mi mirada!
Pues soy y el heredero de los dioses;
Inmenso es mi poder.
Tan pronto estoy inmerso en un profundo sueño,
Tan pronto me despierto y desbordo de vigor.
Mi nombre es "Yo-te-libro-del-Mal
Y-tú-vives-en-mí-Eternamente."

Conjuro LXIV

LA SALIDA DEL ALMA HACIA LA LUZ DEL DÍA

Yo soy el Hoy.
Yo soy el Ayer.
Yo soy el Mañana.
Desde mis repetidos Nacimientos
Permanezco joven y vigoroso.
Yo soy el alma divina y misteriosa
Que, en otra época, creó a los dioses
Y cuya esencia secreta nutre
A las divinidades del Duat, del Amenti y del Cielo.
Yo soy el Timón del Oriente,
Señor de los dos Rostros divinos.
Mi fulgor ilumina a todo ser resucitado
Que, no obstante pasar, en el Reino de los Muertos,
Por transformaciones sucesivas
Busca su senda afanosamente
A través de la Región de las Tinieblas.
¡Oh vosotros, Espíritus con cabeza de gavilanes,
De ojos imperturbables,
Vosotros que como suspendidos allá en lo alto
Escucháis con atención las palabras mágicas
Hechas verso por los que acompañan a mi Ataúd
Yendo hacia su morada secreta!
Y vosotros, que anteponéis, y vosotros que seguís a Ra
En su camino hacia el punto culminante del Cielo,
Mientras que Ra mismo, el Señor del santuario,
De pie en su Barca,
Hace, por su fulgor, fructificar la tierra,
Vosotros todos, ¡aprended!
Que en verdad, ¡soy yo quien es Ra!
¡Y que Ra es, por el contrario, yo!
Que soy yo quien con cristal ha cincelado el firmamento de Ptah...

¡Oh Ra! Está pleno tu espíritu y tu corazón contento,
Cuando admiras la hermosa ordenación de este día,
Cuando entras en esta ciudad celeste de Khemenú
Y pronto la dejas por la Puerta del Este...
Los primogénitos de los dioses que te habían antecedido
Se adelantan a tu encuentro
Y te saludan con gritos de alegría...
¡Oh Ra! Hazme dulces y placenteros
Los Caminos recorridos por tus rayos solares!
¡Agranda para mí tus Senderos luminosos,
El día en que empiece mi vuelo desde la Tierra
Hacia las Regiones Celestiales!
Expande tu Luz sobre mí, ¡oh Alma misteriosa!...
He aquí que llego ante ti,
¡Oh dios, cuya voz resuena como un trueno
En la vasta Región de los Muertos!...
¡Que no me sean imputados
Los pecados de mis padres!
Líbrame de ese Espíritu destructor y falso
Cuyos dos ojos parecen cerrados al caer la Tarde
Y que, durante la Noche, asesina a los mortales...
Ciertamente, mis posibilidades son infinitas
Y mi nombre es: "el Gran Negro". [83]
Yo expreso lo que en mí se oculta
Entre las variaciones de mis Formas fluctuantes...
Oh Príncipe de los dioses Etishef,
¿Escuchas aullar a los demonios calvos
A la hora que el brazo (de Osiris) está fijado?
Tú dirás: "¡Ven!, ¡atraviesa el Abismo!,
¡Mira!, ¡ante ti, reducido a la impotencia,
Yace, tu Adversario! Sus muslos atados al cuello;
Su parte inferior agarrotada a la cabeza...
"¡Oh vosotros, Príncipes divinos de la Región de los Muertos!
¡Que Isis y Neftis puedan
Hacer aquietar el manantial de mis lágrimas[84]

83. El color negro es el símbolo de la potencialidad.
84. Para los iniciados era menester olvidar los sentimientos y no demostrar debilidad.

Cuando desde la orilla admire a mi Otro Yo,
Obligado por los mandatos de mi Destino,
A recorrer los Circuitos del Abydos Celeste!
Y los cuatro Pilares de las cuatro Regiones del Espacio,
Con sus Puertas y los Cerrojos de sus Puertas
(Sea en el Mundo al Interior o al Exterior de mí)
¡Queden entregados a la potencia de mi brazo!
Ágiles y similares a las de un perro son mis piernas
Cuando recorro los santuarios del Más Allá.
El dios de la doble cabeza de León ha nutrido mi Cuerpo;
Igau mismo ha colocado mi Cuerpo en el sarcófago,[85]
Vigorosa es mi Alma. Forzando las Puertas del Más allá, yo paso.
Para mí, atraviesa las Regiones más alejadas del Cielo,
La Luz que emana en rayos mi Corazón;
Pues mi Nombre es: "El que conoce los Abismos".
Es para asegurar vuestra salvación, ¡oh vosotros espíritus desencarnados
Que incontables residís en el Más allá!
Por quienes obro ahora Calculando y considerando Días y Horas propicias,
Para las estrellas de Orión y las doce divinidades
Que las gobiernan.
He aquí que juntan sus manos, cada una con cada una,
Pero entre ellas, la sexta,
Al borde del Abismo está cuando el Demonio es derrotado...
Vedme aquí llegando victorioso
Ante un vasto lugar del Mundo Inferior.
Traigo mis ofrendas al dios Shu...
Cuando tras la Matanza la sangre de los impuros se haya helado
Y la Tierra totalmente reunida de nuevo,
Reflorezca y fructifique otra vez,
Yo me expresaré en calidad de Señor de la Vida.
Mi esplendor será enorme
En medio del magnífico Ordenamiento
¡Del renaciente Día!
Ciertamente, yo destruiré la resistencia de aquellos
Que ocultándose se unen contra mí,
¡Imaginando planes para rechazarme!...

85. Igau (Anubis).

¡Ah, vosotros demonios que os arrastráis sobre vuestros vientres!
¡Sabedlo! ¡yo llego aquí como ministro del Señor de los Señores
Para vengar a Osiris!
Mi Ojo sabe reprimir sus lágrimas.
Soy enviado por aquel cuyo brazo es sólido
Y que es Dueño de sus posesiones.
Yo recorreré todos los caminos de Sekhem a Heliópolis[86]
Para enseñar al Fénix divino
Las cosas del Mundo Inferior...
¡Salve a ti, oh Reino del Silencio,
Y a los Misterios que encierras!
¡Oh tú, creador de las Formas de la existencia,
Semejante al dios Khepra mismo,
Déjame contemplar el Disco de Ra!
¡Que el gran dios Shu
De quien la infinita Duración es su Mansión,
Me haga presentar ante él!
¡Que mis Viajes a través del Más allá
Puedan proseguir en paz!
¡Que pueda cruzar el Firmamento y contemplar los fulgores
De la radiación que deslumbra!
¡Pueda asimismo como un pájaro, planear por los aires
Y admirar día tras día a los Espíritus santificados
Reunidos junto a Rá.
¡Pueda en este instante ser ayudado por los rezos de los Iniciados,
Cuando sobre sus ligeras sandalias apoyadas en la arena,
Camina en silencio...!
Y tú, Ser poderoso de movimientos ágiles,
Que guías a las Regiones Inferiores
Las sombras de los Espíritus santificados,
¡Permíteme como favorito de los dioses,
Recorrer en paz la Región de los Muertos!
¡Ten piedad de mí,
Pues, debilitado como estoy,
Sólo dificultosamente mantengo
La unidad de las Almas múltiples! ...

86. Las indicaciones de los lugares geográficos no se refieren al conocido Egipto terrestre, sino a sus prototipos en el Más Allá; de donde ellos se reflejan.

...En cuanto a ti, demonio, que te ocultas lejos
Y calladamente devoras las Almas, ¿quién eres?
¡Apártate! ¡No me toques!
Yo soy, entérate, ¡el Príncipe del Re-Stau!
¡Yo soy aquél cuyo Nombre es suficientemente poderoso
Como para abrir las Puertas del Mundo Inferior!...
En el momento en que salga, mi Nombre será:
"Divinidad que-busca-y.que-aspira,
Señora-de-la-Eternidad-de-la-Tierra". Apenas la diosa encinta
Hubo colocado, tras dar a luz, su carga,
Cuando la Puerta del medio de la Muralla fue empujada, y hechado el cerrojo.
(Yo me complazco por haberlo cerrado.)
El Ojo, al Alba, devolvió a la gran divinidad Fulgor y Rostro.
(¡Apártese de mí todo lo que es inmundicia!)
Pues yo me he transformado en todo semejante al diós-León
Adornado con las flores consagradas a Shu.
¡Yo no temo las Aguas del Abismo!
¡Bienaventurados los que, desde el Más allá,
Contemplan en paz sus despojos mortales
El día en que Osiris,
"Dios del Corazón detenido",
Baja planeando sobre los restos!
Ciertamente, yo soy aquél
Que camina hacia la plena Luz del Día!
En presencia de Osiris, llego a ser Dueño de la vida.
Mi Ser es ya eternamente infinito e inmutable;
Heme aquí rodeando con mis brazos el Sicomoro sagrado;
El, a su tiempo, me abre sus brazos graciosos...
Llegado ante el Ojo de Horus, tomo posesión de él.
(¡Que reine en paz sobre los Mundos!)
Yo contemplo a Ra cuando se acuesta;
Cuando al amanecer se presenta
Me uno a su soplo reanimante.
Cuando le rindo homenaje, puras son mis manos.
¡Puedan pues, todas las porciones de mi Ser, contener enteramente su cohesión!
¡Que no sean dispersadas!

He aquí que vuelo como un pájaro
Y que desciendo planeando en dirección a la Tierra...
A medida que avanzo, debo seguir
La huella de mis actos anteriores,
Pues yo soy el Hijo del Ayer.
Las dos divinidades Akeru presiden mi futuro.[87]
¡Que la poderosa Tierra me preste, cuando se presente el peligro,
Su robusto vigor propio!
Que el poderoso dios que va detrás de mí
Cuando marcho al Más Allá,
Guarde y cuide siempre de mí.
Para que mi Carne sea cada vez más fuerte y sana,
Que mi Espíritu, santificado, permanezca en guardia sobre mis miembros,
Que ¿ni Alma los cubra y proteja con sus alas
Y les hable dulcemente, como una amiga...
¡Ojalá las jerarquías divinas escuchen mis palabras!
¡Ojalá, sí, comprendan mis palabras!...

RÚBRICA

Si el difunto conoce el conjuro que precede, podrá, tras la muerte, salir hacia la plena Luz del Día; no hallará obstáculos, en las puertas del Mundo Inferior, sea entrando por ellas, o al abandonarlas. Podrá pasar a voluntad por todas las Metamorfosis. No morirá.[88] Su alma como una flor se abrirá. También, si se conoce este conjuro, será triunfador tanto en la Tierra como en el Más Allá y podrá ejecutar todo acto de que es capaz un ser humano que resida en la Tierra. Ciertamente, es ello un gran don de los dioses.

Este conjuro fue encontrado en tiempos del rey Men-Kau-Ra,[89] en la ciudad de Khemenú, bajo los pies de la estatua del dios (Thoth). Estaba grabado en un bloque de hierro y la leyenda estaba incrustada con el verdadero lapizlázuli. El hallazgo fue obra del príncipe real Herutataf con motivo de su viaje de inspección a los templos. Un cierto Nekht, que le acompañaba, consiguió descifrar su sentido oculto. Enseguida el príncipe sabiendo el misterio que contenía la leyenda, que ningún ojo humano había visto antes, la

87. Akerú: divinidades de la Tierra.
88. Se refiere, por supuesto, a la "segunda muerte" en el Más Allá.
89. 2700 años a.C.

hizo conocer al rey.

Todo el que recite este conjuro debe hallarse en estado de pureza. Sin haber comido carne de animales de los campos, ni pescado, como tampoco haber tenido comercio carnal con mujeres.

Debéis hacer un escarabajo de piedra bordeado de oro y colocarlo en el interior del difunto; este amuleto efectuará en él la apertura de la boca.[90]

Ungirle con pomada de ANTI pronunciando al mismo tiempo la fórmula mágica.[91]

• • •

Conjuro LXV

PARA TENER EN SU PODER A LOS ENEMIGOS

Ra está sentado en su Trono
En la Mansión de los Incontables Años.
Delante de él, de pie,
Están las jerarquías divinas y los Espíritus de los rostros velados
Que actúan en la Región del Eterno Devenir.[92]
Ellos regulan el orden de las cosas
Absorbiendo todo lo que es superfluo,
Bebiendo las ofrendas líquidas.
Ellos hacen girar a los cielos con su Disco de Fuego,
Tomados a su vez en el propio movimiento.
¡Ojalá pueda poseer a los cautivos de Osiris
Y no caer nunca en manos de los demonios de Seth!...
En cuanto a vosotros que gozáis del descanso
En los bancos cubiertos de verde de los ríos celestiales
En la Región de Aquel que conduce las Almas
¡Ojalá pueda yo estar sentado en el puesto de Ra
Cuando mi Cuerpo sea confiado al dios de la Tierra!
¡Ojalá pueda vencer a Seth y sus acechadores nocturnos
De cara de cocodrilo, Como de los acechadores de rostros ocultos,

90. Véase el conjuro XXII.
91. Véase el conjuro XXX.
92. La Región del Eterno Devenir (literalmente: la casa del dios Khepré) es, entre los mundos suprasensibles, la más próxima a nuestro mundo terrenal.

Cuando con apariencia de dioses,

Se disimulan, el séptimo día de las Fiestas
En el templo del dios del Norte!
Ciertamente, parece que sus lazos están calculados para toda la eternidad
Y sus cuerdas para aguantar por siempre...
Desde aquí percibo a un demonio;
Su sombra etérea, sedienta y peligrosa,
Maniobra en el Valle de las Tumbas...
Yo sé: que los que renacen de la muerte
Se arriesgan a morir en los lazos de este demonio...
Pero yo he nacido para el mundo del
Más Allá Con la forma de un Espíritu santificado lleno de vida...
¡Salve, oh Iniciados que moráis bajo la Tierra!
¡Aniquilad y estirpad el Mal que se apega a mi persona!
¡Oh Ra!, ¡déjame admirar tu disco de Fuego!
Ayúdame en mi lucha contra mis enemigos!
¡Déjame justificarme ante el Tribunal divino
Presidido por la Gran Divinidad!
Pero si te niegas y me impides
Que triunfe de mis enemigos
Y de que me justifique delante del Tribunal divino,
Entonces... ¡Que el orden natural sea transtornado!
Que el Nilo pueda escalar el Cielo
Y vivir de la sustancia de la Verdad-Justicia
Y que Ra sea quien haga vivir a los peces del Nilo!
Pero si yo venzo a mis enemigos,
Entonces...
Pueda Ra elevarse al Cielo,
Vivir de la sustancia de la Verdad-Justicia
Y que el Nilo sea quien haga vivir a los peces!... Ciertamente, cuando yo haya destruido a mis enemigos,
Será un gran día en la Tierra.
He aquí, pues, que preparo una campaña contra mis enemigos.
Han sido entregados a mi poder;
Y yo los deshago ante las jerarquías divinas.

Conjuro LXVI

LA SALIDA DEL ALMA HACIA LA LUZ DEL DÍA

La ciencia oculta, ¡yo la he apagado!
Sé que la diosa Sekhmet me ha llevado en sus flancos,
Que la diosa Neith me ha traído al mundo,
Que soy a la vez, Uadjit, el de cabeza de Serpiente
Y una emanación del Ojo divino de Horus...
He aquí que planeo como un pájaro del Cielo...
Yo desciendo sobre la frente de Ra
Y navego sobre el Océano celestial
Sentado en paz en la proa de su Barca...

• • •

Conjuro LXVII

PARA ABRIR LAS PUERTAS HACIA EL MÁS ALLÁ

He aquí que los diques del Océano celeste son violentados
Y los pasos de los Hijos de la divina Luz, liberados.
Se entreabren las Puertas del santuario oculto de Shu...
¡Verdaderamente! Y como este dios sale con libertad
También puedo yo salir con libertad.
Me dirijo hacia mis dominios,
Recibo ofrendas y tomo los tributos del Príncipe de los Muertos;
Voy hacia mi Trono construido en medio de la Barca de Ra...
Protegido de las Fuerzas del Mal
¡Ojalá pueda navegar en paz...
¡... Oh radiación, divina del Lago celeste!...

Conjuro LXVIII

LA SALIDA DEL ALMA HACIA LA LUZ DEL DÍA

Las Puertas del Cielo se abren para mí
Y las Puertas de la Tierra no impiden ya mi paso...
¡Quitad los Cerrojos del Portal de Keb!
¡Dejadme entrar en la Primera Región!
Ciertamente, los brazos invisibles
Que me rodeaban y me protegían en la Tierra
Y que guiaban mis pasos,
Se han alejado de mí. [93]
La región de los Canales y de las Corrientes se muestra a mi mirada
Y puedo recorrerla a mi agrado...
Ciertamente, soy el Amo de mi Corazón "ib"
Y de mi Corazón "hati",
El Amo de mis brazos, de mis piernas, de mi boca,
El Amo de todo mi Cuerpo,
El Amo de las ofrendas sepulcrales,
El Amo del Agua, del Aire, de los Canales, de los Ríos,
El Amo de la Tierra y de sus Surcos,
El Amo de los Seres mágicos que obrarán para mí
En el Mundo Inferior.
Yo tengo total poder
Sobre todo cuanto podía serme ordenado en la Tierra.
¡oh vosotros, Espíritus divinos!
¿Habéis pronunciado ante mi estas palabras?:
-¡Que participe en la Vida eterna
Comulgando con el Pan consagrado de Keb!"
¡Apartad de mí las cosas que detesto!
Mi Pan de comunión será hecho con Trigo blanco,
Mi bebida de comunión será sacada del Trigo rojo,
Viviré en el lugar puro y santificado,
Bajo las ramas de la Palmera,
Árbol sagrado de Hathor, princesa del Disco solar.

---

93. Alusión muy concreta a la libertad —y responsabilidad— asumida por el iniciado.

Hela aquí que se dirige a Heliópolis.
Con el Libro de las divinas Palabras de Thoth[94] en sus brazos.
Ciertamente, yo soy el Amo de mi Corazón "ib"
Y de mi Corazón "hati",
El Amo de mis brazos, de mis piernas y de mi boca,
El Amo del Agua, de los Canales y de los Ríos,
El Amo de los Seres mágicos que obran para mí
En el Mundo Inferior.
Tengo yo total poder
Sobre todo cuanto podría serme ordenado
Tanto en la Tierra como en el Mundo Inferior.
Si se me coloca a la derecha, me dirijo hacia la izquierda;
Si se me coloca a la izquierda, me dirijo a la derecha.
Sentado o de pie, suspiro mediante el
Hálito vivificante del Aire.
Ciertamente, mi Boca y mi Lengua...
¡He aquí mis guías! [95]

RÚBRICA

Si las palabras anteriores son conocidas (por el difunto),
podrá salir hacia la plena Luz del Día;
podrá recorrer la Tierra mezclándose con los vivos y sus
fuerzas físicas no sufrirán disminución, eternamente.

• • •

Conjuro LXIX

LA SALIDA DEL ALMA HACIA LA LUZ DEL DÍA

Soy un Espíritu de Fuego, hermano de todos los Espíritus de Fuego.

---

94. Thoth: dios de La Palabra creadora y mágica (Logos), así como también de la Palabra escrita.
95. La boca y la lengua (así como también la laringe) son los órganos de la Palabra mágica, instrumento perfeccionado y legado de Thoth; arma de combate, por excelencia, del difunto.

Yo soy Osiris, hermano de Isis.
Mi hijo, Horus, y mi Padre, Isis,
Para vengarme encadenan los brazos de mis enemigos que han cometido contra mí crímenes innombrables...
Yo soy Osiris, el Primogénito de los dioses,
Heredero legítimo de Keb, su Padre divino.
Yo soy Osiris, Amo de los Manantiales Primeros de Vida.[96]
Mi espalda y mi pecho tienen gran poder;
Mi fuerza generatriz entra a todos los lugares habitados por los hombres.
Yo soy Orión que, ante los incontables ejércitos de Estrellas,
Recorre la Región del Cielo.
Ciertamente, el Cielo es el seno de Nut, mi Madre divina,
Que me ha concebido y traído al mundo según su voluntad.
Yo soy Anubis, el Día en que llega a ser Sepa.
Yo soy el Toro Sagrado en medio de su Pradera...
Ciertamente, ¡yo soy Osiris!
El día de la Gran Catástrofe
Ocultado ful por mi Padre y mi Madre...
El dios Keb es mi Padre; mi Madre la diosa Nut...[97]
Y Yo soy Horus, el Primogénito de Ra, el día de su triunfo.
Yo soy Anubis el día en que llega a ser Sepa.
Yo soy Turm, Señor de los Mundos,
Yo soy Osiris... Salve, ¡oh tú Divinidad muy Antigua!
He aquí que entras y hablas
A Thoth, el Escriba divino,
Guardián de la Puerta de la morada de Osiris...
¡Déjame recorrer tus Regiones,
Visitarlas en paz, lograr ser un Espíritu santificado,
Ser juzgado y justificado, llegar a ser dios
Y volver a voluntad a la Tierra para proteger mi Cuerpo!
Ahora sentado cerca de donde en otros tiempos nació Osiris
Me apresto a aniquilar el Mal que le contamina.
Ciertamente, ¡poderoso soy!
Habiendo llegado al Mundo con Osiris,

---

96. O sea, que insufla su hábito vivificador sobre las aguas primordiales.
97. Keb era el dios de la Tierra. Nut, la diosa del Cielo; nótese que Keb es el macho y que Nut la hembra.

En el mismo lugar donde él nació en otros tiempos,
Me transformo en dios...
¡Rejuvenezco! ¡Rejuvenezco!
Y tomo este muslo que es mío
Y es también el de Osiris,
Y con él abro la boca de los dioses.
Entonces Toth aparece
Y yo voy junto a él...
Logre mi Corazón ser vigorizado por las ofrendas
En el altar de mi Padre divino:
Pan, cerveza, carne y aves.
He aquí que traigo ofrendas a Horus, a Thoth y a Enheri-Ertitsa...[98]

• • •

Conjuro LXX

He aquí que. arribo a buen puerto.
Por designio de Enheri-Ertitsa mi Corazón se fortifica.
Mis ofrendas decoran los altares de mi Padre Osiris.
Yo soy el amo de Busirls y sobre su región vuelo.
Yo aspiro por sus cabelleras los Vientos del Este,
Yo tomo por sus bucles a los Vientos del Oeste.
Por las cejas tomo bien a los Vientos del Sur.
Recorro el Cielo; las cuatro Regiones del Espacio me obedecen.
Traigo el Soplo vigorizante a los Espíritus santificados
Para que lo aspiren como Ofrenda sepulcral...

98. Divinidad poco conocida.

Conjuro LXXI

Salve, oh dios de cabeza de halcón, Amo de la diosa Mehurt.[99]
He aquí que resplandeces en medio del Océano celeste.
Ciertamente, si tú eres vigoroso
¡Yo lo soy también!
Muestra pues a la Tierra tu Rostro esplendente,
¡Oh tú, que consecuentemente apareces y te eclipsas;
¡Que tu voluntad se realice! Y ¡observa!
¡He aquí que el "Dios-de-Cara-Unica" está junto a mí!
El dios de cabeza de Halcón reside en su santuario...
De un movimiento brusco corro la cortina que le oculta...
¿Qué veo? ¡Ante mi aparece Horus, hijo de Isis!,
¡Oh Horus! ¡Devuelve la potencia a mis miembros
Como yo devuelvo el vigor a los tuyos!
¡Oh tú que sucesivamente apareces y te eclipsas,
Que tu Voluntad se realice!
¡Observa! ¡Mira como él "Dios-de-la-Cara-única" está junto a mí!
Horus se halla en el Horizonte del Sur
Y Thoth en el Horizonte del Norte.
Yo apaciguo el Incendio que destruye los Mundos,
Yo conduzco a la diosa de la Verdad-Justicia
Hacia los dioses que la veneran
¡Oh Thoth, Thoth, escucha mi voz!
!Hazme vigoroso así como te haces vigoroso tú mismo!
Muestra a la Tierra tu Rostro esplendente.

¡Oh tú que sucesivamente te elevas y te eclipsas,
Que tu voluntad se realice!

¡Mira! ¡el "Dios-de-la-Cara-Unica" está junto a mí!
Ciertamente, yo soy una Planta de las zonas desérticas,
¡Una flor de los horizontes misteriosos!...

---

99. Mehurt: "Vaca celeste", diosa del Cielo.

He aquí a Osiris... ¡oh Osiris, escucha mi voz!
¡Tórname vigoroso, como te tomas vigoroso a ti mismo!
Muestra a la Tierra tu Rostro esplendente,
Oh tú que sucesivamente te elevas y te eclipsas,
Y ¡que tu voluntad se realice!
¡Mira! ¡el "Dios-de-la-Cara-Unica" está junto a mí!

¡Oh tú, Ser que te levantas sobre tus dos poderosas piernas
Y que sabes aprovechar el momento propicio;
Tú a quien obedecen los dos Espíritus Djafi, [100]
Tórname vigoroso, como te tornas vigoroso tú mismo!
Muestra a la Tierra tu Rostro esplendente,
¡Tú que sucesivamente te elevas y te eclipsas,
Que tu voluntad se realice!
¡Mira que el "Dios-de-la-Cara-Unica"
Está junto a mí!

¡Oh tú, Dios Nekhen, que resides en el Huevo Cósmico,
Señor de la diosa Mehurt,
Tómame vigoroso como eres tú mismo!
Muestra a la Tierra tu Rostro esplendente,
¡Tú, que sucesivamente te elevas y te eclipsas,
Que tu Voluntad se realice!
¡Mira que el "Dios-de-la-Cara-Única" está junto a mí.

He aquí a Sebek, el dios de la cabeza de Cocodrilo
Que recorre sus dominios;
He aquí a Neith señora de Sais,
Que recorre sus canales y sus plantaciones...
Tú, que sucesivamente te elevas y te eclipsas
¡Que tu Voluntad se realice!
¡Mira!, ¡el "Dios-de-la-Cara-Única" está conmigo!

¡Oh vosotros, los siete jueces que lleváis a hombros la Balanza,
Cuando la Gran Noche del Juicio!
El Ojo divino, por orden vuestra, secciona las cabezas,
Corta los cuellos, destroza los corazones

100. Djafi: Horus y Ra, o bien Osiris y Ra.

Y destruye a los Condenados en el Lago de Fuego.
Ciertamente, yo os conozco y conozco vuestros Nombres
Y de la misma forma que yo conozco vuestros Nombres vosotros me conocéis a mí...
He aquí que avanzo hacia vosotros ¡oh dioses!
Así como vosotros lo hacéis hacia mí
¡Vosotros vivís en mí, y de la misma forma yo vivo en vosotros!
Tomadme vigoroso mediante la fuerza de los Cetros mágicos
¡Esos Cetros que lleváis en vuestros brazos!
¡Otorgadme una larga vida gracias al Verbo mágico de vuestra boca!
¡Una larga vida! Que los años de mi vida se sumen a los años,
Que los meses de mi vida se sumen a los meses,
Que los días de mi vida se sumen a los días,
Que las noches de mi vida se sumen a las noches,
Para que pueda aparecer ante mi estatua funeraria

Y la ilumine con mis rayos...
¡Otorgad a los orificios de mi nariz el aliento de Vida
Para que mis ojos vean con claridad
Y puedan distinguir cada uno de los dioses del Horizonte
El día esperado,
En que serán pesadas y juzgadas
Las faltas cometidas en la Tierra!

RÚBRICA

Si este conjuro es pronunciado el difunto podrá recorrer la Tierra bajo la mirada complaciente de Ra; su permanencia junto a Osiris será placentera y en general, la recitación será satisfactoria para el difunto que se halle en el Mundo Inferior. Las ofrendas sepulcrales no le faltarán y podrá presentarse (ante Ra) todos los días, eternamente.

Conjuro LXXII

PARA ABRIRSE CAMINO EN EL MUNDO INFERIOR

¡Salve, oh Señores de la Ordenación de los Mundos,
Vosotros que, libres de Mal y de Castigos,
Permanecéis en la Eternidad de la Infinita Duración.
Yo sigo la Vía que me llevará a vosotros.
Yo, Espíritu santificado, transito todas las Formas del Devenir.
Mi Verbo mágico me da el poder;
Yo fui juzgado y santificado.
Libradme pues de los demonios de cabeza de Cocodrilo
Que se esconden en estas Regiones
Y frecuentan la Comarca de la Verdad y la Justicia.
¡Dad a mi Boca la Palabra de Potencia!
Que las ofrendas sean colocadas en mis manos,
¡Delante de vosotros!, porque yo os conozco y conozco a Vuestros Nombres:
Conozco, sí, el Nombre de ese Dios Grande.
Dad una ofrenda a ese Espíritu
Que abre la Vía en el Horizonte Oriental del Cielo
Y baja planeando hacia el Horizonte Occidental.
Viene hacia mí resuelto a volverme vigoroso,
Para que los demonios no se adueñen de mí...
¡Que no sea rechazado de vuestra puerta, dioses!
¡Que no esté cerrada con cerrojo!
Porque mis ofrendas sólidas están en Pe,
Y mis ofrendas líquidas se encuentran en Dep.[101]
Allí es donde junto con mis dos brazos...
¡Ojalá me sea posible contemplar a Tum, mi Padre,
Establecido en sus dominios del Cielo y de la Tierra!
Mis ofrendas en realidad no tienen límites,
Porque es mi hijo, salido de mi Cuerpo, quien me alimenta...
Dadme, pues, comidas sepulcrales,
El incienso, la cera, y todas las cosas buenas y puras,
Necesarias eterna y realmente,

101. Pe y Dep: las dos mitades de la ciudad de Buto.

¡Para la vida de un dios!
¡Que me sea posible pasar a voluntad por todas las Metamorfosis
Y bajar y volver a subir en mi barca Los canales de Sekht-Ianrú,
Pues yo soy el dios de la doble cabeza de León!

RÚBRICA

Si el difunto, durante su permanencia en la Tierra, ha aprendido este conjuro o le ha hecho inscribir en su ataúd saldrá hacia la plena Luz del Día y recorrerá a voluntad toda la gama de la Metamorfosis; además, no lo expulsarán del lugar que le corresponde. No le faltarán ofrendas en el altar de Osiris. Penetrará en el Sekht-Ianrú y podrá conocer el decreto del dios (Osiris) que habita en el Djedu. Encontrará allí trigo y cebada. Allí prosperará de la misma forma que había prosperado en la Tierra. Y realizará allí su voluntad, igual a uno de los dioses del Duat, millares de veces.

• • •

Conjuro LXXIII

(Repetición del Conjuro IX)

Conjuro LXXIV

PARA SERVIRSE DE LAS PIERNAS

Todo lo que debes realizar en tu Mansión del Mundo Inferior,
Debes hacerlo de pie, ¡oh dios Sokari! Sostenido por tus dos piernas.
Con respecto a mí, yo irradio
Por encima de la Constelación de la Cadera.[102]
Transito el Cielo
Y me siento en medio de los Espíritus Santificados...
¡Ay qué débil soy! ¡Ay qué débil soy!
Me obedecen mis piernas,
¡Pero me siento desfallecer!
Me siento desamparado
En medio de las fuerzas brutales desencadenadas
Que reinan en el mundo Inferior...

• • •

Conjuro LXXV

PARA DIRIGIRSE HACIA HELIÓPOLIS Y PARA OBTENER ALLÍ UN LUGAR

¡Está hecho! ¡He transitado
Por todos los ocultos rincones de la inmensa Tierra!
Los Espíritus-servidores de Thoth que
Con las manos juntas Saludan al Sol[103]
Me han dado la ciencia misteriosa de los órdenes Internos.
Con la ayuda de esta Ciencia penetro en la Morada
En donde se purifican los habitantes de los ataúdes...
Es así que fuerzo un paso muy temible.
Y llego a las mansiones de los dioses Remrem y Askhsesef;
Después entro en la Región de los Misterios sagrados

102. La constelación de la Osa Mayor.
103. Los servidores de Thoth y adoradores del Sol, son divinidades con cabeza de mono.

Y me hallo ante el dios Kemkem.[104]
Por encima mio me protegen sus manos tendidas;
Su hermana Khebent y su madre Seksekt
Tienen orden de ayudarme,
Me colocan al Oriente, allí por donde Ra se levanta todos los días...
Como él, yo me elevo en el Cielo
Y lo recorro en todos los sentidos.
Yo, Espíritu con atributos divinos.
He aquí que llego hasta el Santo Lugar
Ubicado en el sendero que Thoth recorre
Cuando va a pacificar a los dos Adversarios
Entregados a la Gran Batalla...
Entonces paso por Pe y por Dep.

• • •

Conjuro LXXVI

PARA CAMBIAR DE FORMA A VOLUNTAD

He aquí que yo me dirijo hacia la Morada del Rey de los dioses...
(Me guía un Espíritu alado.)
¡Salve, oh tú que planeas por las extensiones del Cielo,
E iluminas a los Hijos de la Corona Blanca!
¡Ojalá mi Corona Blanca pueda estar bajo tu protección![105]
¡Ojalá pueda vivir al lado de tí!
He recogido y reunido Los dispersos miembros del Gran Dios...
Ahora he creado enteramente un Camino celeste,
Y avanzo por este Camino...

104. Las divinidades: Remkem, Akhsesef, Kemkem, Khebent y Seksek son casi desconocidas fuera de este contexto.
105. La Corona Blanca, símbolo de los reyes del Alto Egipto e, igualmente, de una de las etapas de la iniciación.

Conjuro LXXVII

METAMORFOSIS DEL DIFUNTO EN HALCÓN DE ORO

Yo inicio mi vuelo hacia el Cielo
De la misma manera que un gran Halcón de Oro
Que sale de su Huevo.
Planeo en el Cielo igual a un gran Halcón
Cuya espada mide cuatro codos
Y cuyas alas brillan como esmeraldas del Sur...
Vuelo desde el Ataúd colocado en la Barca "Sektet"
Y llevo mi Corazón hacia las Montañas del Este.
Después bajo planeando hacia la Barca "Mandjit" ...[106]
Las jerarquía divinas se presentan delante de mí.
Se inclinan profundamente
Y me saludan con gritos de alegría.
Entonces, como un gran Halcón de Oro con cabeza de Fénix,
Inicio mi vuelo hacia el Cielo...
Ante mí, en verdad, Ra está presente todos los días
Y escucha mis palabras...
Vosotros, antiguos dioses ¡Oh Primogénitos de Nut,
Observad cómo ocupo mi lugar entre vosotros!
¡Firme y estable soy! Los Campos de los Bienaventurados
Se extienden ante mi vista hasta perderse;
Ellos me nutrirán.
Espíritus santificados en medio de la abundancia de estos campos,
Vivo según le place a mi corazón.
El dios Nepra me ha devuelto el uso de mi laringe
Y guardo, poderoso, el dominio de todas las fuerzas de mi cabeza...

106. Mandjit: nombre de la Barca de Ra, hasta el mediodía. Por la tarde se la llama Sektet.

Conjuro LXXVIII

EL HALCÓN DE ORO

¡Salve, oh dios poderoso!
Me dirijo hacia Djedu
Y tú santificas mis caminos...
Mientras transito las Etapas de mi Viaje
Y visito mis Tronos
¡Acompáñame!, ¡renueva y exalta mi Ser!
¡Haz que el espanto y el miedo acompañen mi Nombre
Para que los dioses de la Región de los Muertos
Me tengan miedo!
¡Que por mi causa luchen entre ellos mismos!
Que quien quiera perjudicarme
No pueda llegar hasta mien la Región de las Tinieblas
En donde las Almas débiles buscan un refugio para esconderse.
Los dioses, Señores del séquito de Osiris,
Oyen con atención mis palabras...
Hablando entre vosotros ¡oh dioses!
Guardad silencio sobre lo que oísteis.
¡Cuidado! a nadie reveléis mis Palabras,
Pues podría oíros Maat...
Es el mismo Osiris quien habla por mi boca.
Yo cumplo mis Viajes.
Entro y salgo, según la Potencia de mi Verbo...
Observo mis Formas sucesivas
Creadas por la fuerza de mi Alma.
Por el dominio que tengo sobre mis piernas
Les transmito la fuerza y rapidez de sus movimientos;
Pues yo soy, ¡yo!, igual que Osiris, Señor de los Mundos.
Los dioses de la Región de los Muertos me tienen miedo
Y a causa de mi
Luchan entre ellos en sus moradas.
Yo puedo circular por ellas, junto con los Seres que por ellas circulan;
Y gracias a mi poder de Señor de la Vida,

En mi sitio habitual descanso.
Isis me protege; gracias a su ayuda
Reformo el gran Todo de mi Ser,
Mientras que los demonios invisibles se oponen...
Ora descanso, ora estoy en movimiento.
Transito los límites extremos del Cielo
Y hablo con el dios Keb.
El Señor de los Mundos me concede el Néctar divino...
Los dioses de la Región de los Muertos, en verdad,
¡Tienen miedo de mí!
Entre ellos luchan en sus moradas,
Por mi causa.
A causa de mí renuevan el alimento de pescado y ave.
Yo soy un Espíritu, en verdad, del número de los Espíritus santificados,
Y del número de los Cuerpos Gloriosos
He aquí que recorro a voluntad el ciclo de las Metamorfosis.
Sin embargo este dios llega y penetra en Djedú;
Imprimiendo un Sello a mi Alma la ha hecho divina e inmortal,
Y te cuenta de mis viajes en el Más Allá y de mis proyectos...
En verdad, mi presencia en la Región de los Muertos
Siembra el miedo y la confusión.
Los dioses tienen miedo y luchan en sus moradas
Por mi causa.
Pues yo soy un Espíritu santificado, uno de los Seres divinos
Creados por Tum al principio de los Mundos,
uno de los seres que en su Ojo divino
Se vuelven Plantas Florecientes...
Tum les hace transitar los ciclos de las Metamorfosis
Y les torna perfectos y, poderosos
A causa de su Vida en El.
¡Mirad! ¡Está Solo en el Océano celeste[107]
Mientras que recorre el Horizonte!
Retumban himnos alrededor de él:
La veneración y el terror
Se apoderan de los dioses y de los Espíritus santificados
Que están alrededor de él.

107. Por la mañana el Sol se presenta con los rasgos de Khepra; al mediodía con los de Ra, al poniente con los de Tum.

Yo soy, en verdad, una de las Serpientes
De los tiempos antiguos creadas por el Ojo divino del Maestro único...
Isis, ella, que dio vida a Horus,
No estaba allí todavía, cuando yo ya existía.
Después he crecido, he envejecido
Entre los Seres luminosos del Cielo
Que, en el cielo de Tum junto conmigo evolucionan.
Soy coronado como Halcón divino.
Me vuelvo Cuerpo Glorioso, un Sahú, [108]
De la misma manera que Horus lo es en su Alma,
Con objeto de que pueda entrar en la Región de los Muertos
Y poseer el dominio de Osiris...

He aquí que el dios propuesto para el Templo de la Corona de Nemmés,[109]
El dios de la doble cabeza de León,
Pero que se encuentra en lugar oculto me dice:

"¡Puedes irte! ¡Transita los Límites más lejanos del Cielo!
Así como siendo Horus,
Has adquirido un Cuerpo Glorioso, Sahú,
De la misma manera la Corona de Nemmés te ha sido concedida.
Tu Palabra de Potencia, en verdad, llega hasta los límites extremos del Cielo".
Tomo posesión pues de los atributos divinos de Horus
Que son los de Osiris en la Región de los Muertos...
Así es que Horus repite para mí las Palabras consagradas
Pronunciadas por su Padre el día de los funerales:
"Haz que el dios de doble cabeza de León
Te conceda la corona Nemmés que el guarda.
A fin de que puedas transitar los Caminos del Cielo
Y observar lo que existe,
¡Hasta los límites extremos del Horizonte!
¡Qué los dioses del Duat te tengan miedo
Y que por tu causa combatan en su morada!
Todas las divinidades

108. Sahú: último o penúltimo escalón de la divinización del alma humana.
109. Nemmés: peinado real semejante a una peluca.

Que pertenecen al Santuario del Dios Único,
Cuando oyen estas palabras, se inclinan ampliamente...
¡Salve, o tú que planeas muy alto por encima de tu tumba
Mientras avanzas hacia mí!
A causa de mí, yo sé
Que el dios-León te ha consagrado la Corona.
Aprende, pues, que también yo planeo
Sobre tu tumba muy alto,
Y que el dios Iahd preparó para mí todos los caminos
Y que el dios-León puso en mi cabeza la Corona.
¡Concédeme un vestido de plumas!
Así es que hace vigoroso mi Corazón
Por medio de mi espina dorsal y de su gran poder.
En verdad, cuando llegue ante Shu no seré rechazado
Y haré las paces con mi Hermano, con el Ser Bueno, [110]
Señor de los dos Urarei, ¡bendito seas!
¡Yo conozco, en verdad las Rutas del Cielo!
En los Ritmos de mi pecho viven sus alientos.
No. podrá detenerme el demonio rabioso de cabeza de Toro.
¡No! No podrá detenerme.
Me dirijo pues, hacia los lugares
Donde en los Espacios Eternos
Por todas partes se ven las huellas
Del Hundimiento de los Mundos.[111]
Me conducen rápidamente hacia la Región de las Tinieblas,
En el lugar donde reinan los sufrimientos del Amenti.
¡Salve, oh Osiris!
Todos los días yo atravieso la Morada del dios-León
Y de allí me dirijo a la Morada de Isis.[112]
Estoy preparado y soy digno
Para asistir a la Consagración de los Misterios como maestro...
¡Ojalá sea admitido en el culto secreto
Y me sea posible contemplar el Misterio del Nacimiento de la Divini-

110. Osiris.

111. Más exactamente: "donde se ven las huellas del Naufragio en los bordes del Tiempo ilimitado".

112. Nótese que las dos etapas de la iniciación (los pasajes a través de las regiones del dios-León y de Isis) corresponden a los signos del zodíaco Leo y Virgo.

dad!
Es así que con su Cuerpo Glorioso Horus viste mis miembros.
Y mi Alma comunicando con su Alma
Veré lo que ocurre en el interior de él.
Cuando ante el Portal resplandeciente del Sol,
Yo pronuncio las palabras sagradas,
Este vibra y resuena y produce un gran eco.
Porque yo estoy designado para suceder a Osiris,
Su Heredero en la Región de los Muertos.
En realidad, yo soy Horus entre los Espíritus santificados,
Dueño de su Diadema,
Dueño de su Luz.
Es así que yo alcanzo los Límites mismos del Cielo,
Es así que Horus en su Palacio está sentado en su Trono.
Mi Rostro en verdad es el del Halcón divino.
Y mi Espalda es la del Halcón divino.
Yo tengo todas las cualidades mágicas del dios mi amo.
Así avanzo hacia Djedu, miro a Osiris
Y me inclino ante él, a derecha e izquierda.
Me inclino ante Nut; ella me observa fijamente.
Todos los dioses dejan caer lentamente sus ojos sobre mí.
Inmóvil en medio de su frente
El Tercer Ojo de Horus me mira fijamente...
En silencio, los dioses tienden sus brazos hacia mí...
Adquiero impulso y rechazo, en la plenitud de mis fuerzas,
A los demonios que se me oponen.
Los dioses, entonces, me abren la entrada a la Vía sagrada...
Observan silenciosamente mi Variedad de Formas
Y oyen con benevolencia las palabras de mi boca:
¡Oh vosotras, divinidades de la Región de los Muertos,
Que hacia mí inclináis vuestras frentes y vuestros rostros,
Vosotras, que como guías de las Estrellas Fijas del Horizonte
Creáis la Vía sagrada para el Señor del Terror,
He aquí que una orden de Horus ha llegado!
¡Alzad vuestros rostros! ¡Observadme,
Para que yo a mi vez pueda observaros cara a cara!
Pues yo, ¡yo he sido coronado Halcón divino!
Mi Cuerpo Glorioso, ¿no es el de Horus?

Vengo aquí a tomar posesión
De la Herencia de mi Padre, Osiris, en la Región de los Muertos.
Disperso los demonios cabelludos que se me opondrán,
Cruzo sus filas y llego a una Región
En que los Espíritus están en guardia.
Acechan a la entrada de sus moradas,
Inmóviles, a ambos lados del camino.
Pero yo paso sin detenerme; mi Viaje me conduce entonces
A los Espíritus escondidos en sus cavernas,
Guardianes de las mansiones de Osiris.
Enérgicamente les hablo para que se den cuenta de mi terrible poder;
De mí que, enemigo de Seth, poseo los dos cuernos.
Les manifiesto que me he apoderado del Néctar de los dioses,
Que me he adueñado de los mágicos poderes de Tum...
Y en consecuencia, tienen que otorgarme,
Ellos, los dioses, Guardianes de los dominios de Osiris,
El paso del Duat,
Para que me sea posible llegar hasta él.
Yo me adueño de los nefastos poderes de los demonios Ksemiu,
Yo santifico mediante mi Verbo las Rutas del Más Allá
Y a los que garantizan su seguridad.
Cuando llego, torno estables y seguros los dominios de Osiris
Y santifico las Rutas del Más Allá para él.
Así, cumplida mi misión, arribo a Djedu.
Observo a Osiris y le hablo:
Le hablo de su Hijo Primogénito
Al que ama;
El que ha atravesado el corazón de Seth...
Observo esta inerte divinidad,
Le cuento las hazañas realizadas por Horus
En tu ausencia, Osiris, mi Padre divino...
¡Salve, Señor de las Almas, que siembras el Terror!
¡Ante tí he llegado!
¡Deja caer una mirada benévola sobre mí!
¡Ojalá me glorifique!
¡Abreme las Puertas del Duat, de la Tierra y del Cielo!
¡Oh Osiris, tu Trono es grande y sublime!
Las noticias que te traigo, ¡oh Osiris! te son, gratas de oír.

¡Oh Osiris! tu poder es inmenso.
Tu cabeza, ¡oh Osiris! está implantada sólidamente.
Tu frente es inatacable, ¡oh Osiris!
Satisfecho está tu corazón, ¡oh Osiris!
Tu laringe es fuerte y sana, ¡oh Osiris!
Estás colmado de dioses que te rodean, ¡oh Osiris!
Y proclamado eres Toro del Amenti, ¡oh Osiris!
En tu Trono está tu hijo Horus, ¡oh Osiris!
En tus manos está la Vida de los Mundos, ¡oh Osiris!
No dejan de trabajar para él incontables años;
Tiemblan ante él multitudes de Almas.
Le temen las jerarquías divinas y obedecen sus órdenes.
Así lo decidió Tum, dios poderoso, dios único en los tiempos antiguos.
¡Y para mí es siempre eterna tu Palabra!
Horus es al mismo tiempo Néctar de los dioses y Sacrificio divino.
El recoge y reune los Miembros de su Padre.
Porque Horus es su Redentor, su Redentor...
Mientras el Cuerpo de su Padre se descompone
El recorre el Océano celeste...
Horus es en verdad, el Amo y Señor de Egipto.
El fija el curso de las cosas para incontables años.
Los dioses trabajan para él día y noche.
Su Ojo divino es Fuente de Vida para millones de seres.
El es el único, el Señor de los Mundos.

• • •

Conjuro LXXIX

PARA SER TRANSFORMADO EN PRÍNCIPE DE LOS DIOSES

Yo soy Tum que ha creado el Cielo
Y ha hecho nacer la Vida en los seres de la Tierra.
Así es que camino, engendrando seres,
Dando vida a mis Hijos, los dioses,
Y engendrándome yo mismo...

¡Salve oh Señor de la Vida, Seres puros,
Formas misteriosas de santuarios ocultos!
¡Salve oh dioses de Tenait[113]
Y vosotros, dioses del Circuito de las Regiones frías!
¡Salve, oh dioses del Amenti,
Y vosotros que vivís en las lejanas profundidades de los Cielos!
Observad: estoy llegando hasta vosotros, vuelto Alma y Espíritu puro...
En verdad, ¡soy un dios en todo su vigor!
Un dios entre los dioses que me rodean...
Os he traído perfumes e inciensos
Y destruyo el nefasto influjo de vuestras bocas.
Llego aquí para destruir y hacerme dueño del Mal
Que habita en nuestros corazones
Y para dejaros libre de los pecados que os sorprenden.
Observad: os traigo los supremos bienes:
¡La Verdad y la Justicia!
Yo os conozco y conozco
Vuestros Nombres ocultos, vuestras Formas misteriosas
Que nadie conoce.
Es así, ¡oh dioses!, que yo soy un dios entre vosotros,
Y que soy coronado dios entre los hombres.
Izado sobre un paves,
Soy vigoroso y poderoso entre vosotros,
Lanzando gritos de alegría los dioses viene a mi encuentro
Y me dirigen súplicas las diosas.
Camino hacia vosotros, ¡oh dioses! coronado como vuestras dos
Hijas,[114]
Y ocupo mi puesto en la Casa de los Dos Horizontes.
Recibo en mi altar, hacia la Tarde, ofrendas sepulcrales
Y con vosotros comulgo a través de los sacrificios líquidos.
Así es que, caminando en medio de los gritos de alegría
Saludo a los dioses del Horizonte y los adoro;
Porque yo soy el Señor de los Seres Perfectos...
Me saludan los dioses con sus gritos
Igual que a una divinidad sagrada del Gran Santuario
Que dejando libre mi Ser de las Entrañas del Cielo,

113. Tenait: un distrito del Duat.
114. Las dos Hijas divinas: Isis y Neftis.

Aparezco ante sus ojos Cuando Nut, mi Madre celestial, me da vida
Para otra existencia, en los Mundos del Más allá

• • •

Conjuro LXXX

PARA SER TRANSFORMADO EN UN DIOS QUE ILUMINA LAS TINIEBLAS

Yo soy la Cintura Luminosa Que irradia en el Pecho de Nu
Y que aleja las Tinieblas de la Noche.
A través de las invocaciones de mi boca, muy poderosas,
Apaciguo la cólera del combate que las dos diosas, sin par,
Libran en mi Corazón.
Es así que levanto a mi Padre, que ha caído,
Y junto con él a todos los que han cardo en el valle de Abydos...[115]
Estoy en paz... Estoy en paz...
Yo soy, en verdad, el Recuerdo de mi Padre Osiris.
Me apodero del Néctar de los dioses
Que hallé en mi Ciudad;
Y las Tinieblas, las llevo conmigo cautivas...
Yo he liberado al Ojo de los Mundos cuando ya se apagaba
En las fiestas del quinceavo día del mes;
Yo he liberado a Seth de su enemigo, ese dios Antiguo;
He provisto de armas mágicas
A Thoth en la Casa de la Luna,
Durante las fiestas del quinceavo día del mes,
Y me he apoderado de la corona de Ureret.
En mi corazón habita la diosa Maat,
Cuyos labios son de Cristal y de Esmeralda.
Aquí están mis Campos, que se extienden entre los canales de lapislázuli.
Yo soy, en verdad, la diosa Nut, ella, ¡la que aleja las Tinieblas!
Avanzo: la Luz es ahora deslumbrante.
Yo enfrento y venzo a los demonios de cabeza de cocodrilo.
Adoro las divinidades silenciosas escondidas en las Tinieblas.

---

115. En Abydos estaba el santuario de Osiris, el "Padre".

Protejo y levanto a los que lloran,
Ocultándose las caras con las manos,
Entregados a la desesperación...
¡Miradme!
Yo soy, en verdad, la diosa Nut ¡que entre vosotros llega!
¡He oído vuestros lamentos! ¡Abro la Ruta de la Luz!
¡Yo soy Nut, que aleja las Tinieblas!...

• • •

Conjuro LXXXI

PARA TRANSFORMARSE EN LOTO SAGRADO

Yo soy el Loto misterioso: resplandezco en la pureza...
Yo avanzo hacia las ventanas de la Nariz de Ra
A través de los Espíritus santificados.
Avanzo y busco.
¡Mirad! ¡Yo soy puro! ¡Yo llego a los Campos de los Bienaventurados!
¡Salve, Loto, tú que bajo los rasgos del dios Nefer-Tum, te muestras![116]
Yo sé tu Nombre, oculto en realidad,
Tus múltiples Nombres solamente conocidos por los dioses.
Porque yo soy un dios como vosotros. ¡Oh, dioses!
¡Oh! ¡Dejadme pasar hacia los dioses-guías de la Región de los Muertos!
¡Dejadme permanecer junto al Príncipe del Amenti
Y poder ser ciudadano de la Tierra Santa!
¡Oh, dioses, dejadme entrar, todos vosotros,
En presencia del Amo de la Eternidad!
¡Que mi Alma pueda recorrer, como le agrade, el Más Allá!
¡Y que no sea rechazada Delante de la jerarquía de los dioses!...

116. Nefer-Tum: dios del Sol, hijo de Ptah y de Sekhmet.

Conjuro LXXXII

PARA SER TRANSFORMADO EN DIOS PTAH Y PODER VIVIR EN IUNU

Como el Halcón de Horus yo planeo en el Cielo;
Mis gritos son tan agudos, semejantes a los de un Ganso salvaje.
Revoloteando, bajo hasta la Región de los Muertos
En el día de la Gran Fiesta...
(¡Horror! ¡Horror! ¡No! ¡No! ¡Esas basuras repugnantes yo no las como!
¡Mi doble etérico se horroriza de ellas!
¡No permitiré que penetren en mi Cuerpo!)
Yo me nutro con alimentos puros que me dan los Espíritus divinos.
Potente, vivo de ofrendas sepulcrales
Y pruebo las hojas de la Palmera de la diosa Hathor.
Pan, cerveza, vestidos y vasos son mis ofrendas.
Me aproximo, me siento cómodo;
Mi cabeza es la cabeza de Ra.
Mis extremidades son las de Tum.
Ante mis ojos, la Tierra se extiende y crece,
Se extiende, crece...
Es así que tomo impulso...
Mientras vibran en mi lengua y mi garganta
Las mágicas fuerzas de Ptah y de Hathor,
Surgen de mi memoria las Palabras sagradas
Que mi Padre, el dios Tum, puso en mi boca.
Así es que violentamente rechazo a esta diablesa nefasta
A la que el dios Keb acuchilló la cabeza, la cara y los labios,
¡Para que tuviese miedo!
Mi boca deja oír himnos poderosos.
He sido proclamado Heredero de Keb,
El Señor de la Tierra...
Surge y me da su corona.
Ante mí se inclinan los dioses de Heliópolis:
Yo soy más poderoso que su Señor:
Mi potencia masculina se extiende a través de incontables años...

Conjuro LXXXIII

PARA SER TRANSFORMADO EN FÉNIX REAL[117]

He aquí que yo buceo en la Materia Primordial
Y llego a ser Khepra, el dios de las Metamorfosis.
Me renuevo gracias a la fuerza universal de reverdecimiento.
Me cubro con un caparazón igual que el de una tortuga...
Yo llevo, en verdad, dentro de mi,
Los gérmenes y posibilidades de todos los dioses...
Soy los cuatro Ayeres de las diosas Serpientes.
Llevo dentro de mí a las Siete Etapas del Amenti.
Yo soy Horus, el del cuerpo reluciente, mientras combate con Seth.
Yo soy Thoth, hago surgir un torrente para separar a los dos Combatientes
Y pronuncio su Veredicto, en las profundidades de su santuario,
Conforme con los dioses de Heliópolis.
Igual a Thoth, hago surgir un torrente
Que separa a los dos Combatientes...
Así es que me dirijo hacia la plena Luz del Día
Y soy coronado dios,
Porque yo soy el dios Khonsu, el irresistible[118]

RÚBRICA

El difunto será purificado si conoce este conjuro. Después de su llegada al puerto de los muertos, saldrá hacia la plena Luz del Día; pasará por todas las Metamorfosis que desee; entre los que lo rodean hallará al dios Un-Nefer; quedará satisfecho de las ofrendas sepulcrales de Osiris; luego de la muerte será el Disco del Sol; prosperará en la Tierra, bajo los rayos de Ra;junto a Osiris será justificado una vez. Y nunca, nunca jamás, las Fuerzas del Mal triunfarán sobre él.

117. Este conjuro resume las etapas de la Metamorfosis: el difunto deviene Khepra, las diosas-serpiente, Horus, Thoth, Khunsu. En cuanto al Fénix mismo, Bennu, es el Alma de Ra.
118. Khonsu: el dios de la Luna.

Conjuro LXXXIV

PARA SER TRANSFORMADO EN GARZA REAL

Yo controlo y someto las Fuerzas Animales.
Yo he cortado las cabezas de las Esmeraldas centelleantes,
Las de las largas cabelleras ensortijadas...
¡Oh vosotros, viejas divinidades; vosotros, Espíritus antiguos,
Dueños de los Ritmos del Universo[119]
¡Comprended que mi poder es tan inmenso como el Cielo!
¡Que del mismo modo que en otro tiempo derroté a mis enemigos en la Tierra,
Así los derrotaré en el Cielo!
Yo soy puro, ahora.
De un paso
Recorro el Cielo, marcho hacia
Aukert y hacia Hermópolis[120]
Dejo atrás, lejos,
A los dioses que recorren los caminos...
Yo doy ánimo a la vigilancia de las divinidades
Que velan en el fondo de sus santuarios.
¿Acaso el dios Nu me es desconocido?
¿Acaso no conozco al dios Tatunen?[121]
¿Me son desconocidos los Demonios Rojos,
Esos que de pronto salen de sus refugios
Y se oponen con violencia a los dioses?
¿Desconozco las Palabras mágicas
Que les he oído pronunciar?
Yo soy aquel que ha degollado al Toro Sagrado,
Del que las Escrituras hablan...
Los dioses al yerme exclaman:
"¡Sea bienvenido este Ser poderoso!
¿Cómo oponernos a su avance?"

---

119. Los ritmos cósmicos son la manifestación de la Sabiduría divina creadora, fuente de la vida, la armonía y el orden.
120. Aukert (Augert): el Más Allá, el mundo Inferior.
121. Tatunen: otro nombre del dios Ptah.

(Verdaderamente, en mi Ser
Están ocultos los Ritmos sagrados del Universo:
¡No podría repetírselo al dios Hu!)
Al pasado pertenecen mis acciones malas;
A medida que voy hacia adelante,
La Verdad-Justicia brilla en mi frente.
Aquí llega la Noche...
Y el Héroe de la Fiesta
Está ahora inerte,
Tendido sobre la tierra, muerto.
Es "el Antiguo de los Días"
El que la Tierra guarda en sus entrañas...

• • •

Conjuro LXXXV

PARA SER TRANSFORMADO EN ALMA VIVA

Yo soy el Alma de Ra nacido del Océano celeste.
Yo soy el dios Hu, Néctar de los dioses.
La visión del Mal me llena de espanto.
Mi pensamiento está en el Bien y vivo solo para la Verdad y la Justicia.
Mi sagrado Nombre, el Nombre del Alma divina,
Está puro de toda mancha.
Por mi poder como dios Khepra, he creado mi Ser
Y el Ser del Océano celeste.
Yo soy el Amo de la Luz.
La Muerte me repugna, me llena de espanto
Y no intento entrar en las cuevas de tortura del Duat.
Alabando a Osiris
Yo tranquilizo los corazones de esos Espíritus
Que, irradiando terror a su paso,
Acompañan a este dios en sus periplos;
Y he aquí que subo más alto, más alto...
En este lugar, hasta donde he subido,

2 3 4 5 6 7 8 9 10 11 12 13 14 15

Al sitio que me fue concedido,
Llego a ser Nu, Señor del Cielo.
Los perversos no podrían hacerme mal.
Verdaderamente, yo soy el Primogénito entre los dioses.
¡Contempládme!
Esta Alma es el Alma del Dios Eterno.
Este Cuerpo es la Eternidad misma.
Mi Llegar a ser ilimitado me vuelve el Señor de los Años infinitos,
El Príncipe de la eterna Duración...
He sido yo quien creó las Tinieblas y las he colocado a modo de vallas infranqueables
¡En los confines del Cielo!
Ya, obedeciéndome las piernas, recorro el Cielo a mi antojo;
Ya, sosteniendo con fuerza el cetro entre mis manos
Y atento para rechazar cualquier ataque de los Espíritus-serpientes
Que acechan en sus guaridas,
Vagabundeo a través de las extensiones del Firmamento,
Cumpliendo los celestes Circuitos.
Voy, ahora, hacia el Señor de los Dos Brazos.
Verdaderamente, yo sé que mi Alma eterna es un Dios.
Sé, también, que mi cuerpo es la Eternidad misma.
Yo soy una divinidad muy alta, Señor del país Tebú.
Este es mi nombre.
"Yo-llego-a-ser-el-joven-de-las-Praderas-yo-llego-a-ser-el-Adolescente-de-las-Ciudades".
Verdaderamente, mi Nombre no morirá nunca...
Yo soy el Alma divina que, tiempo atrás, creó el Océano celeste.
Mi hogar en la Región de los Muertos es inalcanzable;
La Envoltura que me guarda es imposible de violar.
El mal no puede penetrar ya en mi persona.
He aquí a mi Padre divino, Señor del Crepúsculo,
Cuyo cuerpo descansa en Heliópolis.
Su poder llega a todos los seres
De la Región de los Muertos...

Conjuro LXXXVI

PARA SER TRANSFORMADO EN GOLONDRINA

Soy una golondrina, una golondrina...
También soy diosa Escorpión, la hija de Ra...
¡Oh dioses! ¡Qué placentero y dulce es para mí vuestro perfume,
Que arde y se eleva hacia el Horizonte!
Vosotros, que moráis en la Ciudad Celeste,
¡Mirad cómo llevo conmigo a los Guardianes de los celestes Circuitos!
¡Extended hacia mí vuestras manos protectoras
Para que, sin ningún peligro,
Me sea posible habitar en el Lago de Fuego!
Y para que pueda avanzar de acuerdo a los mandatos recibidos
Y desplazarme según los decretos...
He aquí que abro la puerta. ¿Qué veo?
Repito las Palabras de Potencia. Digo:
"¡Observad bien!
Soy Horus, yo que tomo por la fuerza la Barca celeste
Y devuelvo a Osiris, mi Padre, su Trono.
Con respecto a Seth, hijo de Nut, aquí lo tenéis sin poderse mover,
Atado con cuerdas que había preparado para mí..."
Yo conozco lo que pasa en los misterios de Sekhem;
Y aquí estoy y extiendo mis brazos a Osiris... Todo mi accionar se cumple de acuerdo con los mandatos de los jueces.
Aquí llego para deciros: "Dejádme pasar,
Para que así el juicio pueda llevarse a cabo en mi presencia."
Después de pronunciadas estas palabras, entro.
Y, después de haber sido pronunciado el veredicto,
Traspaso el Portal de la divinidad todopoderosa.[122]
Ciertamente, después de haber sido purificado, me encuentro en el curso del largo viaje.
He conseguido dominar el Mal que manchaba mi Corazón.
He desterrado mis Vicios y arrancado los Pecados que mi Carne ha cometido en la vida terrenal.

---

122. Divinidad todopoderosa: Neb -er- Dher, Señor del Cosmos, o sea Osiris.

Permitidme, pues, entrar, ¡oh vosotros, Guardianes de las Puertas!
¡Pues de ahora en más soy uno de los vuestros!
¡Me dirijo hacia la Luz del Día Eterno!
Marcho dueño de mis actos.
Vosotros, Espíritus de Luz, sabed:
Que los Caminos misteriosos de la Región de los Muertos me son familiares
Y también lo son los Senderos de los Campos de los Bienaventurados.
Arribo, después de haber vencido la resistencia de mis enemigos...
No obstante, veo, allá en la Tierra, mi Cadáver:
Descansa en su ataúd, inmóvil...

RÚBRICA

Si el difunto conociera este conjuro, podría salir hacia la plena Luz del Día; no será así echado en las puertas del Mundo Inferior; podrá convertirse en golondrina un sinnúmero de veces.

• • •

Conjuro LXXXVII

PARA SER TRANSFORMADO EN SERPIENTE

Soy un Hijo de la Tierra.
Mis Años fueron largos...
Por la Tarde yo me acuesto
Y por la Mañana vuelvo a nacer a la vida,
De acuerdo a los Ritmos milenarios de los Tiempos.
Soy un Hijo de la Tierra.
Yo le soy fiel.
Ora muero, ora vuelvo a la Vida.
Heme aquí que florezco nuevamente y que me renuevo,
De acuerdo a los Ritmos milenarios del Tiempo.[123]

123. La Tarde y la Mañana simbolizan la muerte y resurrección del iniciado.

Conjuro LXXXVIII

PARA SER TRANSFORMADO EN DIOS SESEK

Soy el dios Sebek en todo su vigor, [124]
Brutal y violento...
Soy también el Gran Pez de Horus
Que mora en Kem-Ur.[125]
Yo soy el Maestro de los que van a orar en el Santuario Oculto.

• • •

Conjuro LXXXIX

PARA UNIR EL ALMA AL CUERPO EN EL MÁS ALLÁ

¡Oh vosotros Espíritus divinos, que os movéis y transportais las ofrendas
Al templo de la Gran Divinidad,
Dad a mi Alma el poder de penetrar
En todos los lugares que desee!
¡Y nutríd a mi Alma en cualquier parte que se halle!
(¡Observad! ¡Es el Ojo de Horus,
Que se eleva ante ti, centelleante!)
Verdaderamente, del mismo modo que los Espíritus divinos del séquito de Osiris,
Que están siempre en movimiento,
Nunca reposan en la tumba,
Del mismo modo a mi jamás me obligarán a acostarme en la tumba,
Al contrario de lo que les ocurre a los millares que, en Heiópolis,
Revolcados por la tierra, Se juntan con su carne putrefacta...
Yo tengo, pues, poder sobre mi Alma;

---

124. Sebek (Sukhos): divinidad que se manifiesta en forma de cocodrilo, símbolo de la "Inteligencia" y la "Destreza".
125. Kem-Ur: uno de los lagos salados del Delta oriental.

Yo, Espíritu santificado que se halla en todos los lugares donde ella se encuentra...
¡Oh vosotros, Guardianes del Cielo, cuidad de mi Alma!
¡Restauradla! ¡ Alimentádla!
¡Dejádle que vuelva a ver a mi Cuerpo!
(¡Observad! ¡Es el Ojo de Horus
Que se eleva, ante tí, centelleante!)
¡Oh vosotros, Espíritus divinos que tirais de la Barca del Amo de la Eternidad,
Que hacéis más corta la distancia entre el Cielo y la Región de los Muertos,
¡Haced que mi Alma se acerque a mi Cuerpo Glorioso!
¡Que vuestros brazos se hallen bien equilibrados!
¡Tomad con vuestros dedos las armas de combate!
¡Eliminad al Enemigo, el Dragón!
¡Mirad! ¡Arriba, en el Cielo, va la Barca de Ra!
Avanza el Gran Dios pacíficamente y sin obstáculos.
Permitid, pues, que mi Alma se dirija hacia el Horizonte Oriental,
Del Presente hacia el Pasado.
Permitidme que prosiga, pacíficamente, mi camino hacia el lado opuesto,
Al Horizonte Occidental.
Ahora veo, allá en la Tierra,
Mi cadáver que, unido a su Cuerpo Glorioso, reposa en paz...
Verdaderamente, no serán ultrajados ni destruidos,
¡En toda la Eternidad!

RÚBRICA

Todas estas palabras son para ser pronunciadas sobre un amuleto de oro con piedras preciosas incrustadas y colocado sobre el pecho del difunto.

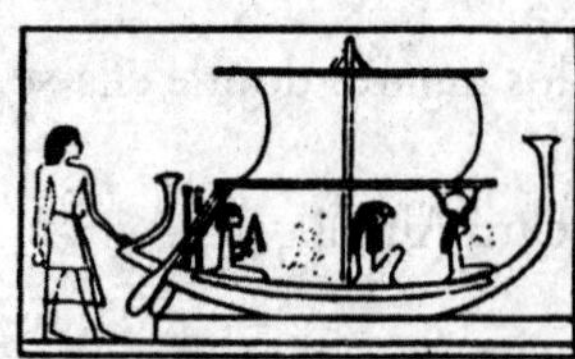

Conjuro XC

PARA CONSERVAR LA MEMORIA EN EL MÁS ALLÁ

¡Oh demonio, tú que cortas las cabezas
Y que acuchillas las sienes!
¡Oh tú, que anulas la memoria
Y haces que la boca de los Espíritus santificados
No puedan pronunciar la Palabra mágica
Que habita en su corazón...!
Verdaderamente, tú no verás, ¡no!, yo con mis ojos no veré
Como tú los ves.
Heme aquí que yo camino y de repente me doy vuelta
Y miro hacia atrás...
Pero, ¡oh! ¿qué veo?
Demonios inmóviles que me siguen con los ojos...
Esos enemigos del dios Shu se preparan para degollarme,
Para acuchillarme la frente Y para atacarme con violencia,
Siguiendo las órdenes de su amo...
Entonces diré:
¡Ah! ¿Quieres degollarme y acuchillar mi frente?
¿Quieres anular mi memoria?
¿Quieres enmudecer mi boca
Y no dejarle pronunciar las Palabras de Poder
Que habitan en mi Corazón,
Como has hecho con los otros Espíritus santificados?
¡Fuera, demonio! ¡Vuélvete!
¡Yo te lo mando en virtud del poder mágico de la Palabra
Que Isis ha pronunciado, cuando venías hacia mí
Siguiendo las órdenes de Seth, su enemigo,
Con el fin de anular la Palabra poderosa en los labios de Osiris!"
Entonces Isis dijo:
"¡ Fuera, demonio! ¡Que tu rostro
Se vuelva hacia tus partes impúdicas!
¡Mira mejor ese Rostro rodeado de llamas!
¡Observa! ¡Es el Ojo de Horus en llamas
En medio del Ojo de Tum!"

Verdaderamente, demonio, no tienes escapatoria,
¡Oh tú, catástrofe de esta Noche!
Del mismo modo que Osiris te había echado
Para que tu maldad no se introdujera en él,
Así yo te echo, pues para mí ¡eres también una abominación!
Te mando, pues: "¡No te me acerques!"
Te repito una vez más: "¡Atrás, demonio, enemigo de Shu!"

• • •

Conjuro XCI

PARA QUE EL ALMA NO SEA CAPTURADA EN EL MÁS ALLÁ

¡Oh tú, muy Alto, cuya Alma todopoderosa
Es adorada en todos los lugares; tú que infundes miedo
Y derramas una parte de tu poder
En las Almas de los dioses, inmensas sobre sus Tronos!...
¡Mira! ¡Heme aquí que voy por los Caminos de los Espíritus Bienaventurados!
La protección mágica planea sobre mi Alma.
Ella cuida mi Espiritu y mi Sombra
Y me protege contra todo ataque.
Verdaderamente, yo soy un Espíritu que ha llegado a la perfección
Y que va al encuentro de Ra y Hathor.

RÚBRICA

El difunto, si conoce este conjuro será capaz de convertirse, en el Mundo Inferior, en un Espíritu santificado invulnerable contra todo ataque; jamás podrá caer prisionero en ninguna de las puertas del Amenti, ni al entrar, ni al salir de ellas.

Conjuro XCII

PARA ABRIR AL ALMA Y A LA SOMBRA ACCESO A LA TIERRA

Yo me dirijo hacia la plena Luz del Día...
He aquí que los Sellos de la Muerte son levantados
Y que mi Alma ha roto los sellos
Por mandato del Ojo de Horus.
Ahora, me convierto en la diadema radiante
Que adorna las sienes de Ra.
Mis pies obedecen lo que les ordeno;
Verdaderamente, grandes son mis zancadas,
Y mis piernas poderosas.
Yo soy Horus que venga a su Padre divino.
Mis Palabras de Poder son ofrendas
Hacia mi Padre divino y hacia mi Madre divina.
Yo transpongo el camino gracias a mis piernas poderosas
Y contemplo la gran divinidad Sentada en la Barca de Ra...
Mientras tanto, en la proa de la Barca,
Las Almas sufren el juicio,
De acuerdo al número de los Años...
¡Oh Ojo de Horus!
¡Pon en Libertad a mi Alma!
¡Ponla en la frente de Ra como si fuera una joya!
Con respecto a vosotros, demonios que teneis prisioneros a Osiris,
¡Ojalá seáis hundidos en las Tinieblas!
¡Que mi Sombra no sea hecha prisionera por vosotros!
¡Que mi Alma no sea capturada por vosotros!
¡Que se abra el camino para mi Alma y mi Sombra,
Para que ambas puedan, el día del juicio,
Contemplar al Dios Grande en su santuario!
Entonces pronunciaré las Palabras mágicas de Osiris
(Cuya morada es misteriosa y está oculta).
¡Oh vosotros, demonios que tenéis prisioneros los miembros dispersos de Osiris,
Y que capturais a los Espíritus santificados

¡Sabed!
Sabed que, verdaderamente, el Cielo no me tendrá cautivo,
¡Ni la Tierra podrá aprisionarme en sus entrañas!
No me someterá el poder de los demonios-verdugos.
Mis piernas me obedecen;
Aquí voy hacia mi cadaver que está en la Tierra.
¡Ojalá pueda salvarme de los demonios
Que han aprisionado los miembros de Osiris!

• • •

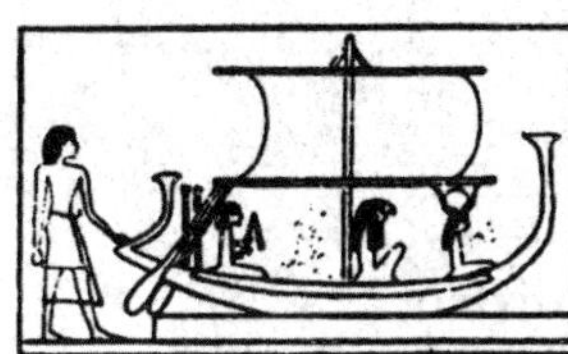

Conjuro XCIII

PARA NAVEGAR HACIA EL ESTE EN EL MÁS ALLÁ

¡Oh potencia masculina de Ra generador!
En el tiempo en que se apagó la tempestad cósmica
Y la inercia del Mundo duró millones de años...
No obstante yo, yo he llegado a ser más poderoso que los poderosos,
Más fuerte que los fuertes...
Pero si, contra mi voluntad fuese hecho prisionero y llevado hacia
Oriente,
A través del pasaje temible de los dos Cuernos;
Si los demonios me torturaran y se burlasen de mi Alma,
Si devorasen el órgano creador de Ra,
Y también la cabeza de Osiris...
Pueda yo, por consiguiente, ser llevado hacia los Campos
Donde las Formas mágicas siegan para los dioses ...[126]
¡Si por lo menos los Cuernos de Khepra no me rechazaran!
¡Si por lo menos no me volviese igual al pus
En el Ojo de Tum! ¡Que no sea atrapado por los demonios,
Ni que éstos me lleven hacia el Oriente,
Donde gozarían divirtiéndose a costa de mi Alma!
¡Que no me hagan mal!
¡Que no me maten!

---

126. Las formas mágicas eran figurillas que, colocadas en los sarcófagos y animadas mágicamente, cumplían distintas tareas en el Más Allá. Véase conjuro VI.

Conjuro XCIV

PARA POSEER UN TINTERO Y UN PINCEL

¡Oh tú, poderoso Espíritu de quien habla el Libro Sagrado de Thoth
Y que miráis silenciosamente a tu Padre divino,
Heme aquí que llego ante tí convertido en Espíritu santificado!
Yo, Alma viva, que poseo los poderes mágicos
Extraídos de los Libros Sagrados de Thoth...
Yo poseo, aquí entre mis manos, estos libros,
Con elfin de pasar entre Seth y Aker[127]
Conmigo traigo el Tintero y el Pincel
Y los deposito en manos de Thoth, el Escriba divino,
(Verdaderamente, es un gran Misterio...)
He aquí que yo llego a ser Escriba de Thoth;
Traigo conmigo los despojos de Osiris, el polvo de su Cuerpo,
Con el cual trazó los signos sagrados ...[128]
Yo recito, todos los días,
Las Palabras de la gran divinidad bienechora[129]
Tus mandatos, ¡oh Horus!, me colman de bienestar;
Mi accionar está de acuerdo con los decretos de Maat.
Verdaderamente, todos los días de mi vida,
Yo respetaba en la Tierra las leyes del Dios-Sol.

127. Aker: divinidad con forma de león bicéfalo.
128. Idea muy profunda: del mismo modo que en el mundo visible, este *Libro* cósmico, escrito en jeroglíficos —un obsequio de Thoth a los hombres—, está trazado con la ayuda del "polvo" de Osiris.
129. Osiris.

Conjuro XCV

PARA ACERCARSE A THOTH

Yo soy el poderosísimo Señor de las Tempestades
Que protege la Corona divina contra sus enemigos.
Con mi espada de hierro que aquí veis.
¡Seth es muerto!
¡Los buenos Espíritus, reconfortados!
Esgrimo la espada fuerte e irresistible de los dioses
Al proteger la Corona.
¡Mirad cómo, en medio de las tempestades,
El brazo de Thoth hiere a sus enemigos!

• • •

Conjuros XCVI y XCVII

PARA ACERCARSE A THOTH

Yo soy Aquel que habita en el Ojo de Horus.
He aquí que llego y pongo a Maat
Bajo la custodia de Ra. Apaciguo a Seth haciendo ofrendas a Aker;[130]
Apaciguo a los Demonios Rojos adorando a Keb.
(Palabras pronunciadas en la Barca celestial:)
¡Oh, Cetro de Anubis! ¡Sabed!
Yo apaciguo los cuatro Espíritus, Vasallos del Amo del Universo;
A través de su mandato llego a ser
Dueño de los Campos, Padre de las Inundaciones,
Guardián de los Estanques y Exterminador de la Sed.
Yo os contemplo, ¡oh dioses antiguos,
Y también a vosotros, los Grandes Espíritus de Heliópolis!
¡Sabed, todos vosotros,
Que mi rango es más elevado que el vuestro!

130. Aker: véase conjuro XLIV.

Que yo alcanzo la perfección al compararme con vosotros.
¡Miradme! ¿No soy, acaso, tan inmaculado
Como el Alma del dios, el grande, el antiguo?
No intentéis impedir mi
avance Soltando a los demonios
Mediante la Palabra de vuestra boca.
(¡Aquí veis al impuro que merodea en tomo de mi
Y se presta a atacarme!)
Verdaderamente yo he sido purificado
En el Lago de la Balanza del juicio.
Me he lavado en los rayos del Ojo divino.
Heme aquí listo para reconfortar las Almas de los muertos,
Después de haber resposado bajo la Palmera de la diosa del Cielo.
En todas partes donde yo esté presente
Aparece la Verdad y la Justicia.
Soy, en la Tierra, su Testigo;
Ellas hablan por mi boca.
Yo tengo el poder del Señor grande y único, ¡Ra!
¡Yo habito en el seno de la diosa Maat!
No seré contaminado por ninguna mancha de pecado;
No importa lo que haga,
Estoy todo envuelto
Por la Luz del Día Eterno.

• • •

Conjuro XCVIII

PARA PODER CONDUCIR UNA BARCA EN EL MÁS ALLÁ

¡Salve, oh Estrellas de la Cadera,[131]
Vosotras que resplandecéis en el Cielo Boreal,
En medio del Gran Lago!
Vosotras que sois testigo de mi muerte, ¡Mirad!...

131. La Osa Mayor.

Me presento ante vosotras
Con la corona de un dios sobre mi cabeza...
He aquí que, después de haber traspasado el Portal de la Muerte,
Me incorporo ante vosotras coronado lo mismo que un dios...
Mis poderosas alas me llevan más lejos...
De mi pecho sale
Un grito agudo, similar al grito de un ganso salvaje.
Igual que un halcón planeo por encima de las nubes.
Yo vago por los inmensos Espacios de la Tierra y del Cielo;
Ya que habiéndome entrenado Shu,
Me dotó de un vigor nuevo.
He aquí que los Espíritus luminosos,
En hilera a los costados de la Escalera del Cielo,
Me marcan el camino; y los Planetas, en su curso
Me transportan lejos de los lugares de las matanzas.
Los ataques del Mal son rechazados por mí
Con las fuerzas que tengo ocultas.
Yo voy hacia ti,
¡Oh dios cuyo Nombre es: "Es él"!...
Tu Imagen va creciendo ante mí
A medida que tu vienes a mi encuentro.
He aquí arribo ante el Lago de Fuego,
Entre los Campos de Fuego...
Verdaderamente, este Lago de.
Fuego, estos Campos de Fuego
Son los dos Manatiales de tu Vida.
Con respecto a mí, me siento vivir,
Estando cerca de este dios venerable...
¡Ah, he aquí al dios Kaa! Viene en su Barca,
Trayendo cosas necesarias......[132]
Estoy parado en el puente de la Barca,
Al timón
Y la guío a lo largo de la Superficie límpida de las Aguas...
Así como mi Verbo de Potencia no queda sin fruto,
Así navego en esta Barca
Siguiendo las órdenes de este dios.
Héme aquí que recorro los caminos celestes con mi Barca

132. Una laguna en el texto.

Y abro las Puertas de los Santuarios...
Verdaderamente, me han sido concedidos los Campos de la Celeste Hermópolis a título de Herencia.

• • •

Conjuro XCIX

PARA CONDUCIR UNA BARCA EN EL MUNDO INFERIOR

¡Oh vosotros, Espíritus que váis navegando
Sobre las impuras Vértebras de la espalda de Apopi![133]
¡Ojalá yo pueda también navegar en mi Barca...
En paz, en paz...
Envolviendo y desenvolviendo su cordaje!
¡Acercáos, pues! ¡Daos prisa!
¡Pues aquí vengo para ver a mi Padre Osiris!
¡Oh vosotros, dueños del vestido "Ansi"!
¡Observad! Tomo posesión de él con alegría.
¡Oh vosotros, Señores de las Tempestades y también vosotros,
Navegantes masculinos sobre las Vértebras de Apopi!
Vosotros que después de haber escapado al cuchillo,
Atáis de nuevo la cabeza, consolidáis el cuello,
Vosotros compañeros de la Barca misteriosa
Que domináis y atáis a Apopi,
¡Miradme! Enrollando mis cuerdas
Yo navego en mi Barca,
A medida que voy hacia la zona maldita
Donde las Estrellas han caído, precipitándose hacia el Abismo...
Las llamas de Ra obstruyeron su camino,
Por lo tanto ellas no han podido volver a encontrar sus antiguas órbitas...
"Andebú" es el nombre del Guía de las dos Tierras;
Keb maneja el timón; su fuerza mágica
Descubre la ruta al Disco Solar

133. Apopi (Apepi): dragón, Espíritu del Mal.

Que planea sobre los Demonios Rojos...
He aquí que yo sigo adelante en mi Barca...
¡Ojalá mi Doble y mi Espíritu puedan dirigirse
Hacia el lugar conocido sólo por ti...!
-Adivina mi nombre, dice el poste de anclaje.
-Señor-de-las-dos-Tierras-reinando-en-su-santuario he aquí tu Nombre.
-Adivina mi Nombre, dice el martillo de madera
-El-Pie-del-Toro-Apis, éste es tu Nombre.
-Adivina mi Nombre, dice la cuerda para tirar, en la orilla, de la Barca.
-Las-Vendillas-onduladas-de-las-que-se-sirve-Anubis-inclinado-sobre-las-Momias, éste es tu Nombre.
-Adivina nuestro Nombre, dicen los toletes para los remos.
-Los-Pilares-del-Mundo-Inferior, éste es vuestro Nombre.
-Adivina mi nombre, dice la cala.
-El-dios-Aker, este es tu Nombre.
-Adivina mi nombre, dice el mástil
-El-que-trae-a-la-soberana-después-de-una-larga-ausencia, éste es tu nombre.
-Adivina mi Nombre, dice el puente interior.
-La-bandera-de-Up-Uaut, éste es tu nombre.
-Adivina mi nombre, dice la barra de adelante.
-La-Garganta-de-Mestha, éste es tu nombre.
-Adivina mi nombre, dice la vela.
-La-diosa-Nut, este es tu nombre.
-Adivina nuestros nombres, dicen las correas.
-Piel -de-Toro-Mnevis-vuelta-por-Seth éste es vuestro Nombre.
-Adivina nuestros Nombres, dicen los remos.
-Los-Dedos-de-Horus-primogenito-de-los-dioses, este es vuestro Nombre.
-Adivina mi Nombre, dice el achicador.
-La-Mano-de-Isis-enjugando-la-Sangre-que-chorrea-del-Ojo-arrancado-de-Horus, este es tu Nombre.
Adivina nuestro Nombre, dicen las clavijas.
-Mestha, Hapi, Duamutf, Kebhsennuf, Hakau, Thet-emaua, Maa-an-tef, Ir-nef-djest, este es vuestro Nombre.
-Adivina mi Nombre, dice la proa.
-El-Jefe-del-Distrito, este es tu Nombre.
-Adivina nuestros Nombres, dicen los costados del buque.

-Las-diosas-Merti, este es vuestro Nombre.
-Adivina mi Nombre, dice el timón.
-Recto -y-leal-visible-en-el-agua-en-el-límite-de-los-flancos, este es tu Nombre.
-Adivina mi Nombre, dice la quilla.
-El-Muslo-de-Isis-que-Ra-hiere-con-su-Cuchillo-a-fin-de-llenar-de-Sangre-su-barco-Seket, este es tu Nombre.
-Adivina mi Nombre, dice el marinero que se ocupa de las velas.
-El-Proscripto, este es tu Nombre.
-Adivina mi Nombre, dice el viento que sopla.
-El-Viento-del-Norte-que-te-envía-hacia-la-nariz-del-Khenti-Amenti, este es tu Nombre.
-Adivina mi Nombre, dice el río, si quieres seguir mi corriente.
-¡Cuidado!-ellos-te-miran, este es tu Nombre.
-Adivina nuestros Nombres, dicen las deslizantes orillas.
-Destructoras-de-la-divinidad-de-brazos-poderosos-en-laCasa-de-las-Purificaciones, este es vuestro Nombre.
-Adivina mi Nombre, dice la tierra firme, ya que deseas pisarme.
-La-Serpiente-del-Cielo-que-se-dirige-hacia-el-EspírituGuardián-del-Embalsamamiento -morando -enmedio-de-los-campos-de-los-Bienaventurados-y-que-salen-felices-de-ellos, este es tu Nombre.
(En este momento recitarás, frente a todas las divinidades, las siguientes palabras:)
¡Salve, oh dioses de la Naturaleza, resplandecientes como Ka,
Que existís y vivís eternamente,
Vosotros, cuyo límite es el Infinito!
Me he trazado una senda y marcho hacia vosotros, ¡oh dioses!
Dad a mi boca las cenas sepulcrales,
A fin de que me sea posible servirme de ellas
Y pueda pronunciar las palabras de poder.
Dadme el consagrado pan de Isis
Cuando me halle frente al Gran Dios,
Yo conozco, en realidad a este Gran Dios,
Frente al cual ahora colocáis las ofrendas.
Thekem es su nombre.
Se dirige de Oriente a Occidente.
Concededme que su viaje sea mi viaje

Y su periplo, mi periplo,
Para que no sea destruido en el Mesket[134]
Y que los demonios no se apoderen de mis miembros.
¡Ojalá encuentre el pan sagrado en Pe
Y la sagrada bebida en Dep!
¡Que vuestras ofrendas me sirvan cada día!
Que pueda recibir trigo. cebada, pomada "Anti", vestidos;
Que contribuyan estas ofrendas a mi vida, a mi salud, a mi fuerza,
Para que me sea posible salir a la Luz del Día,
Y que pueda pasar según mi voluntad, por numerosas Metamorfosis
Y alcanzar finalmente los Campos de los Bienaventurados.

RÚBRICA

Si el difunto aprendió este conjuro, podrá alcanzar los Campos de los Bienaventurados; podrá encontrar sobre el altar de la Gran Divinidad el pan y la bebida consagrados; poseerá campos de trigo y de cebada que segarán para él los servidores de Horus; se hartará de ellos; se frotará los miembros y su cuerpo será como el de un Dios; después de haber revestido todas las formas que quiera alcanzará los Campos de los Bienaventurados; y podrá al fin caminar por ellos en todo momento, real, eternamente.

• • •

Conjuro C

PARA HACER PERFECTO EL ESPÍRITU SANTIFICADO

Parecido al Fénix divino yo navego;
Hacia el Oriente se dirige mi Barca.
Igual que Osiris avanzó hacia Djedu.
Yo abro las cisternas del Nilo, desembarazo los caminos del Disco solar.
Igual que el dios Sokari, avanzo en mi trineo.[135]
Igual que la gran diosa en su culminación, yo soy poderoso.

---

134. Mesket: una región del Mundo Inferior.
135. Antiguo dios del Mundo Inferior (Re-stau), que al ser destruida su barca sólo podía desplazarse en trineo; representa las dificultades creadas por los obstáculos.

Glorifico al Disco Solar
Y me uno a los Espíritus que en el alba adoran al Sol.
Yo soy, en verdad, el igual de esos Espíritus. Como ellos
Yo soy una emanación de Isis.
El mágico poder de Isis me vuelve vigoroso...
Es así que he enrollado mis cuerdas
Y habiendo rechazado a Apopi, le hago volver atrás en su camino.
Ra tiende sus brazos hacia mí
Y no me rechazan sus navegantes.
Porque yo soy fuerte gracias al poder del Ojo de Ra,
Y él es fuerte gracias a mi poder...
Si no soy admitido a bordo de la Barca,
Ra será separado del Huevo Cósmico...

RÚBRICA

Este conjuro será recitado sobre un dibujo realizado en papiro virgen, puro de toda anterior escritura; será escrito con tinta hecha con granos de "Abut" mezclado con líquido de "Anti"; el manuscrito será puesto sobre el pecho del difunto; sin embargo, no tendrá que tocar sus miembros; después de la recitación del conjuro el difunto podrá subir en la barca de Ra, en forma regular y todos los días; el dios Thoth se cuidará de él a su llegada y también en sus desplazamientos posteriores, todos los días en forma regular, real y eternamente; el difunto llegará a ser Espíritu santificado en toda su perfección; le será posible erigir el Símbolo del Djed y consolidar el de la Hebilla sagrada, y navegará en la Barca de Ra por todas las partes que desee.

• • •

Conjuro CI

PARA PROTEGER LA BARCA DE RA

¡Oh Ra! Sentado en tu barca y hundiendo las olas,
Navegas por arriba de los Abismos...

Te diriges hacia tu pasado y lo recorres hacia atrás...[136]
Y aquí te has unido a mí que soy el reflejo de Osiris,
Yo, Espíritu santificado entre tus servidores.
¡Oh Ra!, en verdad, si tú prosperas, ¡y también próspero!
¡Oh Ra! por la virtud de tu Nombre místico: "¡RA!"
Mientras tú atraviesas el Ojo Cósmico
De siete varas de largo y cuya pupila es larga de tres.
¡Vuélveme poderoso!
En verdad, si tú prosperas, ¡yo también prospero!
¡Oh Ra! Por la virtud de tu Nombre místico "¡RA!"
Cuando por encima de los que
Han llegado a ser luego de la muerte,
Sus propios antípodas, tú pasas,
¡Ten piedad de mí! ¡Enderézame!
¡Colócame nuevamente sobre mis piernas!
Porque en verdad, ¡oh Ra! Si tú prosperas ¡yo también prospero!
¡Oh Ra! en virtud de tu Nombre mágico: ¡"RA"!
cuando tu desvelas los Misterios de los Mundos del Más Allá
Para iniciar los corazones de tus dioses servidores,
Revela esos secretos a mi Corazón
Porque si tu prosperas, ¡yo también prospero!

RÚBRICA

Gracias a las poderosas palabras de este conjuro, tus miembros no se alterarán y serán sólidos como los del propio Ra.

Pronunciad estas Palabras frente a una vendilla de lino real sobre la cual se habrá trazado anteriormente dichas palabras con pomada "Anti". Esta vendilla será puesta en el cuello de la momia cuando llegue el día de los funerales. Realizado esto el cuello del difunto se volverá fuerte y resistente e, igual que un dios, podrá realizar todo lo que desee su corazón. Podrá reunirse con los Servidores de Horus. Igual a una estrella, ocupará un lugar en el cielo frente a Sothis. Igual que una divinidad, su momia será venerada por sus allegados, eternamente. La diosa Menket hará crecer plantas en su tumba y su Majestad el dios Thoth verterá, a profusión, la Paz eterna y la Luz

136. El difunto —lo mismo que el iniciado— aprende a vivir al revés de lo que ha hecho: del presente hacia el pasado. Este movimiento retrógado es característico de la existencia espiritual.

increada sobre sus mortales restos, de la misma manera que en otro tiempo lo hizo para su Majestad Osiris, rey del Norte y del Sur...

• • •

Conjuro CII

PARA SUBIR A LA BARCA DE RA

¡Salve, oh gran divinidad, que en tu Barca navegas!
¡Ante tí aparezco, transportado hasta aquí!
Permitidine subir al puente de mando
Y dirigir la maniobra de la Barca,
De la misma forma que lo hacen tus servidores, los Arcontes de los Planetas...
(¡No! ¡No! ¡No! ¡Yo no como de esas basuras!
¡El sólo tocarlas con mis manos o pisarlas con mis sandalias
Me produce asco y horror!)
Porque las ofrendas sepulcrales no me faltan.
Mis panes están hechos de blanco trigo; mi bebida está sacada del trigo rojo.
¡Ah! Los barcos traen mis ofrendas, ¡aquí están!
Esas ofrendas son colocadas en el altar de Heliópolis...
¡Gloria al Ojo divino, él que recorre el Cielo!
Es así que avanzo y arranco a ese dios
De manos de mis enemigos
Que hieren su torso, sus brazos y sus piernas.
Yo me dirijo hacia él,
Sujeto sus brazos y fortalezco sus piernas.
Yo circulo en la Barca de Ra
Y mi única ley son los decretos de este dios.[137]

137. Ra, lo mismo que Shamash, el dios-Sol de Babilonia, es un dios-Legislador y justiciero cósmico.

Conjuro CIII

PARA PERMANECER JUNTO A LA DIOSA HATHOR

He aquí que llego purificado
Observad, ¡oh dios As-Ahi! ¡Observad!
Me encuentro, en verdad en este momento
Entre los servidores de Hathor...

• • •

Conjuro CIV

PARA HABITAR ENTRE LOS GRANDES DIOSES

Ya sentado entre los grandes dioses,
Ya me dirijo a la Región de la Barca Sektet;
Después, igual que una mariposa que ha echado a volar,
Llego junto a las grandes divinidades del Mundo Inferior
Y las contemplo en silencio.
¡Contempladme! ¡Estoy aquí, ante vosotros,
Entre las Almas purificadas de los Bienaventurados!

• • •

Conjuro CV

PARA HACER OFRENDAS AL DOBLE ETÉRICO

¡Salve, oh mi Doble etérico![138]
¡Observa! ¡Todavía duro! ¡Vivo!
Vengo hacia ti lleno de poder y de vigor mágico...

138. Se refiere al KA, quien para algunos egiptólogos es el "doble" del muerto, para otros su genio protector y para algunos otros el "cuerpo vital".

Me levanto igual que el Sol
En posesión de un Alma inmortal y de una invencible voluntad,
Y te traigo incienso para que purifique tus emanaciones.
No me reproches lo que he dicho y lo que he hecho de malo
Porque yo soy, en verdad, esa Tableta de Esmeralda
Que está suspendida al cuello de Ra,
Colocada por los Espíritus
Que habitan la Casa de los dos Horizontes.
Si ellos prosperan, yo también prospero,
Porque mi Doble se asemeja a su Doble;
Y son iguales los alimentos de nuestros Dobles.
¡Oh vosotros, Espíritus divinos que hacia las ventanas de la nariz de Ra
Levantáis muy alta la Balanza de la Justicia,
No permitáis que mi cabeza caiga sobre mi hombro!
¿No soy yo, en verdad, un Ojo que ve,
Una Oreja que oye?
¿No soy un poderoso guerrero de Osiris
Que combate y rechaza a sus enemigos?
Las sepulcrales ofrendas, ¿no fueron preparadas para mí
Por Espíritus muy elevados?
Permitídme, pues, ¡oh dios poderoso!, que me acerque a ti.
Porque yo estoy purificado y hago triunfar a Osiris
De sus enemigos.

• • •

Conjuro CVI

PARA RECIBIR OFRENDAS

¡Oh vosotros, Espíritus, dueños de las sepulcrales ofrendas,
Y vosotros, jefes de las Moradas celestes!
Igual que vosotros que lleváis ofrendas al palacio de Ptha,
Así traedme a mí sólidas y líquidas ofrendas.
¡Pueda yo ser purificado por el contacto del Anca sagrada[139]
Y a través de una ofrenda de vestiduras de lino!

139. Anca sagrada: instrumento mágico utilizado para abrir la boca del muerto.

Y vosotros que navegáis entre los Campos de los Bienaventurados,
Sabed que las ofrendas destinadas a mí
Deben serme traídas a través de este canal,
Mientras que vuestro Padre divino pasa en su Barca celeste.

• • •

Conjuro CVII

(Variante del Conjuro CIX)

Conjuro CVIII

PARA CONOCER LAS ALMAS DEL OCCIDENTE

He aquí la montaña Bakhau; [140]
Sobre ella reposa el Cielo oriental.
Es de treinta mil varas de altura
Y de quince mil varas de ancho.
Se halla en el Horizonte oriental del Cielo,
Y en la parte oriental se encuentra el Templo de Sebek,
Señor de la Montaña.
En el flanco de la montaña, extendida,
Está acostada la gran Serpiente.
Es de treinta varas de largo y ocho de ancho.
Su pecho está adornado de silex y de placas centellantes.
Pero yo conozco el nombre de la Serpiente de la Montaña...
Oldie: "La-que-vive-en-las-llamas"...
Es así que después de haber navegado en silencio,
Ra mira a la Serpiente.
Su navegación se detiene bruscamente,
Porque está en acecho Aquel que se oculta en su Barca...
¡Es así que se zambulle en el agua!
Nada siete varas bajo el agua.
Ataca a Seth y lanza contra él su jabalina de metal.
De este modo, alcanzado en pleno pecho,
Seth devuelve por la garganta lo que ha tragado.
Después, ahí está adentro de una celda, sujeto, atado ...
...(Recitar durante este tiempo la siguiente fórmula mágica:)
"Yo te golpeo, ¡oh Seth! con la lanza.
Mírala aquí en mis manos.
Me acerco para apoderarme de ti lentamente.
Hago maniobrar la barca con prudencia...
Yo elijo con cuidado las cuerdas
Para enlazar la cabeza...
De esta forma avanzo.

---

140. El Cielo estaba sostenido por dos montañas: Bakhay, al Este, y Manu, al Oeste.

Tú, al contrario retrocedes.
Yo soy, en verdad, un macho invencible.
¡Mi vigor es grande!
Hago palidecer tus labios, enlazo tu cabeza.
En verdad soy poderoso, ¡soy poderoso!
Soy el gran maestro de la Magia,
Hijo de la diosa Nut.
Libero de tu dominio
A los Espíritus santificados, ¡oh Seth!
¿Qué es eso? ¿Qué Espíritu
Es ese que va arrastrándose sobre su cola, su vientre y sus vértebras?
¡Espera un momento! ¡Héme aquí!
¡Salgo a tu encuentro!
Si tu quieres, ¡mide tu poder con el mío! Demonio, ¡aprende!
¡Mi poder ha llegado al punto más alto!
¡Avanzo luchando contra los enemigos de Ra! ¡Ya está todo terminado! ¡Los he dominado!
La tarde se oculta. Ahora puedo descansar.
Más tarde, mientras tú, ¡oh Seth!
Permaneces inmóvil, estático,
Yo recorreré el Cielo.
Verdaderamente ya está ejecutada la orden que he recibido
En su Horizonte ¡Ra permanece intocable!
Yo tengo en mi poder todos los medios para rechazar a Apopi.
Conozco por igual a los Espíritus del Occidente:
Este es Tum; más allá está Sebek,
Dueño de la Montaña Bakhau; Hathor, la soberana de la Tarde, bien al fondo.

Conjuro CIX

PARA CONOCER LAS ALMAS DE OCCIDENTE

Salve, oh Portal del Cielo septentrional
Yo te conozco:
En el país Kharu está tu parte meridional;
Tu parte septentrional está compuesta por el canal Ersa,
Allí por donde Ra entra en el Cielo
En su Barca guiada por los vientos.
He aquí que alzo las velas,
De pie sobre mi barca que sigue su curso sin detenerse...
Verdaderamente, yo conozco a los Espíritus que viven en las ramas
De los sicómoros de esmeraldas, adorno de los ríos
Que pasan silenciosos...
He aquí que consiguen enderezar a Shu
En el Portal del Soberano del Oriente,
Por allí es donde pasa, en su Barca, Ra.
Yo conozco, verdaderamente, los Campos de los Bienaventurados,
¡El Patrimonio de Ra!
De hierro es la muralla que los rodea;
El trigo mide en el Campo cinco varas: dos por la espiga
Y por el tallo tres.
La cebada tiene siete varas: tres por la espiga
Por el tallo cuatro.
Los Espíritus que trabajan en los Campos
Miden nueve varas. Cocechan al lado
De las Almas divinas de la Región Oriental.
Yo conozco a todos muy-bien: tú, tú eres Heru-Khuit;
Tú, tú eres Heskheri,
Hijo de la Viuda;
Tú eres Neterduai,
Señor de la Estrella de la Mañana.

Conjuro CX

Aquí comienza el Conjuro que trata de los CAMPOS DE LA PAZ. Cómo entrar en plena Luz del Día, llegar a los CAMPOS DE LOS BIENAVENTURADOS, permanecer en los Campos de la Paz, gran Región Soberana de los Vientos; cómo apoderarse de ella, cómo allí poder llegar a ser un Espíritu, cómo trabajar allí la tierra y recolectar el trigo, cómo allí comer, beber y convivir, en síntesis, cómo cumplir allí todos los actos de la vida terrestre.[141]

¡Salve, oh maestros de las ofrendas!
He aquí que vengo pacíficamente hacia vosotros
Para deleitarme con el alimento que la gran divinidad
Me da todos los días...
Seth ha apresado a Horus
Mientras cuidaba la construcción de las murallas
En los Campos de la Paz.
Pero yo he liberado a Horus del dominio de Seth
Y abierto la Ruta a los dos ojos del Cielo.[142]
¡Aquí tenéis a Seth!
Sus perniciosas emanaciones las he lanzado al viento
Para que vuelvan a caer sobre su Alma y sobre su Ojo
En la ciudad de Mert.
Yo he liberado del dios Aker
Todo lo que estaba oculto en el interior de Horus.
Ahora, navego por el Lago de la Paz
Montado en mi gran barca.
Introduciéndome en la morada de Shu,
Procedo al coronamiento de Horus,
Las estrellas, entonces, centellean con más vigor que nunca...
Luego cruzo el Lago y llego a la Ciudad de la Paz;
Reina en ella una paz profunda,

141. Sekht-hotep es traducido por "los Campos de la Paz" y Sekht-Ianrú (o Iarú) por los "Campos de los Bienaventurados".
142. El Sol y la Luna: los dos ojos del Cielo.

En el ritmo de sus estaciones, en sus posesiones
Y entre sus dioses primogénitos, gracias a mí.
Yo aplaco el furor combativo de Horus y de Seth.
Yo he creado el Bien, yo traigo la Paz,
Yo hago que Horus y Seth respeten a sus árbitros
Y yo hago que las nubes se dirijan hacia los que me atacan,
Todo esto gracias a los Espíritus-Guardianes de la Vida.
Yo consigo dominar a los que someten a los débiles
Y aniquilo a los demonios que atacan a los Espíritus bienaventurados.
Yo, verdaderamente, conozco estas regiones de la Paz;
He navegado por el Lago, introduciéndome en las Ciudades...
Son Poderosos los encantamientos de mi boca.
Yo, verdaderamente, soy digno de llegar a ser un Espíritu santificado
Y mis armas podrán resistir los ataques de los demonios...
¡Oh dioses! ¡Que me sea dado habitar en vuestros Campos de la Paz
Que tanto queréis!
¡Ojalá pueda, en ellos, llegar a ser un Espíritu bienaventurado,
Después de haber adquirido el dominio de mis respiraciones,
Y allí comer, beber,
Arar, cosechar trigo,
Ejercer mi vigor y mi Verbo mágico!
¡Que no sea esclavizado!
¡Que tenga allí un poder sin igual!
He aquí: tú le has dado valor al dios de la Paz,
Tú le has levantado por sobre las Columnas luminosas de Shu
Ligadas por los hermosos rayos del Sol, Ordenador de los Años.
Sobre esto mi boca queda sellada;
Ella guardará silencio;
Las palabras que podrían llegar a escucharse
Estarían llenas de misterios...
En verdad, yo hago nacer la Eternidad
Y tomo posesión de la Duración sin límites...
Pues yo soy el Señor de la Estabilidad inmutable
Y mi Alma descansa en el seno de la Paz.
He aquí a Horus que se presenta bajo los rasgos de un Halcón.
Sus alas miden mil varas.
Su vida dura dos mil años.
Marcha hacia adelante con las armas en la mano,

Llega a su Lago bienamado y a su Ciudad.
Recibe las ofrendas del dios de la Ciudad, en su templo,
Después de haber sido engendrado.
Recibe las ofrendas de este dios.
Reposa en el centro de su radiación de Vida
Y cumple los actos que acostumbra
En el Lago del Doble Fuego,
Allí donde la alegría no se conoce
Puesto que este es un lugar de sufrimiento...
¡Oh dios de la Paz!
Que pueda yo llegar y partir, pasar y volver a pasar,
Aliarme a lo que está en el templo de la Ciudad,
Reposar en el centro de mi radiación de Vida
Y cumplir las acciones acostumbradas
En el Lago del Doble Fuego,
Donde la alegría no se conoce
Puesto que este es un lugar de sufrimiento...
He aquí que yo habito en el seno de la Paz divina...
¡Que la protección que me brindan mis Envolturas
No me sea quitada por los Señores del Alimento!
¡Que los dioses me traigan ofrendas en abundancia
Y que pueda poseerlas!
He aquí que la Paz divina penetra en todo mi ser, profundamente,
Y que llego a apoderarme del gran Verbo de Potencia
Que habita en mi Corazón;
Pues, verdaderamente, en este momento,
Recuerdo porque mi memoria desconoce las flaquezas,
Gracias a las fórmulas mágicas.
Yo camino, aro, gozo de la Paz de la Ciudad celeste.
Conozco de esta región, las aguas, las provincias, los lagos
En los Campos de la Paz;
Allí es donde habito,
Que mi poder llegue a ser grande,
Que pueda llegar a ser un Espíritu bienaventurado,
Que siempre coseche y me alimente,
Que are y goce del amor,
Que esté en paz con la Paz divina,
Que engendre hijos y pueda navegar por el Lago...

Llego frente a la Ciudad.
Reina en ella una paz poderosa.
Llevo mi cabeza adornada con dos Cuernos.
Traigo ofrendas para los Espíritus bienaventurados...
Verdaderamente, conozco los nombres sagrados
Que rigen la ciudad del dios Shu.
Navego por el Lago
Y hago que Ra avance hacia los Campos de la Paz...
¡Observad! ¡Qué paz suprema reina en el Cielo!
Mi corazón se va calmando A medida que se va acercando a la Tierra.
Por vosotros, Espíritus, hago lo que vosotros hacéis por mí.
Yo logro la paz gracias a mi fuerza que es grande;
Y mi Alma marcha detrás de mí mientras vivo en paz y avanzo en paz
Yo llevo el Néctar de los dioses en mis manos ...[143]
¡Oh Soberana de las Dos Tierras!
¡Dad poder a mis encantamientos!
¡Que mi memoria sea inmensa y que nunca falle!
¡Que todo mi ser se llene de Vida!
¡Que nunca pueda ser alcanzado por mis enemigos!
¡Haced que posea la alegría del corazón y la paz del espíritu!
¡Que mis arterias y mis articulaciones
Sean colocadas en su sitio
Cuando vuelva a aspirar el soplo revitalizador del Aire!
¡Que la paz reine en mi ser!
¡Que pueda llegar a ser el dueño de mis respiraciones!
¡Que todos mis movimientos y todo mi ser sean por la paz!
He aquí que despejo mi cabeza...
Adormecido en Ra, me despierto. ¿Qué es lo que veo?
Una noche cerrada, el Cielo cubierto por completo,
Pero me elevo por encima de los obstáculos, gracias a mis fluidos...
Llego ante mi Ciudad, la grande.
Mido mis fuerzas, la traspaso
Y me encamino hacia la Región de Uakh.
Yo, verdaderamente soy el Toro poderoso de los rayos azules,
Amo del Campo de los Bienaventurados,
Señor de los encantamientos mágicos.

143. Este néctar es el dios Hu; similar al Soma de los hindues y al Haoma de los iranos.

Yo soy la diosa Septet en el momento de su culminación[144]
¡Ah! Aquí tenéis la región de Ouakh. Penetro en ella.
Absorbo mis ofrendas
Y tomo posesión de los alimentos preparados por mis hijos.
Me sirven los Pájaros consagrados Shu.
Marcho detrás de los dioses,
Delante de los Dobles etéricos.
¡Ah! Aquí tenéis la región de Djeft.
Penetro en ella...
Luego, me pongo los vestidos consagrados de Horus.
Y avanzo detrás de Ra al igual que los otros dioses del Cielo.
Ahora, me hallo en los dominios
Del dios de la Paz, Señor de las Dos Tierras,
Aquí me echo en las profundidades del Lago Sagrado.
¡Fuera, lejos de mí toda impureza!
¡He aquí al gran Señor!
Frente a él Cazo pájaros y los como.
Me introduzco al instante en la Región de Kenkent.
Allí me encuentro con Osiris que tendrá que juzgarme.
Me uno a mi madre y apreso a los demonios-serpientes.
Estoy liberado, ya que conozco el nombre del dios que está frente a la diosa Djesert.
Posee los cabellos lacios; tiene dos cuernos en la cabeza.
Dedica los días a labrar sus campos,
Yo labro los míos.
Al instante penetro en la Región Hast y echo a los demonios.
Respiro al mismo tiempo que los dioses.
La gran divinidad me restituye mi cabeza
Y un Espíritu de ojos azules la coloca en mi cuerpo.
Me introduzco de inmediato en la región de Usrt,
En donde sirvo a los Espíritus un banquete sepulcral,
En la parte alta de un templo.
Aquí tenéis la región de Smam; me introduzco en ella.
Llevo mi cabeza adornada por una Corona blanca;
Llevo mi corazón prevenido. Conduzco a los Espíritus celestes
Y doy ánimo a los que están en la Tierra.
Yo lleno de gozo los corazones de los dioses, pues yo soy su Soberano.

144. Septet: Sothis, la estrella Sirio.

Yo soy el que organiza los movimientos en los Espacios de turquesa.
Aquí tenéis la Región del trigo y de la cebada. Entro en ella.
Mis servidores me traen aquí las ofrendas para los dioses,
Ato mi barca en un muelle del Lago celeste;
En seguida, caminando a lo largo de la orilla, la arrastro,
Pronunciando las fórmulas mágicas
Y alabando a los dioses de los Campos de Paz...

• • •

Conjuro CXI

(Variante del Conjuro CVIII)

Conjuro CXII

PARA CONOCER LOS MISTERIOS DE LA REGIÓN DE BUTO[145]

¡Oh, tú cadáver entre todos los cadáveres de la región de Mendes!
¡Oh tú que eres la diosa de los cazadores de la región de Buto!
¡Oh tú, diosa Shutet de las Estrellas Fijas!
En resumen, ¡a vosotras diosas que llegáis
Trayendo vuestras ofrendas y además pan y cerveza!
¿Vosotros sabéis por que la Región de Buto
Le fue ofrecida a Horus?
Yo sé porqué, pero ¡vosotros no lo sabéis!
Es por esto: Ra concedió esa región a Horus
Como indemnización de la herida recibida en su ojo.
Ra, efectivamente, dijo a Horus:
"¡Permíteme que vea lo que le ha sucedido a tu ojo!"[146]
El lo observó... Después Ra le dijo a Horus:
"Observa hacia allá. Vigila bien a ese jabalí negro."
Y Horus no dejó un minuto de vigilarlo.
El jabalí con gran furia le atacó. Luego Horus le dijo a Ra:
"Ven y mira el golpe que Seth me ha dado en el ojo."
Y por culpa del dolor, Horus comenzó a desesperarse.
Entonces Ra, dirigiéndose a las divinidades que se encontraban junto a él, dijo:
Buscádle un sitio seguro
Para que allí pueda curar su herida, ya que Seth,
Convertido en jabalí negro,
Acaba de dar un golpe muy duro al Ojo de Horus."
Luego, Ra añadió, diriguiéndose siempre a las divinidades que le rodeaban:
"Ese jabalí negro inspira a Horus solo repugnancia.

---

145. Esre conjuro es uno de los más difíciles de interpretar. Son algo así como visiones interiores, concretas pero sin ligazón lógica entre ellas. Hay una lucha de Seth y Horus, como en todos los otros conjuros, pero es de notar la neutralidad de Ra, tanto como la de Thoth.
146. Los dos "ojos de Horus son el sol y la luna.

Pero os juro que Horus renacerá a la salud.
¡Ah! ¡Qué asco da a Horus ese jabalí negro!"
Luego cuando Horus fue su propio hijo,
Los dioses de la corte de Ra
Trajeron para Horus toros, ovejas y puercos
En calidad de sacrificios expiatorios...
Aquí tenéis una lista con los Nombres de los
Hijos que tuvo Horus: Duatmutf, Hapi, Mestha, Kebhsennuf;
E Isis es su madre.
Luego Horus dijo a Ra:
"Dádme los dos gemelos divinos de Buto
Y los dos gemelos de Nekhen.[147]
Verdaderamente, ¡oh dioses! se han engendrado en vuestros Cuerpos
Y conmigo se quedarán hasta el Fin de los Tiempos.
Entonces se calmará el Huracán de Fuego,
La Tierra volverá a aparecer con un nuevo brillo
Y su nombre misterioso será
"Horus-de-la-Tableta-de-Esmeralda"...
Verdaderamente, yo conozco a los Espíritus divinos de la Región de Buto: Sus Nombres son Horus, Mestha y Hapi.

• • •

Conjuro CXIII

PARA CONOCER LOS MISTERIOS DE NEKHEN

Verdaderamente, ¡yo conozco los Misterios de Nekhen!
He aquí a Horus nacido de su Madre, en la mitad del Océano celeste,
A través de su Palabras de Potencia:
"Quiero saber cuál fue la decisión
Que habéis tomado con respecto a mí
Y en cuanto al camino que ha quedado atrás de vosotros...
Yo la encontraré, buscándola."
Entonces Ra dijo:

147. Hierakómpolis.

“Verdaderamente, al Hijo de Isis
Le ha sucedido una calamidad a causa del modo de ser que tiene su Madre para con él.”
Entonces Isis gritó:
“¡Que aquí mismo me traigan a Sebek, Señor de los Pantanos!”
Entonces Sebek comenzó a pescar y atrapó varios peces.
Con respecto a Isis, ella hizo crecer a Horus
En un lugar preparado por ella.
Sebek, Señor de los Pantanos repletos de cañas, dijo:
“Aquí estoy, he venido y he hallado,
Al borde de las aguas, bajo mis dedos
Las huellas de su paso...
Las he atrapado y encerrado en una red muy resistente.”
Entonces Ra dijo:
¡Ahora es el momento en que todos los peces queden en poder de Sebek!
Y que es é1 el que ha encontrado los brazos de Horus
En el País de los Peces.”
Ra agregó:
“Una región de lagos Será establecida en el lugar de la red de Sebek...”
Entonces, mientras quitaban el velo del rostro de Horus,
Para las Fiestas del primero y quince del mes,
En el País de los Peces, sus brazos fueron llevados.
Ra exclamó entonces:
¡Para que sus brazos habiten, daré a Horus
La ciudad de Nekhen!
In ese lugar, en la ciudad de Nekhen, solamente frente a sus dos brazos,
Será quitado el velo de su rostro.
En el transcurso de estas fiestas, ¡tomara prisionero a sus enemigos!”
Horus dijo, entonces:
“Permitidme que lleve conmigo a Duamutf y a Kebhsennuf,
Para que cuiden mi Cuerpo
Y lleguen a ser los servidores del dios tutelar de Nekhen.”
Ra respondió:
“¡Te doy 1o que pides!
Del mismo modo que fuistes recibido en Senket,
Lo serás en Nekhen,
Y los cadáveres de tus enemigos estarán a tu disposición.”

Horus dijo:
"¡Observad! ¡O bien están cerca de ti, o bien están cerca de mí!
¡Oyen atentamente las órdenes de Seth,
En el momento que su voz truena llamando a los Espíritus divinos de Nekhen!
Ojalá yo pueda, por mi parte, ser llevado después de mi muerte,
Espíritus divinos de Nekhen!
Ojalá yo pueda, por mi parte, ser llevado después de mi muerte,
¡Entre los Espíritus divinos de Nekhen!,
¡Sea capaz de desatar los lazos de Horus!
¡Ya que yo conozco bien los Espíritus divinos de Nekhen!
Estos son Horus, Duamutf y Kebhseruf.[148]

• • •

Conjuro CXIV

PARA CONOCER LOS MISTERIOS DE KHEMENU

He aquí que avanza la estatua de Maat, lentamente,
Llevada en brazos,
Durante las fiestas de la Ascensión de Neith, en Mathit,
Mientras el Ojo divino resplandece...
Tengo ante mí la Balanza del Juicio...
He sido iniciado en estos misterios: yo conozco
Lo que Maat trae a la ciudad de Kesi,
Pero no se lo diré a los hombres
Ni lo repetiré delante de los dioses...
Yo estoy aquí por mandato del mismo Ra,
Para poner la estatua de Maat al paso de la procesión,
Puesto que se festejan las fiestas de la Ascensión de Neith, en Mathit,
Cuando el Ojo divino sea juzgado.
He aquí que en virtud de mis conocimientos de los misterios de Khe-

148. Este conjuro es una excelente muestra de las dificultades de interpretación del *Libro*. El texto parece "cifrado" del comienzo al fin. Sebek es una divinidad con cabeza de cocodrilo, genio tutelar del planeta Mercurio. Duamutf y Kebhsennuf son hijos de Horus.

menú,
Me encuentro aquí con todo mi poder.
Pues, al igual que vosotros, ellos aman aquello que conocen...
Verdaderamente yo conozco a Maat en todo su rigor implacable
Y acepto su veredicto con alegría.
¡Salve vosotros, oh Almas divinas de Khemenú!
Yo hablo con vosotras, yo sé de las ocultas cosas y misteriosas
Que nos son reveladas en los sacramentos de los meses y de los medios meses.
Thoth mismo es quien me ha revelado
Los Misterios de la Noche que Ra guarda cuidadosamente.
Y otras cosas que vosotros ya conocéis...
Verdaderamente yo os conozco, ¡oh Almas perfectas de Khemenú!

• • •

Conjuro CXV

PARA CONOCER LOS MISTERIOS DE HELIÓPOLIS

Verdaderamente, fueron largos los días en que
Permanecí en medio de las Sombras del Pasado,
Entre los Espíritus de las Épocas antiguas...
Yo he recorrido sin cesar, en el seno del dios del Devenir, Khepra,
Desde el Amanecer de los Tiempos,
El ciclo de las Metamorfosis...
He aquí que entro en la Región de las Tinieblas
Y que, de repente, mi cara se despoja
Del velo frente al Ojo centelleante que le mira...
¡Oh vosotras, Almas perfectas, sabedlo: yo soy una de las vuestras!
¡Pues yo conozco a los Espíritus divinos de Heiópolis!
Verdaderamente, el saber del Gran Vidente mismo[149]
No sobrepasa mi Saber oculto.
¿Acaso no he ido más allá de todos los obstáculos gracias a mi energía?

149. El "Gran Vidente" es uno de los principales hierofantes de un centro iniciático. Poseía el saber sagrado adquirido por su propia Videncia.

¿No he hablado, acaso, con los dioses?
Por lo tanto, ¡no!, no podrán destruirme los demonios,
A mí Heredero de los dioses de Heliópolis.
Pues, verdaderamente yo conozco los Misterios de la Hebilla
Que luce el Niño divino en la frente.[150]
He aquí que Ra se dirige al dios Amihaf,
Cuya boca fue atacada y herida en otro tiempo...
Ra, pues, dice a esta divinidad:
"Recibe de mis manos esta lanza ¡es la herencia de la humanidad!"
Y Amihaf recibió la lanza...
De este modo nacieron los dos hermanos divinos
Que, alrededor de Ra, recorren su órbita en el cielo...
Luego Amihaf se volvió mujer Engalanada de la Hebilla sagrada, ese paladión de Heliópolis...
Y el Gran Vidente,
Heredero de su heredero,
Llegó a ser el gran Sacerdote-Vidente de Heliópolis.
¡Oh vosotros, Espíritus divinos de Heliópolis!
Verdaderamente, yo os conozco: Sois Ra, Shu, Tefnut...

• • •

Conjuro CXVI

PARA CONOCER LOS MISTERIOS DE KHEMENU

(Variante del Conjuro CXIV)

He aquí que Neith se eleva sobre la ciudad de Mathit
Y que, al lado de él, va Maat, la diosa.
Ese que se come los actos malos cometidos por los hombres,
Es el juez designado por ella.
Entonces yo soy acompañado por mi sacerdote.
Entro en el Santuario y contemplo los Misterios...

150. El Niño Divino —Harpokrate o Harsiesi— era el hijo de Isis. La Hebilla —una espiral— simbolizaba la evolución del espíritu y era considerada como poseedora de una poderosa magia.

Verdaderamente yo no se los revelaré a ningún mortal
Ni se lo diré a ningún dios...
¡Salve, oh dioses de Khemenú,
Vosotros que sabéis quien soy yo, que me conocéis tanto como yo conozco a la diosa Neith!
(¡He aquí que el Ojo divino resplandece en las Tinieblas! ...
¡Verdaderamente yo conozco las Almas divinas de Heiópolis!
Las conozco, cuando en las fiestas mensuales Se abren como flores
Y cuando, en las fiestas bimensuales,
Se eclipsan.
¡Observad! Aquí tenéis al misterioso Thoth...
Más allá está Sa, el dios de la Sabiduría...
Está, en fin, Tum, dios grande.

• • •

Conjuro CXVII

PARA PENETRAR EN EL RE-STAU[151]

Hay dos sendas que pasan por encima mío
Que me llevan hacia el Mundo del Re-stau.
Tengo puesto el Cinturón de un dios
Y de un dios llevo también la Corona.
Camino y hago que el orden reme en Abydos.
Yo abro los caminos que me llevan hacia el Re-stau.
Osiris da alivio a mis sufrimientos...
He aquí que gracias a mí surgen las aguas y en ellas establezco mi Trono.
Recorro el Valle del Gran Lago.
Porque hago que triunfe Osiris de sus enemigos;
Como vosotros, los otros dioses, ¡yo también soy un dios!
¡Sabed, Espíritus divinos,
Que me protege el mismo Amo de la Eternidad!
Ya camino igual que vosotros camináis;

151. Re-stau: una parte del Mundo Inferior, la más difícil de atravesar. Los conjuros CXVII, CXVIII y CXIX tratan del mismo tema.

Permanezco de pie o sentado a mi antojo, también igual que vosotros;
Y poseo igual que vosotros poseéis
El imperio sobre el Verbo de potencia,
Frente al gran dios, Señor del Amenti.

• • •

Conjuro CXVIII

PARA RECORRER EL RE-STAU

He aquí que he nacido
Y que vengo al mundo en el Universo del Re-stau...
Gozo de la felicidad junto a los Cuerpos Gloriosos, "Sahú",
Gracias a las libaciones de mis sacerdotes frente a Osiris.
Soy recibido junto a los Espíritus del Re-stau y en ese lugar crezco.
Cuando ellos avanzan hacia su Doble Mansión, guiados por Osiris,
Yo los sigo, yo, única divinidad,
Hacia la Doble Morada de Osiris.

• • •

Conjuro CXIX

PARA RECORRER EL RE-STAU

¡Aquí tenéis una gran divinidad
Que avanza hacia tí, Osiris, con poderosa radiación!
Soy yo, que me inclino ante ti...
¡Mira! Todas mis impurezas han sido lavadas!
¡Tu Nombre fue consolidado en el Re-stau!
¡Gloria a tí, oh Osiris! ¡Tu poder es, en verdad grande en Abydos!
¡En compañía de Ra, planeando en lo alto del Cielo,
Cumples, Osiris, tus circuitos celestes!
Tu Ojo divino mira desde lo alto a los Iniciados.

¡Tú, Ra, el Único, el Solitario,
Escúchame que te hablo, Osiris!
"Aquí, en tu presencia, en verdad, he revestido un Cuerpo Glorioso".
Ojalá pueda escuchar, las palabras:
"Este Ser que está aquí no será nunca rechazado
Ante tu presencia, Osiris"

• • •

Conjuro CXX y CXXI

(Repetición de los conjuros XII y XIII)

Conjuro CXXII

PARA PENETRAR EN EL AMENTI

- ¡Abridme las puertas!
-Responde antes, ¡oh Alma! ¿Quién eres?
¿A dónde vas? ¿Eres capaz de las Metamorfosis?
¿Cuáles son estas metamorfosis para ti?
-Igual que vosotros, ¡oh dioses!, yo soy un Espíritu divino,
Y el Nombre mágico de mi Barca es:
"La-Cohesión-de-las-Almas-múltiples".
"Terror-que-hace-erizar-los-cabellos",
Es el Nombre de mis remos.
"Aquel-que-vela" es el Nombre de mi proa,
"Está-mal" es el Nombre de mi timón.
"Navega-todo-derecho" es el Nombre de mi popa.
Esta Barca, en verdad, fue construida para el Viaje del Más Allá.
(Llevadme las siguientes ofrendas al templo de Anubis:
Carne, pan, leche y tortas, en su totalidad.)
¡Que yo sea capaz de penetrar en el Más Allá en forma de Halcón!
¡Que yo sea capaz de atravesar los Espacios celestes en forma de Fénix Estelar!
¡Habiendo recorrido los caminos en paz,
En el bello Reino del Amenti
Frente al Lago de Osiris,
Para allí adorarlo, Señor de la Vida Eterna!

• • •

Conjuro CXXIII

PARA PENETRAR EN EL GRAN TEMPLO

¡Salve, oh Tum! ¡Obsérvame!

Yo soy en verdad, Thoth,
¡El árbitro del combate entre Seth y Horus!
Por mí va a tener fin su lucha;
Tomaré su furia y terminaré con las devastaciones que su guerra ha ocasionado.
Es así que agarroto y rechazo al pez Andu.
En lo que respecta a él, he cumplido tus órdenes...
Me he acostado en la tumba
En medio de las acciones de mi vida pasada;
Desde ahora, ya no tendré más obstáculos.
Es así que llego hasta el templo del dios Uhem-Hra
Y tú me contemplas en silencio.
Comunico a este dios las órdenes de los dioses antiguos.
Yo puedo, en verdad, servir de guía a los dioses inferiores...

• • •

Conjuro CXXIV

PARA EFECTUAR LA METAMORFOSIS EN FÉNIX REAL

En Djedu, mi Alma construye para mí
Una morada estable,
Y en la región de Buto, mientras yo prospero,
Mis servidores mágicos cultivan y trabajan mis campos.
El rostro de mi Palmera es bello igual al del dios Amsu.
(¡No! ¡No! ¡No comeré de eso! ¡Qué asco esas basuras!
¡No comeré eso! Ni siquiera mis manos se acercarán a ellas!
¡Ni siquiera las pisaré con mis sandalias!)
¡Poseedor de mis hermosas ofrendas no pereceré!
Porque poseo panes hechos con trigo
Y, cerveza hecha con la cebada
Que los barcos Sektet y Mandjit me traen en forma regular.[152]
Sentado debajo del agradable follaje de los árboles, a los que quiero,

152. Selhet y Mandjit: las dos barcas del Sol.

Gozo de paz y miro las abundantes ofrendas...[153]
¡Ojalá llegue a ser un Espíritu santificado!
¡Ojalá pueda la diosa-Serpiente enderezarme
Y sobre mi cabeza poner la Corona Blanca![154]
¡Oh vosotros, Espíritus, guardianes de las Puertas
Del Pacificador de los Dos Países!
¡Sabed! ¡Sabed que en mi Ser traigo las sustancias
Que: sirven de ofrenda a los dioses![155]
¡Acudid en mi ayuda! ¡Ayudadme a despejar
La opaca niebla que me oprime y me rodea!
¡Que me abran sus brazos los Espíritus santificados!
¡Que las jerarquías divinas guarden silencio y
No revelen las palabras que intercambio
Con las Almas de las Generaciones Futuras![156]
Yo conduzco los corazones de los dioses que me dan protección,
Y soy poderoso entre los que vuelan por los aires.
Todo dios y toda diosa que me dé vigor
Será promovido como Guía Espiritual del Año.
Viviré gozando de las ofrendas colocadas delante de mí,
Bajo verdes follajes,
Igual a Osiris cuando aparece en Abydos.
Se reconoce en mí al antepasado de Ra y de los Seres luminosos.
Permanezco delante de los antiguos dioses
Envuelto en el enorme manto del Cielo estrellado.
Comparezco frente a los dioses Ahiu,
Con el pan de la comunión en mi boca.
Que me hablen, pues, ¡y yo les contestaré!
Hablaré con el Disco Solar y con los Seres de Luz.
Mi poder es enorme en medio de las Tinieblas
Que reinan en los Mundos de Mehurt,
Cerca del Ser venerado...
Desde ahora formaré, en verdad, ¡un solo Ser con Osiris!
¡Mirad! Me vuelvo perfecto,
Igual que Osiris lo es entre las divinidades antiguas.

---

153. El ideal de existencia póstuma, para los egipcios.
154. Símbolo del Alto Egipcio.
155. Una vida justa consagrada al Bien "alimentan y vivifican" a los dioses.
156. Henmenit, o almas en espera de su reencarnación.

Hablaré a Osiris a la manera de los hombres
Y él me contestará a la manera de los dioses...
Es así que convertido en Espíritu santificado,
Llego aquí ayudado por las fuerzas mágicas
Y conduzco a la diosa Maat hacia los que la aman.
Porque yo soy un Espíritu santificado
Provisto de todas las fuerzas mágicas de todos los Espíritus santificados.
Yo me presento bajo la forma de Sahu
En las ciudades del Heiópolis, Busiris, Herakleópolis, Abydos y Panópolis.

• • •

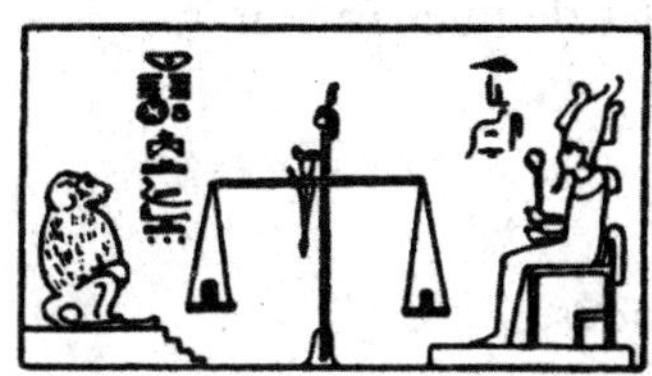

Conjuro CXXV

PALABRAS PARA PRONUNCIAR A LA ENTRADA DEL SANTUARIO DE MAAT

¡Oh Maat! Estoy aquí, ante ti.
Permíteme, pues, mirar tu radiante belleza!
¡Mira! Mi brazo e levanta para adorar
Tu Nombre sacrosanto. ¡Escucha, oh Verdad-Justicia!
Llego a los lugares en donde los árboles no crecen,
En donde el suelo no hace surgir plantas...
Es así que me introduzco en los lugares de los Misterios
Y hablo a Seth, dueño de estos lugares...
Mi Guía-protector se aproxima a mí;
Su cara está cubierta con un velo espeso...
Habiéndose inclinado ante los lugares de los Misterios,
Penetra en el Santuario de Osiris
Y mira los Misterios que se desarrollan en él.
Aquí están los Espíritus Guardianes de los Pilones:
Tiene la apariencia de los Espíritus santificados de los Muertos.
Oíd a Anubis, que comienza su discurso.
Habla dirigiéndose a derecha e izquierda
Como un hombre venido de la tierra de Egipto

CONJURO CXXV.– Viñeta ilustrando la hipostasia (el juicio tras la muerte). El difunto implora a sus 14 jueces. Es acompañado por Anubis ante la balanza donde es pesado su "Corazón". Un monstruo, en caso de condena, devorará su corazón. Thoth inscribe las acciones de su vida pasada. Horus lo conduce hacia la capilla donde se encuentra Osiris.

Conocedor de los caminos y de las ciudades de nuestro país.
Dice: "¡Olfateadle! El olor de este hombre
¿Os parece que es uno de los vuestros?"
Yo le contesto: "¡Yo soy Osiris!
Estoy aquí para mirar a los dioses, los grandes,
Y entrar en posesión de la Vida eterna
Comulgando con el pan celestial.
He llegado hasta estos lejanos límites del Cielo
Donde habita Osiris, Alma grande, Señor de Djedu...
El me ha dado la fuerza de los movimientos
Bajo la forma de un Espíritu con cabeza de Fénix...
Poseedor del Verbo de potencia me zambullo en las aguas que corren;
He realizado ofrendas de incienso;
Como un niño, he ido hasta el árbol Shendet...
Es así que llegué a Elefantina,
Frente al Templo de la diosa Satit.
Hice dar la vuelta a la Barca cargada de mis enemigos.
En paz he viajado por el Lago
Y he contemplado los Cuerpos gloriosos de Kam-Ur;[157]
Visité la Ciudad sagrada de Djedu;
Pero sobre esto guardo silencio...
Restituí a la divinidad el uso de sus piernas.
Alcancé el templo de Anubis y contemplé al Señor del lugar.

157. Kam-Ur, nombre de un toro sagrado, de una ciudad que le fue consagrada y de un lago en el Duat.

Entré en el templo de Osiris
Y probé en mí mismo sus Vestiduras.
Atravesé el Re-stau y vi los misterios de ese lugar.
Fui oculto y enterrado
Y encontré un camino de salida...
Atravesé desolados pueblos en los que nada crece
Y cubrí mi desnudez con vestidos que allí encontré.
Recibí las pomadas de las mujeres para unjirme
Y me enseñaron las Palabras de Potencia de los iniciados.
Es así que Seth me habla a su manera...
Yo le contesto: "Tu balanza, en verdad, es en nuestro Corazón
Donde hay que buscarla."
Su Majestad Anubis me dice: "Sabes ni el Nombre de esta Puerta
De manera que puedas proclamarlo ante mí?"
Yo le contesto: "El-dios-Shu-destructor, ¡ese es el Nombre de esta Puerta
Su Majestad Anubis me dice:
"Conoces el Nombre de la Bisagra superior de esta Puerta
Y el de la Bisagra inferior?"
Yo le contesto: "El-Señor-de-Verdad-y-de-Justicia-Sobre-sus-piernas",
Ese es el Nombre de la Bisagra Superior.
"El-Señor-de-la-doble-potencia-Domador-del-Ganado" ese es el Nombre de la Bisagra inferior.
Su Majestad Anubis ordena:
"Entra pues, ya que conoces estos Nombres Mágicos".

(Mientras entra en la Doble Sala de la Verdad-Justicia, el difunto pronunciará lo que sigue con el fin de desembarazarse de sus pecados y de poder mirar a los dioses.)

LA CONFESIÓN NEGATIVA I (Papiro Nu)

Salve, dios grande, Señor de la Verdad y de la Justicia,
Amo poderoso: he llegado hasta ti
¡Permíteme contemplar tu radiante belleza!

Sé tu Nombre mágico y también los de las cuarenta y dos dignidades[158]
Que te rodean en la gran Sala de la Verdad-Justicia;
El día en que se rinden cuentas de los pecados ante Osiris;
La sangre de los pecadores le sirve de alimento.
Tu nombre es: "El-Señor-del-Orden-del-Universo-Cuyos-dos-Ojos-son-las-dos-diosas-hermanas."
Es así que yo traigo en mi Corazón la Verdad y la Justicia,
Porque he sacado de él todo el Mal...
Yo no he hecho mal a los hombres.
Yo no empleé la violencia con mis parientes.
Yo no reemplacé la Injusticia a la Justicia.
Yo no frecuenté a los malos.
Yo no cometí crímenes.
Yo no hice trabajar para mi beneficio con exceso.
Yo no intrigué por ambición.
Yo no di malos tratos a mis servidores.
Yo no blasfemé de los dioses.
Yo no privé al pobre de su alimento.
No cometí actos execrados por los dioses.
Yo no permití que un amo maltratase a su sirviente.
Yo no hice sufrir a otro.
Yo no provoqué el hambre.
No hice llorar a los hombres, mis semejantes.
Yo no maté ni ordené matar.
Yo no provoqué enfermedades entre los hombres.
Yo no sustraje las ofrendas de los templos.
Yo no robé los panes de los dioses.
Yo no me apoderé de las ofrendas destinadas a los Espíritus santificados.
Yo no cometí acciones vergonzosas en el recinto sagrado de los templos.
Yo no disminuí la porción de las ofrendas.
Yo no traté de aumentar mis dominios
Utilizando medios ilícitos
Ni usurpando los campos de otros.
Yo no nanoseé los pesos de la balanza ni su astil.
Yo no quité la leche de la boca del niño.
Yo no me apoderé del ganado en los campos.

158. Las 42 divinidades integraban el Jurado cuando un alma era juzgada ante Osiris.

Yo no tomé con el lazo las aves que estaban destinadas a los dioses.
Yo no pesqué peces con peces muertos.
Yo no puse obstáculos en las aguas cuando debían correr.
Yo no apagué el fuego
En el momento que debía arder.
Yo no violé las reglas de las ofrendas de carne.
Yo no me apoderé del ganado que pertenecía a los templos de los dioses.
Yo no impedí a un dios que se manifestase.
Yo ¡soy Puro! ¡Soy puro! ¡Soy puro! ¡Soy puro!
Fui purificado igual que el gran Fénix de Herakleópolis.
Porque yo soy El Señor de la Respiración
Que da vida a todos los Iniciados
El solemne día en que el Ojo de Horus,
En presencia del Señor divino de esta tierra,
Culmina en Heliópolis.
Ya que vi culminar en Heliópolis el Ojo de Horus
No me sucederá ningún mal en esta Región, ¡oh dioses!
Ni tampoco en vuestra Sala de la Verdad-Justicia.
Porque yo sé el Nombre de los dioses
Que rodean a Maat, la gran divinidad de la Verdad-Justicia.

LA CONFESIÓN NEGATIVA, II (Papiro Nebsenti)

1. ¡Oh tú, espíritu que caminas a grandes pasos
Y que surges de Heliópolis, oídme!
Yo no cometí malas acciones.

2. ¡Oh tú, Espíritu que te muestras en Ker-aha
Y cuyos brazos estnrodeados de un ardiente Fuego!
Yo no actué con violencia.

3. ¡Oh tú, Espíritu que te manifiestas en Hermópolis
Y que respiras el Aliento divino!..

Mi corazón detesta la brutalidad.

4. ¡Oh tú, Espíritu que te manifiestas en las Fuentes Del Nilo
Y que te alimentas sobre las Sombras de los Muertos!
Yo no robé.

5. ¡Oh tú, Espíritu que te manifiestas en Re-stau
Y cuyos miembros se pudren y apestan!
Yo no maté a mis semejantes.

6. ¡Oh tú, Espíritu que te manifiestas-en el Cielo
Bajo la forma doble de León!
Yo no disminuí el celemín de trigo.

7. ¡Oh tú, Espíritu que te manifiestas en Letópolis
Y que como dos puñales hieren tus ojos!
Yo no cometí ningún fraude.

8. ¡Oh tú, Espíritu de la máscara resplandeciente
Que lentamente caminas hacia atrás!
Yo no me apoderé de lo que pertenecía a los Dioses.

9. ¡Oh tú, Espíritu que te manifiestas en Herakleópolis
Y que trituras y aplastas los huesos!
Yo no mentí.

10. ¡Oh tú, Espíritu que te manifiestas en Menfis
Y que gracias a ti resurgen y crecen las llamas!
Yo no robé el alimento de mis semejantes.

11. ¡Oh tú, Espíritu que te manifiestas en el Amenti,
Divinidad de las dos fuentes del Nilo!
Yo no difamé.

12. ¡Oh tú, Espíritu, que te manifiestas en la región de los Lagos[159]
Y tus dientes brillan como el Sol!
Yo no fui agresivo.

159. La región de Fayyum.

13. ¡Oh tú, Espíritu que apareces junto al cadalso
Y te arrojas, voraz, sobre la sangre de las víctimas!
Entérate: yo no maté a los animales de los templos.

14. ¡Oh tú, Espíritu, que te manifiestas
En la gran Sala de los treinta jueces
Y que te alimentas con las entrañas de los pecadores!
Yo no defraudé.

15. ¡Oh tú, Señor del Orden Universal
Que te manifiestas en la Sala de la Verdad-Justicia!
¡Aprende! Yo no me apoderé jamás de los campos cultivados.

16. ¡Oh tú, Espíritu que te manifiestas en Bubastis
Y que marchas hacia atrás!
¡Aprende! Yo no escuché detrás de las puertas.

17. ¡Oh tú, Espíritu Aati que te manifiestas en Heliópolis!
Yo no pequé jamas por hablar demasiado.

18. ¡Oh tú, Espíritu Tatuf que te manifiestas en Aati!
Yo jamás pronuncié maldiciones
Cuando me han causado daño.

19. ¡Oh tú, Espíritu Uamenti, que surges en las cuevas de tortura!
Yo nunca cometí adulterio.

20. ¡Oh tú, espíritu que te manifiestas en el templo de Amsú
Y que cuidadosamente observas las ofrendas que te llevan!
Entérate: yo jamás he dejado de ser casto en la soledad.

21. ¡Oh tú, Espíritu que surges en Nehatú!
¡Tú, jefe de los dioses antiguos!
Yo jamás atemoricé a la gente.

22. ¡Oh tú, Espíritu-destructor que te manifiestas en Kaui!
Yo nunca violé la ordenación de los tiempos.

23. ¡Oh tú, Espíritu que surges en Urit
Y cuya voz oigo que salmodia!
Yo nunca me he encolerizado.

24. ¡Oh tú, Espíritu que surges en la región del Lago Hekat
Bajo la forma de un niño!
Yo nunca desoí las palabras de la Justicia.

25. ¡Oh tú, Espíritu que surges en Unes
Y que posees una voz tan penetrante!
Yo nunca inicié querellas.

26. ¡Oh tú, Espíritu Basti
Que surges en los Misterios!
Yo nunca hice llorar a mis semejantes.

27. ¡Oh tú, Espíritu cuyo rostro se encuentra en la parte posterior de la cabeza
Y que sales de tu oculta morada!
Yo nunca pequé contra natura con los hombres.

28. ¡Oh tú, Espíritu cuya pierna está envuelta en fuego
Y sales de Akhekhu!
Yo jamás fui impaciente.

29. ¡Oh tú, Espíritu que sales de Kenemet
Y tu hombre es Kenemti!
Yo jamás injurié a nadie.

30. ¡Oh tú, Espíritu que sales de Sais
Y en tus manos llevas tu ofrenda!
Yo jamás fui querellador.

31. ¡Oh tú, Espíritu que te manifiestas en la ciudad de Djefit
Y que tienes múltiples rostros!
Yo nunca he obrado con precipitación.

32. ¡Oh tú, Espíritu que surges en Unth y que eres astuto!

Yo nunca he faltado el respeto a los dioses.

33. ¡Oh tú, Espíritu que sales de Satiú adornado de cuernos!
Yo nunca usé palabras excesivas en mis discursos.

34. ¡Oh tú, Nefer-tum que sales de Menfis!
Yo nunca defraudé ni obré perversamente.

35. ¡Oh tú, Tum-Sep que surjes de Djedu!
Yo nunca maldije al Rey.

36. ¡Oh tú, Espíritu de corazón altivo
Que surges de Debti!
Yo nunca ensucié las aguas.

37. ¡Oh tú, Hi que surges en el cielo!
Entérate: jamás hablé con altanería.

38. ¡Oh tú, Espíritu que a los Iniciados das órdenes!
Yo jamás maldije a los dioses.

39. ¡Oh tú, Neheb-Nefert que surges del Lago!
Yo nunca fui insolente ni impertinente.

40. ¡Oh tú, Neheb-Kau que surges de la ciudad!
Yo jamás me hice valer ni he intrigado.

41. ¡Oh tú, Espíritu de cabeza santificada
Que de pronto sales de tu escondite!
Entérate: yo no me enriquecí de forma ilícita.

42. ¡Oh tú, Espíritu que surges del Mundo Inferior
Y que llevas frente a ti tu brazo cortado!
Yo nunca desdeñé a los dioses de mi ciudad.

ANTE LOS DIOSES DEL MUNDO INFERIOR (Papiro Nu)

Yo os saludo,
¡Oh vosotras divinidades que habitáis en la Gran Sala de Justicia!
¡Yo os conozco, en verdad y conozco también vuestros nombres!
¡No me abandonéis a la cuchilla del verdugo!
¡Ante el dios que es vuestro Señor,
No insistáis sobre mis pecados!
¡Que vuestra intervención
No cause mi mala suerte!
¡Haced que escuche la Verdad el Señor del Universo!
Porque yo hice en mi vida en la Tierra
Todo lo que era verdadero y justo.
Yo jamás maldije a los dioses.
Que no me aflijan con infortunios
Los genios tutelares de los Días y las Horas.
Yo os saludo,
Divinidades que tenéis asiento en la Gran Sala de la Verdad-Justicia.
Vuestro corazón es ajeno a la mentira y la inquinidad.
¡Vosotras seguid bajo la mirada inmóvil de Horus,
El que vela en su Disco!
¡Libradmè de Baba!, que en el día del Gran Juicio[160]
Se alimenta con las entrañas de los Poderosos!
¡Dejad que yo entre en vuestra casa!
No cometí fraude, ni pecado alguno.
Yo no di falso testimonio;
¡Que no me sea hecho ningún daño!
Me he nutrido siempre de Verdad y de Justicia.
Mi forma de proceder era el que dictan las buenas costumbres
Y es aprobado por los dioses.
He contentado a los dioses haciendo lo que ellos aman.
Yo di pan al hambriento y agua al que padecía de sed,
Di vestido al hombre desnudo y una barca al náufrago;
He hecho ofrendas a los dioses y libaciones a los Espíritus santificados...
¡Espíritus divinos!
¡Libradme! ¡Dadme protección!

160. Babai o Baba: divinidad con cabeza de cocodrilo que devoraba a las almas condenadas.

¡No me acuséis frente a la gran divinidad!
¡Mi boca es pura! ¡Mis manos son puras!
Haced que, viniendo de vosotros, escuche estas palabras:
"Oh tú Alma que llegas aquí,
¡Acércate en paz! ¡Acércate en paz!"
Yo he escuchado, en verdad,
Las palabras de gran peso
Que cambiaba el Gato Divino y los Cuerpos Gloriosos
En el templo de Hapdré.
Respondí a las cuestiones del Espíritu que da el veredicto
Y cuyo rostro está en la parte de atrás de la cabeza.
Yo he visto los sacramentos del Re-stau:
Sobre ellos el Árbol bendito extiende sus ramas...
Imploré su socorro,
Conociendo los pensamientos secretos de los dioses.
Llego aquí para dar testimonio de la Verdad,
Con el objeto de que la Balanza sea establecida en Aukert.[161]
¡Oh tú, Señor de la corona Atefú,
Cuyo Nombre es "Señor-de-los-Vientos"!
¡Tú, que desde lo alto de tu pedestal recides,
Líbrame de tus servidores
Cuyos decretos traen dolores y pena
Y cuyos rostros están desvelados!
Porque en presencia del dios de la Verdad-Justicia
No hice nada que no sea verdadero y justo.
He lavado mi pecho, por eso es puro...
He purificado mi espalda y mis entrañas en el Lago de Maat.
Todas las partes de mi ser
Han participado de la Verdad-Justicia.
Yo me purifiqué en el Estanque del Sur;
Yo descansé en la Ciudad del Norte,
Próxima a los Campos de los Saltamontes,
Allí donde, en la segunda hora de la noche
Y en la tercera del día
Los servidores de Ra se purifican...
Los corazones de los dioses hablan de mí,
De día y de noche:

161. Aukert (Okert): el Mundo Inferior.

Dicen: "¡Que se acerque!"
"Quién eres? ¿Cuál es tu Nombre?"
-"Flor-de-Olivo" es mi Nombre...
Saliendo del Espacio
Una voz me contesta, invisible: "¡Pasa!"
He aquí un pequeño bosque y, después, una ciudad...
Una voz me pregunta:
-Qué encontraste en tu caminó?
-Un Pie y una Pierna.
-Qué le has dicho?
-Alegría y serenidad.
-Qué te han dado?
-Una antorcha encendida y una tablilla de cristal.
-Qué has hecho con esos dones?
-Los he enterrado,
Al alba cerca del lago, en medio de los canales.
-Qué encontraste en ese lugar?
-Un cetro de piedra.
-Cuál es el Nombre de ese cetro?
-Su nombre es "Libre-como-el-Viento".
-Qué has hecho después de haber enterrado la antorcha encendida y la tablilla de cristal?
-Pronuncié Palabras de Potencia, desenterré la tablilla,
Apagué la antorcha,
Rompí la tablilla de cristal
Y excavé el lago...
-Tú conoces la doble cara de la Verdad-Justicia
Y puedes franquear la Puerta de la Sala de Maat.
El cerrojo de la Puerta me dijo:
-No entrarás
Si no me dices mi Nombre secreto.
-"Centro-de-gravedad-en-la-Balanza-de-la-Verdad-Justicia", ese es tu nombre.
-No entrarás,
Dijo la jamba de la derecha,
Si no me dices mi Nombre secreto.
-"Platillo-de-la-Balanza-que-lleva-la-Verdad-Justicia", ese es tu nombre.
-No entrarás,

Dijo la jamba de la izquierda,
Si no dices mi Nombre secreto.
-"La-ofrenda-del-Vino", ese es tu Nombre.
-No entrarás,
Dijo el Umbral de la Puerta,
Si no me dices mi Nombre secreto.
-"El-Toro-del-dios-Keb", ese es tu Nombre.
-No entrarás,
Dijo la Cerradura de la Puerta,
Si no me dices mi Nombre secreto.
-"Los-dedos-de-los-pies-de-tu-Madre", ese es tu Nombre.
-No penetrarás en la Sala,
Dijo la Empuñadura de la Puerta,
Si no me dices mi Nombre secreto.
_"El.Ojo-fuente-de-Vida-del-dios-Sebek-Señor-deBakhau", ese es tu Nombre.
-No entrarás en la Sala,
Dijo el Guardián de las hojas de la Puerta,
Si no me dices mi Nombre secreto.
-"Codo-del-dios-Shu-protector-de-Osiris", ese es tu Nombre.
-No entrarás con nosotros,
Dijeron los dos Montantes de la Puerta,
Si no nos dices nuestros
Nombres secretos.
-Vuestros Nombres son:
"Los-Hijos-de-las-diosas-coronadas-de-Serpientes".
-Nos has reconocido. ¡Puedes pasar!
-No permitiré que tus pies me pisen, dijo el Suelo de la Sala de Maat,
Porque yo soy sagrado y silencioso.
Tampoco conozco los Nombres de tus dos pies
Que están dispuestos a pisarme. ¡Habla pues!
-"El-Cetro-de-Hathor" es el Nombre de mi pie izquierdo.
"El-Corredor-del-dios-Khas", ese es el Nombre de mi pie derecho.
-Me conoces. ¡Puedes pasar!
El Guardián de la Sala de la Verdad-Justicia, dijo:
-Yo te anunciaré si me dices mi Nombre secreto.
- "El-que-conoce-los-corazones-
Y-el-que-escarba-las-entrañas-del-hombre", ese es tu Nombre.

-Te anunciaré al dios...
Pero dime todavía esto:
¿Quién es el dios que gobierna en esta hora?
¿Cuál es su Nombre?
-"Aquel-que-protege-las-Dos-Tierras", ese es su Nombre.
-Pero ¿quién es este dios
Que bajo su custodia tiene las Dos Tierras?
- ¡Thoth ese es el dios!
-Atraviesa la Puerta y acércate,
Dijo la voz de Thoth invisible.
-Primeramente dime, ¿por qué razón llegas aquí?
-Vine hasta aquí para que me anuncien.
-Cuál es tu condición?
¿Qué clase de hombre eres?
-Yo estoy purificado de todos los pecados.
No obedezco a las imperfecciones de los hombres
Que siguen las imperfecciones del momento.
¡Yo no soy de ellos!
-Te anunciaré a la divinidad
Que es protegida si me dices todavía lo siguiente:
¿Cuál es el Nombre de la divinidad
Que está protegida por el Cielo de Fuego,
Que se halla rodeada por una Muralla de dioses-Serpientes
Y que reposa sobre la superficie de las Aguas corrientes?
¿Quién es? -Es,¡Osiris!
-¡Atraviesa el Umbral! Sí, verdaderamente, podré anunciarte.
¡Debes saber, pues!
El Pan de tu Comunión,
El Vino de tu Comunión
Y todas las ofrendas sepulcrales que se te destinan
¡Son emanaciones del Ojo de Ra!

RÚBRICA

Confeccionar imágenes de lo que acontece en la Sala de la Verdad-Justicia.

Este conjuro tendrá que ser recitado después que el cuerpo del difunto haya sido lavado, purificado y envuelto con las vendas de momia; después de haberle calzado las sandalias y cuando se le hayan untado los ojos con antimonio y todo el cuerpo con pomada "anti" y después que se le hayan ofrecido ofrendas sepulcrales: incienso, carne, aves, pan, cerveza y también legumbres. En seguida trazar imágenes en color en una teja hecha con tierra, la cual no tiene que haber sido pisada ni por cerdos ni por ningún otro animal doméstico. Si el conjuro anterior se escribe en esta teja, el difunto y sus hijos prosperarán; no será olvidado su nombre y se ganará el favor del rey y de sus príncipes. Y sobre el altar de la Gran Divinidad encontrará pan, vino y carne. Y no será expulsado de las Puertas del Amenti; muy por el contrario entrará en compañía de los reyes de Egipto y se hallará cerca de Osiris, realmente, permanentemente y para siempre.

• • •

Conjuro CXXVI

HIMNO A LOS CUATRO ESPÍRITUS SUPERIORES

¡Salve, oh vosotros, los cuatro Espíritus poderosos con máscaras de mono,[162]
Que en la proa de la Barca de Ra,
Anunciáis las Ordenes del Señor de los Mundos!
Vosotros sois mis jueces y mis árbitros.
¡Compartid, entonces mis miserias y mis virtudes!
¡Con el fuego devorador que sale de vuestras bocas
Calmad a los dioses!
Vosotros lleváis las ofrendas a los dioses,
Y las comidas sepulcrales a los Espíritus santificados.
Vivís y os nutrís de la Verdad-Justicia.
No conocéis la Mentira y el Mal... Sacad, entonces, el Mal de mi Corazón,
Destruid mis pecados por los cuales, en la Tierra,
Merecí tantos castigos.
¡Borrad toda mancha que se une a mi persona,

162. Son los Iaani, espíritus cinocéfalos, servidores de Thoth, maestros de sabiduría y adoradores de Ra al alba.

Para que me sea posible llegar hasta vosotros!
¡Permitidme entrar en Ammehet, penetrar en el Re-stau
Y que pueda franquear el misterioso Portal del Amenti!
Que me sean servidas las comidas sepulcrales
De la misma forma que le son servidas a los Espíritus santificados
Cuya existencia es la siguiente: ellos entran En el Re-stau
Y salen del Re-stau...
Los cuatro Espíritus poderosos con máscaras de mono,
Contestan: "¡Ven! Porque hemos destruido tus pecados
Y sacados tus vicios, que eran las causas de tus castigos en la Tierra.
Eliminamos toda mancha que se unía a tu persona,
¡Entra pues en el Re-stau!
¡Franquea el Portal misterioso del Amenti!
Y recibirás las comidas sepulcrales.
Entrarás y saldrás a tu capricho,
De la misma forma que lo hacen los Espíritus santificados,
Cuya vida fue de acuerdo a las prescripciones de los dioses.
Tu Nombre será proclamado todos los días
En el interior del Templo del Horizonte...

• • •

Conjuro CXXVII

HIMNO A LOS DIOSES DEL KERTI

¡Salve, oh vosotros, divinidades del Kerti,[163]
Y a vosotros habitantes del Amenti!
¡Salve, Guardianes de los Umbrales del Duat!
Que protegéis a los dioses,
Pronunciáis los Nombres de los que llegan frente a Osiris,
Levantáis ante él una Barrera mágica,
Glorificáis a los dioses y vencéis a los enemigos de Ra,
Extendéis la Luz y borráis las Tinieblas,
Que miráis la grande y santa divinidad
Y vivís en comunión con su vida... Vosotros todos,

163. Kerti: a) subdivisiones del Mundo Inferior; b) las divinidades que allí residían.

¡Invocad a Aquél que habita en el Orbe solar!
Guiadme hasta vuestras Mansiones ocultas,
Para que a mi Alma le sea posible asistir a vuestros Misterios;
Porque yo soy poderoso e igual a vosotros,
Derribé los obstáculos que se levantaban frente a mí en el Amenti,
Y triunfé ante mis enemigos,
¡Oh tú, gran dios que moras en el Orbe solar!
¡Tú, que irresistible triunfas sobre tus enemigos!
Igual que tú, Osiris, Señor del Amenti,
Yo triunfé sobre tus enemigos en la Tierra y en el Cielo,
¡Señor de todos los dioses y todas las diosas!
Eres poderoso junto a Aquél cuyo
Nombre está oculto y nunca es revelado a las demás divinidades...
¡Salve, Guardianes de los Umbrales! ¡Salve!
Vosotros que dáis castigo a las Almas y devoráis a los cadáveres;
Que guiáis a la Verdad-Justicia hacia el Alma divina
Y que librados de todo Mal, habitáis en el Akert[164]
¡No me dejéis sin vuestra protección
Para que no sea aniquilado!
Vosotros que lleváis la Verdad-Justicia
Hacia ese Ser perfecto y misterioso
Que habita en el Mundo Inferior,
Ese ser cuya Alma, igual a la de Ra, es proclamado ¡Osiris!
Enseñadme el Camino, abrid las Puertas
De la Mansión de Kerti ante mí.
¡Porque vosotros sois los que me hacéis triunfar ante mis enemigos!.
¡Que el Guardián de la Puerta me enseñe las ofrendas
Y que coloque en mi cabeza la corona de Nemmes,
Atributo de Aquél que habita en el santuario oculto!
Es esta la forma inmóvil de Horus el de los dos Horizontes,
El Dueño de la Verdad-Justicia,
Alma divina, Espíritu perfecto;
Sus manos son poderosas.
Grandes dioses, llenos de alegría me saludan...
Y una vez glorificados, me abrazan
Y me dan su protección.
Mi ascensión al Cielo es igual a la de un dios.

164. Akert (u Ogert): el Mundo Inferior.

Recorro todo el ciclo de las Metamorfosis, obedeciendo las órdenes.
Triunfo frente a los jueces;
Las Puertas del Cielo se abren frente a mí,
De la misma manera que las de la Tierra y las del Mundo Inferior,
Igual que se abren ante el propio Ra. Yo digo en voz alta:
"¡Abridme las Puertas del Cielo, de la Tierra y del Duat!
¡Yo soy el Alma viva de Osiris!
¡Yo vivo en el seno de este dios!
¡Permitidme cruzar sin inconvenientes todas las Regiones prescriptas según la Ley divina!
¡Que los dioses me vean y me glorifiquen!
¡Ojalá, junto a ellos sea merecedor de sus favores!
¡Ojalá me sea posible avanzar y circular según mi voluntad!
¡Y que ningún pecado ni ningún vicio me sea reprochado!"

• • •

Conjuro CXXVIII

HIMNO A LOS DIOSES DEL KERTI

¡Salve, oh Osiris,
Triunfador, hijo de Nut, Ser-Bueno,
Primogénito de Keb, dios antiguo,
Dueño del Soplo de la Vida,
Gran Príncipe del Occidente y del Oriente,
Señor de los misterios que siembran el terror!
Fuistes coronado en Hneni-nesu con la corona Atef[165]
¡Amo de la potencia del Aliento,
Señor de la Sala de los ritos teúrgicos,
Amo de todas las ofrendas y de las fiestas de Djedú!
Es así que Horus exalta en todos los rincones del Universo
A su Padre Osiris.
Isis y Neftis unen sus esfuerzos:
El Verbo mágico de Thoth santifica al Ser-Bueno;
En su pecho maduran largamente sus palabras;

165. Hnemi-nesu: Herakleópolis; Atef: la corona del Alto Egipto.

Salen de su boca y dan a Horus
Más vigor que a todos los demás dioses.
¡Levántate, Horus! ¡Hijo de Isis,
Restaura a tu Padre, Osiris, en su trono!
¡Salve, Osiris! ¡Mira! ¡Yo me acerco a ti!
¡Soy tu hijo Horus que restituye
Tu Toda-Potencia divina!
A partir de este momento yo vivo, en verdad,
De las ofrendas sepulcrales de Osiris.
¡Levántate Osiris, pues yo triunfé ante tus enemigos!
¡Te he vengado!
Yo soy, en verdad, el dios Horus de este día de hoy.
A medida que me levanto bajo los rasgos de mi Alma,
Esta Alma te glorifica frente a los dioses que están alrededor de ti,
¡Salve, oh Osiris! ¡He aquí a tu Doble que llega frente a tí!
Tú te encuentras en paz, en tu Nombre de Ka-Hotep.
Yo soy Horus que te glorifica en tu Nombre de Espíritu santificado.
Yo te adoro en tu Nombre de Pehu
Y te abro el camino en tu Nombre de Up-uaut.[166]
¡Salve, oh Osiris! ¡Aquí estoy ante ti!
Pongo entre tus manos a tus enemigos traídos de todas partes.
He aquí que recibes tu Cetro y tu Pedestal,
Que tus pies aplastan al caminar.
Tú llevas a los dioses su alimento espiritual
Y a los que están en las tumbas les haces llegar ofrendas sepulcrales.
¡Oh dios poderoso! ¡Tu inmenso poder ha quedado en las manos de los dioses por tí creados!
Tú habitas en los Cuerpos Gloriosos
Y reunes tus atributos desparramados entre todas las divinidades.
Tú escuchas la Voz de la Verdad-Justicia
El día de las ofrendas, en las fiestas de Ugá...

166. Up-uaut (o Up-Uot): divinidad —en forma de chacal— que abre los caminos.

Conjuro CXXIX

(Repetición del Conjuro C)

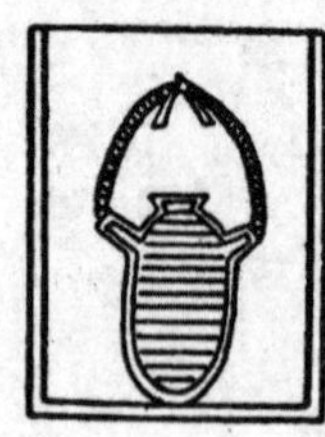

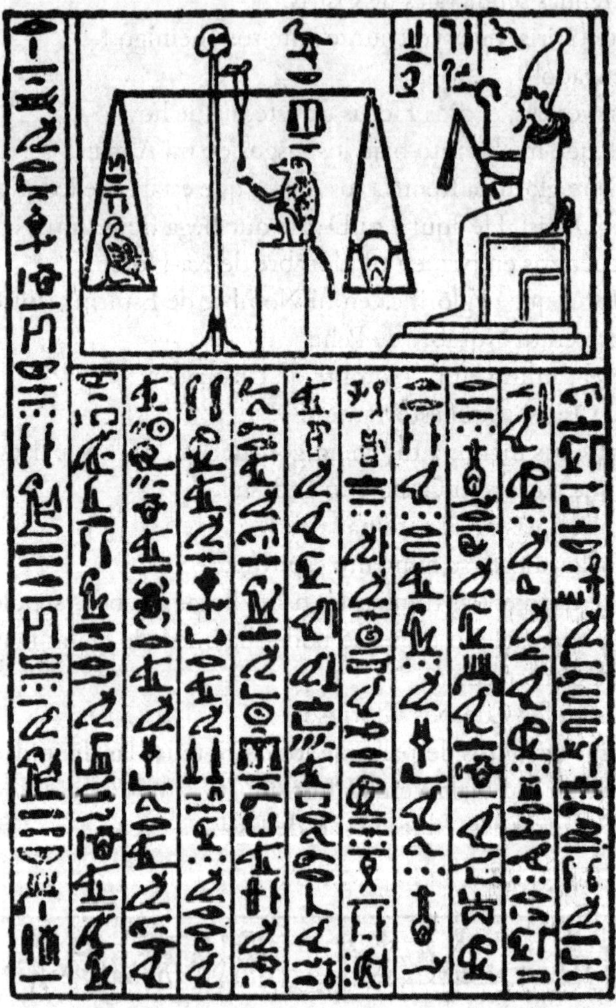
1 2 3 4 5 6 7 8 9 10 11

Conjuro CXXX

PARA VOLVER PERFECTOS A LOS ESPÍRITUS SANTIFICADOS

¡Observad! Abiertos están el Cielo y la Tierra,
El Oeste está abierto, el Este está abierto,
Están abiertas la mitad del Cielo del Sur
Y están abiertas la mitad del Cielo del Norte,
Abiertas de par en par se encuentran las Puertas, tienen corridos los cerrojos los Portales
Y es así que Ra aparece en el horizonte...
La Puerta doble es abierta por la Barca Sektet,
Te es abierto al Portal por la Barca Mandjit;
El respira el Ordenamiento divino de los Mundos...
Es así que surge el dios Shu creador de Tefnut;
Los servidores de Osiris forman el cortejo de Ra.
En cuanto a mí, yo empuño mi lanza de hierro
Y como Horus penetro por la fuerza en los santuarios.
Me dirijo hasta los lugares donde los Misterios se celebran.
Purifica con sus libaciones mi capilla
El mensajero del dios que me ama.
Me acompaña la Verdad-Justicia.
Para consolidar mi santuario recibí cuerdas.
Me horrorizan las tempestades;
¡Que no se acerque a mí la inundación!
¡Que frente a Rano sea rechazado!
¡Qué no me obliguen a volver atrás en mi marcha!
¡Mirád! ¡He aquí los actos de mi vida anterior en la Tierra!
¡Los llevo en mis brazos!
¡No me obliguéis a vagar por el Valle de las Tinieblas!
¡No me hundáis en el Lago, mansión de los Perversos,
Ni me dejéis abandonado junto con los condenados!
¡Que mi alma no sea arrastrada cautiva por los demonios!
¡Que no me permitan volver el rostro Frente al cadalso de Sepdú![167]
¡Alabados seáis oh vosotros, Espíritus planetarios
De la constelación de la Cadera!

167. Sepdú: hay varias divinidades así llamadas, unas con cabeza de león o de ibis.

Y vosotros, oh cuchillos divinos de los Misterios,
Y vosotros, los de los dos Brazos divinos que alumbráis y regocijáis al Universo
Y guiáis, según los Ritmos de las Épocas,
A jóvenes y viejos, ¡Contemplad! ¡Aquí está Thoth, Señor de los Misterios!
Comienza con las libaciones ante el Amo-de-los-Incontables-Años
Y despeja el camino a través del Firmamento.
Thoth es el que inmoviliza los vientos
Y los encierra en sus fortalezas.
He aquí que yo, Osiris, arribo a mi Morada eterna...
¡Oh vosotros Espíritus divinos,
Alejad de mí la miseria y los pesares!
Y que mi persona sea del agrado de Ra,
¡Permitidme que llegue hasta él!
¡Que se me otorgue una Barca de aspecto firme
Para navegar sin temor y regocijo!
¡Que Thoth llene de gozo mi corazón!
Entonces yo alabaré a Ra y mis palabras serán escuchadas por él.
El apartará los obstáculos que mis enemigos siembran en mi camino...
¡Que mi navegación no sepa de naufragios!
¡Que no me fuercen a retroceder en mi camino!
Pues, verdaderamente, ¡yo sé quien es Ra-Osiris!
Por esta razón mi Barca no le teme a los naufragios.
Aquí tenéis un Espíritu planetario
Cuyo Rostro relumbra igual que la Constelación de la Cadera;
Su mirada se posa sobre mí,
Ya que el Nombre de Ra habita en mi Corazón
Y de mi boca emana mi Forma espiritual.
Verdaderamente, Ra escucha mi Palabra de Potencia cuando yo hablo...
Ra, ¡que seas glorificado, tú que reinas en el Horizonte!
¡Tú, que con tus llamas purificas a los Seres de Luz;
En el Cielo, tú tienes el máximo poder
En el instante en que el enemigo va a atacarte.
¡Heme aquí! Aquí estoy para establecer el Orden Cósmico![168]
Ya que el demonio Apopi ha dañado

168. Una de las primeras manifestaciones de la doctrina según la cual el Hombre es la clave del Cosmos.

Este firmamento gris que protegía el mundo del Amenti;
A través de los vientos y de las tormentas
Ha penetrado en él
A pesar de los contraataques del poderoso dios de la cabeza de León,
¡Depende de mí la restauración del Orden de los Mundos!
¡Oídme, pues, oh dioses!
Vosotros que ocupáis vuestros Tronos majestuosos!
Aquí estoy ante las Jerarquías celestes Y libero para siempre a Ra del dragón Apopi.
¡Yo cuido! ¡Yo cuido!
¡Verdaderamente, el Dragón no podrá nunca acercarse a él!
Yo sabré apoderarme
De los signos mágicos que el demonio colocó ante mí.
¡No me faltarán las comidas sepulcrales!
La potencia mágica, resultado de los actos de mi vida anterior,
Me será dada por Thoth.
En la Barca celeste haré circular la Verdad-Justicia.
Estableceré las jerarquías celestes por incontables años
Y triunfaré en medio de ellas.
Los dioses me indican el camino; y me acogen con gritos de alegría,
Recibiéndome en su Barca celestial.
Los Príncipes divinos que rodean a Ra
Se ponen detrás de mí.
En verdad, ¡soy dichoso! Reina el orden divino.
Es glorificado el Amo del Universo.
La diosa Maat llega frente a su Señor y Dios.
Yo recibo en mis manos el arma sagrada
Y atravieso el Cielo.
Me glorifican los Seres de Luz;
Porque es inmensa mi actividad e ignoro el descanso.
El mismo Ra otorga a mis hazañas cl tributo dc sus alabanzas;
Porque yo hice cuanto pude
Para aplacar las consecuencias de los desastres de otros tiempos.
En este momento contemplo alrededor de mí y me siento complacido...
Ahora abandono los remos,
Y mi Barca, irresistible como el Sol al alba,
Por la vasta extensión del Cielo, se desliza...

169. Alusión a las catástrofes cósmicas de la "Guerra del Alto Egipto".

Thoth, el gran dios, me conduce al medio de su Orbe;
Y me coloco en la Barca de Khepra
Con la que recorro el ciclo de las Metamorfosis.
Hablo, y enseguida mi Verbo mágico se vuelve hecho cumplido.
Me adelanto, recorro el Cielo.
Ahora llego frente al Amenti.
Shu se alegra al yerme
Y los Espíritus de Fuego se acercan a mí.
Se apoderan y conducen la Barca en el lugar
En que Ra y su comitiva toman lugar.
Entonces Ra avanza,
Su vista cae sobre mí, Osiris, y ordena:
¡"Que la Paz sea con él! ¡Que la Paz sea con él!
¡Que no sea rechazado!
¡Que no sea arrebatada
La Llama que en este momento le sostiene!
¡Que la tempestad que brota de tus fauces, demonio,
No se vuelva contra él!
¡Que evite los senderos amenazados por los Espíritus del Mal
Con cabeza de Cocodrilo
(¡por los que siente espanto!)
Que no puedan aproximársele!"
Ahora subo a la Barca de Ra...
Me conceden tu Trono, los dioses, ¡oh Ra!
Y también tu Cuerpo Glorioso.
Yo recorro tu ruta y rechazo, al alba,
Al demonio Nebt que se disimula detrás de un anillo de llamas
Y, en un angosto y largo corredor, me ataca de improviso...
Yo he sido de antemano prevenido
De los peligros que me esperaban,
Es así que me ubico en tu Barca, oh Ra,
Y recibo las ofrendas que me son debidas.

RÚBRICA

Este conjuro será recitado en un lugar ritual puro, por sobre un barco de Ra pintado con variados colores. La estatuilla que presenta el difunto debe ser colocada en la proa de dicho barco y pintar la Barca "Sektet" a estribor y la Barca "Madjit" a babor. El día del aniversario de Osiris, se les ofrecerá ofrendas líquidas y sólidas... Estas ceremonias harán revivir el alma del difunto y la harán durar eternamente. No conocerá la segunda muerte.[170]

Encontramos en la redacción saita las siguientes líneas, inmediatamente después:

...El difunto participará de los misterios del Duat, será iniciado en los misterios del Mundo Inferior...

En los tiempos del rey Hesepti este conjuro se encontraba en la gran sala del Templo; había sido encontrado antes en la gruta de una montaña...

Horus en beneficio de su padre, Osiris, el Ser Bueno, creó las Palabras de Potencia de este conjuro...

Pues cuando Ra mira el cuerpo y los miembros (momificados) del difunto, el espectáculo que se ofrece a sus ojos es éste: ve el cuerpo bajo el aspecto de un gran panorama de las Jeraquías divinas[171]; es grande el horror, grande es la angustia que a los hombres produce esta visión, a los dioses, a los Espíritus santificados y a los condenados...

El difunto será unido, eternamente, a su alma; no morirá en el Mundo Inferior por segunda vez; no le sucederá ningún contratiempo durante la Pesada de las Palabras[172]. Triunfará frente a sus enemigos y encontrará sobre el altar de Ra todos los días, eternamente, sus ofrendas sepulcrales.

• • •

Conjuro CXXXI

PARA PERMANECER AL LADO DE RA

Yo soy Ra y mi radicación rodea la Noche.
Todo hombre que le sigue, sigue a Thoth y participa de la Vida eterna...
Será igual a Horus
Que, adornado con una diadema, recorre la Noche.
Yo soy uno de esos Seres cuyos amigos fueron destruidos
Por el Príncipe de los dioses, y mi corazón se alegra.
Recorro la ruta junto a Ra habiendo recibido su arma de hierro.

---

170. Es decir, la extinción total de la conciencia en el difunto.
171. Una imagen esotérica, pese a su realismo.
172. Es decir, en el juicio ante Osiris.

Es así que vengo hacia tí, ¡Oh Ra, mi Padre divino!
Llego con los rayos de Shu e invoco a la diosa poderosa.
Yo doy mi subsistencia al dios Hu.
A través de mi presencia aparto del camino de Ra al demonio Nebt.
Yo soy un Espíritu santificado.
Llego hacia los confines extremos del Cielo
Donde habita el Príncipe de los dioses.
Encontré a la poderosa diosa.
Yo reanimé tu valor,
Para que mi Alma viva
Por el poder y el terror de tu Nombre.
Porque cuando en el Cielo se escucha la voz de Ra;
¡El que aquí da las órdenes soy yo!...
¡Salve, oh gran divinidad en el Oriente del Cielo!
¡Permitidme ocupar un lugar en tu Barca!
¡Permitidme bajar hasta ella planeando
Bajo las plumas de un Halcón divino!
¡Permitidme que pronuncie las palabras de mando!
¡Es así que golpeo con fuerza
Y me hago dueño de mi viña!
Permíteme, pues, subir a tu barca en paz, ¡oh Ra!
Y navegar en paz por el bello Amenti.
Ahora Tum me dirige la palabra y dice:
"¿Quieres entrar? Como la diosa Mehen,[173] su duración
Es de incontables años, sí, ¡muchísimos e incontables años
Vive en Urt cerca del Lago-de-los-Incontables-Años...
He aquí que los ejércitos del Cielo están en marcha
Junto a la diosa y los dioses que la rodean.
El dios del fraccionamiento del Universo
También está al lado de ella."
Yo digo: "Cualquiera que sea el camino que se tome,
Durante los incontables años que vendrán,
Por todas partes no se descubrirá sino a Ra, nuestro Amo y Señor.
Su camino es el camino del Fuego
Y tras él marchan todos los Ejércitos del Cielo."

---

173. Mehen: la diosa-serpiente que protege a Afu-Ra en su Barca, antes del viaje nocturno del Duat.

Conjuro CXXXII

PARA VOLVER A LA TIERRA Y VOLVER A VER SU CASA

Yo soy el dios-León.
A grandes pasos recorro el Cielo.
Es así que tiendo mi arco y mi presa es abatida.
Ahora llego ante los canales
Y paso a través del Ojo de Horus.
En realidad, ¡yo mismo soy el Ojo de Horus![174]
¡Oh dioses! ¡Permitidme que avance en paz!

• • •

Conjuro CXXXIII

PARA VOLVER PERFECTO EL ESPÍRITU SANTIFICADO DEL DIFUNTO

Es así que Ra aparece en el Horizonte
Y que, al salir de las regiones misteriosas,
Seguido por los dioses, aplaca el hambre del Cielo Oriental.
El Verbo de Potencia de la diosa Nut
Prepara la vía a este Príncipe de los dioses...
Y ahora Ra se yergue en su santuario.
Tú hueles el aire fresco,
Aspiras los vientos del Norte,
Das alimentos a tus pulmones[175]
El día que respiras siguiendo la divina Ordenanza.
Es así que tú hundes la multitud que está alrededor de Ra
Y bogas en la Barca de Nut.
Obedecen tus ordenes los Príncipes de los dioses,
Mientras tanto tú recoges tus huesos

174. Al atravesar el Ojo de Horus el difunto se identificaba con él.
175. Literalmente: "a tu caja torácica".

Y cuentas tus miembros desparramados.
Te diriges hacia la bella Amenti,
Apareces en ella y tu Forma, día a día se vuelve más Joven...
Bañada en la radiación del Disco solar
Ahora resplandece como una estatua de oro...
Cada día que pasa, en realidad,
Tu Imagen se torna más bella y más joven.
Suben gritos de alegría desde el horizonte;
En el cordaje de tu Barca se los oye vibrar.
Como si fuera el mismo Ra
Me miran con admiración los dioses del Cielo.
Su Amo va en busca de la corona Ureret...[176]
Me encuentro solo junto a los dioses que rodean a Ra,
Pero me siento fuerte por mi misma soledad;
Yo soy tan vigoroso como Ra Sobre la Tierra y en el Mundo inferior.
¡Yo no permaneceré, en verdad, muerto ni pasivo!
Es así que mis dos ojos ya tienen toda la fuerza de antaño
Y que con mis dos orejas Escucho las Harmonías de la Ordenación divina.
Igual que Ra navego en el Océano celeste.
No repetiré nunca lo que he oído;
A nadie contaré lo que ví
En los lugares de los Misterios...
Es así que con gritos de alegría
Me saludan e igual que un triunfador recorro el Océano celeste.
Yo soy el Halcón divino.
Según quieren los dioses, los Espíritus que me rodean traen
La Paz celestial a mi Doble etérico...
Muchas y variadas, hasta el infinito, son mis Metamorfosis
Ante el Halcón de Oro...

RÚBRICA

Este conjuro deberá ser recitado sobre un barco, largo de cuatro codos, construido con porcelana verde y decorado con pinturas de las imágenes de los Espíritus-guardianes de las ciudades; además, pintar un cielo estrellado. Con incienso y con natrón, el todo será purificado.

Hacer esculpir en piedra “Meht”, nueva, una imagen de Ra y ponerla en

176. Ureret: corona real de Ra.

la proa del barco. De la misma forma colocar en él una imagen del muerto amado, para que alcance la perfección, pueda recorrer el Cielo en la Barca de Ra y le contemple a él mismo en persona.

Que ninguna mirada humana pueda descubrir estos objetos sagrados, solamente tú mismo, tu padre y tu hijo. ¡Cuídate muy bien de eso!

Gracias a esto el difunto alcanzará en el seno de Ra una gran perfección; será grande su poder entre los dioses que lo rodean; éstos lo considerarán como semejante a ellos; y silos hombres que habitan en la Tierra o los Muertos del Más Allá le hallan en su camino se arrodillarán ante él. Porque aparecerá en el Mundo Inferior coronado con una radiación, enteramente igual que Ra.

• • •

Conjuro CXXXIV

PARA VOLVER PERFECTO EL ESPÍRITU SANTIFICADO DEL DIFUNTO

¡Salve, oh dios! Que brillas y resplandeces
De pie en tu santuario. Tú das la alegría
De los incontables años a los que te aman.
Tú haces que terminen, según tu deseo,
Las muchas Metamorfosis en la Barca de Khepra, de los Seres de luz.
Has derribado al demonio Apopi.
Y vosotros, oh hijos de Keb, ¡derribaréis a mis enemigos!
Sentados en la Barca de Ra ¡vosotros los destruiréis!
¡Horus cortará sus cabezas! Ellas se convertiran
En el Cielo como otros tantos pájaros que revolotean...
Sus partes inferiores se parecerán a animales de la Tierra,
A peces en los Lagos...
Todos los demonios, en verdad, machos o hembras,
Yo los destruiré: a los que recorren el Cielo,
A los que habitan la Tierra y también a los que alcanzan las Estrellas...
Es así que Thoth, hijo de Aner, sale del Amenti
Mientras yo le miro hacer, silencioso y mudo.

¡Ojalá este dios poderoso, gran degollador, espanto de los demonios,
Pueda destrozarles, triturarles, barrerles de la vida!
¡Que él se purifique en la sangre de ellos!
¡Que tome un baño en la sangre de los Demonios Rojos!
El os destruirá a todos vosotros, oh demonios,
Atacándoos desde su asiento en la Barca de Ra, su
Padre. ¡Sabed que yo soy Horus, nacido en Isis!
Me ha alimentado Neftis con su leche.
(De la misma manera que esas diosas trajeron al mundo y alimentaron a Horus,
El que destruye a los demonios, aliados de Seth.)
¡Ah! Cuando observen en mi cabeza la corona Ureret,
¡Pondrán sus rostros contra el suelo y me adorarán!
Los hombres y las mujeres, los dioses y los muertos,
Y los Espíritus santificados, ¡todos me miran
A mí, Horus, con la corona Ureret en la cabeza!
¡Y me adoran y caen con el rostro en el suelo!
Porque, en realidad, ¡yo vencí a mis enemigos
En el Cielo superior y en el Cielo inferior,
Frente a las jerarquías divinas, frente a dioses y diosas!

RÚBRICA

Este conjuro debe ser recitado sobre la imagen de un Halcón, adornado con una corona blanca, y sobre las imágenes de los dioses Tum, Shu, Tefnut, Keb, Nut, Osiris, Isis, Seth y Neftis; pintadas en color amarillo sobre una piedra sin labrar "Meht"; colocar estas imágenes en el interior de una "barca del Sol", junto a una figurita del difunto que se quiere santificar. Untar todos estos objetos con aceite de cedro, quemar incienso y asar aves. Todo esto en un acto de veneración hacia Ra en el transcurso de su navegación.

Cumplidos estos actos, el difunto estará con Ra todos los días, y los seguirá por todas partes a donde este dios se dirija; y realmente, continuamente y eternamente destruirá a sus enemigos.

Conjuro CXXXV

PALABRAS A PRONUNCIAR DURANTE LA LUNA NUEVA

Yo, Osiris, domino a las Tempestades del Cielo.
Rodeo con vendas y doy fuerza
A Horus, el Dios-Bueno, en forma continua.[177]
Yo cuyas Formas son diversas y múltiples,
Recibo las ofrendas en las horas que fija el Destino.
Ante mi rostro están las Tempestades inmovilizadas.
Es así que llega Ra, cuatro divinidades superiores lo acompañan.
Todos recorren el Cielo en la Barca solar.
Yo, Osiris, parto para mi viaje
En el momento fijado por el Destino.
Sobre el cordaje de la Barca solar,
Comienzo mi nueva existencia...

RÚBRICA

Si conoce este conjuro, el difunto llegará ser un Espíritu santificado en el Mundo Inferior; no morirá por segunda vez; sentado a los pies de Osiris recibirá su alimento.

Si conoce este conjuro, el difunto (durante sus peregrinaciones) llegará a ser en la Tierra igual a Thoth; los vivos lo venerarán; llegado el momento no lo precipitarán en las Llamas Reales de la diosa Bast, sino que esta princesa poderosa le hart prosperar grandemente.

177. Aquí Horus, momificado, es identificado con Osiris.

Conjuro CXXXVI

PARA CIRCULAR EN LA BARCA DE RA

¡Oh vosotros, espíritus estelares de Heiópolis!
¡Y vosotros, Seres luminosos de Kher-Aha![178]
¡Observad! ¡Acaba de nacer un dios!
Las amarras de su Barca celeste están completas...
Aquí me veis que tomo los remos.
Verdaderamente, yo soy lo suficiente poderoso
Como para manejar las armas de combate de los dioses!
Heme aquí que yo desato la Barca de Ra y penetro en el Cielo...
Yo voy por los canales y llego ante Nut.
Junto a Ra navego bajo la forma de Espíritu con máscara de mono.
Verdaderamente he alejado
Los males que amenazaban ya a los Mundos:
La limitación del Cielo y la Escalera del dios Sebagú.[179]
Aquí teneis a los dioses Keb y Nut contentos.
No dejan de repetir mi Nombre,
Por mí, ún recién venido al cielo.
Por mí, el Ser-Bueno rejuvenece;
Ra vuelve a aparecer en todo su explendor;
El dios Unti recobra el poder de la palabra,
Y el dios de las inundaciones, Bahú,
Es el primero entre los dioses.
Verdaderamente, los desgraciados que no habían conocido la felicidad en vida
La conocerán ahora.
Los lamentos no se oyen más.
Por todas partes se sienten los fuertes actos de la jerarquía celeste...
¡Yo te amo, Alma divina, cuyo mágico poder sobrepasa la fuerza de los dioses del Sur y del Norte
En todo el brillo de su esplendor!
¡Ojalá pueda crecer y magnificarme en el Cielo

178. Kher-Aha: ciudad situada bajo el emplazamiento de Fustat, el Viejo-Cairo de hoy.
179. Sebagú (o Sbagú), el planeta Mercurio.

Como tú lo haces entre los dioses!
¡Para esto debes liberame de todas las amenazas de los demonios!
¡Fortifica mi corazón!
¡Haz que pueda ser fuerte con la misma fuerza de todos los dioses,
Todos los Espíritus santificados y todos los muertos!
¡Verdaderamente, sí, soy fuerte con todas las fuerzas!
¡Yo soy el Señor de la justicia divina cuyas riendas tiene la diosa
Uadjit![180]
¡Las mismas fuerzas que me protegen y viven desde los confines de los
Mundos,
Protegen a Ra en su Cielo!
Que mi Viaje se realice en paz, ¡oh Ra!
Despeja la Vía a tu Barca celeste
Pues el poder que me protege es el que te protege a tí, ¡oh Ra!
Al Cielo llego igual que un dios vengador.,
Horus Khuti, Amo de los dos Horizontes.
Yo restablezco para Ra el orden de las Moradas del Cielo
Los dioses se regocijan cuando yo rechazo a los demonios.
El demonio Nebt será incapaz de aproximarse a mí;
Y no podrán destruirme los Guardianes de los Umbrales.
Ya que yo soy un dios lleno de misterios con el rostro oculto,
Propuesto para el santuario del Gran Templo.
Yo vengo e informo a Ra acerca de las palabras de los dioses
Y según las palabras del mensaje, imploro a mi Señor.
Verdaderamente, estoy lleno de vigor;
Yo recibo mis ofrendas en el tiempo que me ha fijado el Destino.

RÚBRICA

Este conjuro será recitado sobre una imagen que represente al difunto y puesta en el interior de un "barco de Ra". El que lo recite deberá previamente lavarse y purificarse ritualmente. Comenzará por quemar el incienso frente a Ra; enseguida ofrecerá ofrendas de pan, vino y aves asadas destinadas al viaje del difunto en la barca de Ra.

Todo Espíritu santificado para quien se le haya realizado esta ceremonia podrá quedarse entre los que "viven"; nunca podrá ser destruido, disfrutará de la presencia de una divinidad sagrada; el Mal no podrá nunca llegar a él;

180. Uadjit: diosa-serpiente del Bajo Egipto.

será igual que un Espíritu perfecto que ha sido santificado en el Amenti; no podrá morir por segunda vez; comerá sus alimentos, todos los días, en presencia de Osiris; podrá moverse junto a los reyes del Norte y del Sur, todos los días; podrá calmar su sed en los manantiales; saldrá -igual que Horus- en dirección a la Luz del Día; podrá vivir y podrá llegar a ser semejante a un dios; será alabado e invocado por los vivos igual que Ra, todos los días, verdadera, continua, y eternamente.

• • •

Conjuro CXXXVII

MIENTRAS SE ENCIENDE EL FUEGO EN EL MUNDO INFERIOR (Papiro Nebseni)

He aquí que el Ojo deslumbrante de Horus,
Luminoso como Ra, aparece en el Horizonte
Sus movimientos están plenos de armonía,
El ha destruido la triple dominación de Seth.
Pues él ha decretado que Seth será traído y juzgado
Y que las llamas que devoradoran el Ojo divino
Serán dirigidas contra él. Así viene entonces esta Llama regeneradora,
¡Que yo puedo adorar!
¡Que establezca su reino alrededor de Ra,
De acuerdo con las voces de tus dos Hermanas,
El Ordenamiento divino!
¡Oh Ra! En verdad, el Ojo divino de Horus
¡Está vivo! ¡Está vivo!
Está vivo en el santuario del Gran Templo.
Su nombre es: "An-Maut-f".

Conjuro CXXXVIII

MIENTRAS EL DIFUNTO ENTRA EN ABYDOS

¡Salve, oh dioses que habitáis en Abydos!
¡Y vosotras, Jerarquías divinas que estáis reunidas en esos lugares,
Venid a mi encuentro!
¡Mirad y poneos contentas!
Aquí tenéis a Osiris, mi Padre divino.
Yo he sido juzgado ante su Tribunal.
He penetrado en su Santuario.
Verdaderamente, yo soy Horus,
Amo del Egipto y Señor del Desierto Rojo;
Pués me he apoderado de este país.
¡Nadie puede sobrepasar a Horus en poder!
¡El miedo hacia su Ojo divino amedrenta a sus enemigos!
Verdaderamente, él ha vengado a su Padre divino
Y ha podido detener la inundación que provocó su Madre.
El ha vencido a sus enemigos, destruido el desorden y la violencia,
Reducido a la impotencia al demonio Nebt,
El, Horus, Señor de un sin número de pueblos,
¡Príncipe de las dos Tierras!
He aquí que por mandatos
Logra tomar posesión del Dominio de su Padre.
Luego del juicio de la Balanza, ¡mi Palabra
Ha sido hallada justa y verídica!
Yo he reducido a mis enemigos y descubierto todos sus ardides
Dirigidos contra mí.
Verdaderamente estoy protegido por mi fuerza,
Pues soy el hijo de Osiris;
Y mi Cuerpo es protegido por mi Padre
Con fuerza milagrosa...[181]

181. Alusión a la identidad de Osiris con el mismo difunto.

Conjuro CXXXIX

(Repetición del Conjuro CXXIII)

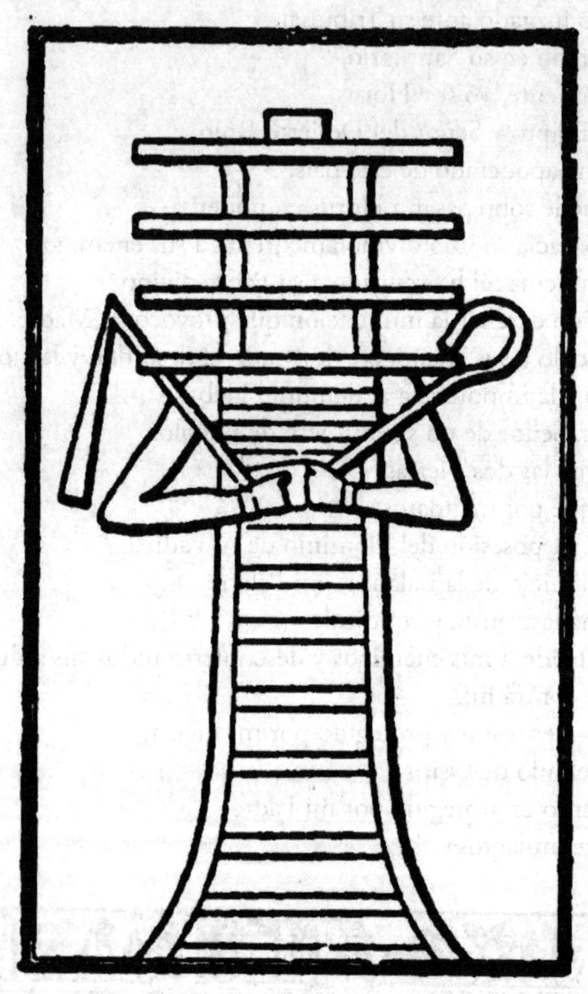

Conjuro CXL

PARA RECITAR CUANDO EL OJO DIVINO ESTÁ EN SU PUNTO CULMINANTE

¡Observad, un dios poderoso se eleva en el Horizonte!
He aquí que Tum se muestra
Rodeado de nubes odoríferas.
Todo el Cielo, mirádlo, está abrasado por las irradiaciones
De los Espíritus santificados.
La alegría y el regocijo reina en el templo de los pilones,
Ya que yo aparezco en medio de los dioses...
Mi Forma se asemeja a la de los otros dioses.
En este instante estallan gritos...
Enseguida se oyen con más vigor.
En el mundo inferior, en los santuarios, reina la alegría.
Se reciben con veneración los decretos de Tum y de Horu-Khuti,
Pues es orden de su Majestad, dirigida a las divinas jerarquías de su séquito:
"¡Que el Ojo divino se aproxime a sus miembros!
¡Que su brazo se vuelva poderoso para que realice los decretos de dios!"
Verdaderamente, el Ojo divino resplandece en medio del Rostro
Durante la larga Noche, Cuando la Cuarta Epoca de la Tierra
Y hasta el fin de la segunda subdivisión de la Época,
Entonces, frente a las Jerarquías Celestes,
La Majestad del Ojo divino
Se muestra en todo su esplendor...
Su Majestad es luminosa como lo era antes,
Cuando todas las divinidades eran a la vez al alba de los Tiempos:[182]
Ra, Tum, Shu, Keb,
Osiris, Seth, Horus, Mentha, Bahú, Thoth,
Naú, Djetta, Nut, Isis, Hathor, Neftis, Merti, Maat, Arnpú, Tarnesdjetta,
El Alma y el Cuerpo de Ra...
Esta es la lista que recita Udjat
Frente al Señor de la Tierra.
Está completa; los dioses se regocijan, ahora,

182. Cuarta época de la Tierra: época semejante al Kali-Yuga de la tradición hindú.

Y sus brazos permanecen inactivos.
Los dioses dicen, durante las fiestas:
"Salve, oh Ra, que entre tu numeroso séquito; tú eres el navegante!
Verdaderamente, Apopi está vencido!
¡Salve, oh Ra, tú que te manifiestas
Bajo todas las Formas del Devenir universal!
¡Salve, oh Ra, que vences a tus enemigos!
¡Sea tu Nombre santificado! ¡Salve, oh Ra, que destruyes a los Hijos de la Revuelta!"

RÚBRICA

Este conjuro debe ser recitado sobre un amuleto de Udjat[183] (fabricado con lapislázuli verdadero o con piedra "Mac" adornada con oro) frente a la cual se pondrán ofrendas puras y hermosas durante el último día del segundo mes de la estación "Pert", justo en el mismo momento en que aparece Ra.

Fabricar otro amuleto de Udjat con jaspe y ubicarlo sobre cualquier parte del cuerpo del difunto que se desee. Cuando este conjuro se recite frente a un "barco de Ra", el difunto será capaz de desplazarse en compañía de los dioses; se transformará en uno de ellos; resucitará en el mundo inferior.

En el mismo momento en que se recite este conjuro y cuando se coloquen las ofrendas frente a Udjat, mientras éste se encuentre en su apogeo, serán encendidos, en altares para Ra-Tum, cuatro fuegos, del mismo modo que otros cuatro para Udjat y, en fin, cuatro más deberán de ser encendidos en honor a los dioses mencionados antes.

Debe ponerse, además, cinco panes, incienso y carne asada, en cada uno de estos altares...

• • •

Conjuros CXLI y CXLII[184]

Comienza aquí el conjuro que deberá recitar o bien un hijo en beneficio de su padre, o bien un padre en provecho de su hijo muerto. Deberá recitarse

183. Udjat: el Ojo de Horus.

184. Estos conjuros forman un solo bloc, que puede ser dividido en dos partes: la primera referente a los nombres de los dioses asociados a Osiris, y la segunda a los nombres del propio Osiris.

con motivo de las fiestas del Amenti, con elfin de hacer que el difunto se vuelva perfecto, tanto en el seno de Ra como en medio de los dioses entre los cuales habitará.

Esta recitación deberá ser realizada el noveno día de las fiestas.

Decir:
¡Aquí tenéis las ofrendas: pan, cerveza, carne, aves, asado, incienso encendido... están destinadas:
A Osiris, Príncipe del Amenti;
A Ra-Harakhte, a Nu, a Maat, a la Barca de Ra; A Tum;
A la Gran jerarquía de los dioses y a la Pequeña;
A Horus, Dueño de la corona Ureret;
A Shu, a Tefnut, a Keb, a Nut, a Isis, a Neftis;
A los Templos de los múltiples KA del Señor de los Mundos;
A los circuitos y a las revoluciones celestes
Que sostienen el Orden divino;[185]
A Augert que está en su sitio habitual;
Al Egipto del Norte y del Sur y a los Cuerpos gloriosos de los dioses;
A la venerada diosa de la cabellera rojiza;
A la diosa, amiga de la Vida, cuyos cabellos flotan al viento;
¡A la diosa cuyo nombre poderoso se manifiesta en sus hazañas;
¡Al Toro sagrado, esposo de la Vaca divina;
Al poder bienhechor del bello Timón
Que brilla en el Septentrión del Cielo;
Al poder bienhechor del Timón del Cielo Occidental
Que cumple su circuito y que sirve de guía de las dos Tierras
¡Al dios de la Luz, en medio del Templo repleto de estatuas de los dioses
Y que es el Timón bienhechor del Cielo oriental;
A Aquél que mora en el Templo de los Espíritus Rojos,
Que es el Timón bienhechor del Cielo Meridional;
A Mestha, Hapi, Duamutf y Kebhsennuf;
A los Templos de la Tierra de Egipto,
La del Norte y la del Sur;
A Sektet y Mandjit, las dos Barcas del Sol;
Al dios Thoth; A los dioses del Sur, del Norte, del Este y del Oeste;
A los dioses de la Cadera del cielo;

185. "Circuitos" (*sn*) en lugar de "tempestades". Error determinativo debido al copista.

Al dios de las ofrendas sepulcrales;
Al dios del gran Santuario;
Al dios del templo de Fuego;
A los dioses de las necrópolis,
A los dioses de los dos Horizontes;
A los dioses de los campos,
A los dioses de la hierba y de la vegetación,
A los dioses de los panes de trigo;
A los Espíritus de los caminos del Sur, del Norte, del Este y del Oeste;
A los Espíritus-guardianes de las Puertas de los Misterios;
A los Espíritus de rostros ocultos que cuidan los cruces de los caminos;
A los Espíritus-guardianes de los que se quejan y ruegan;
A los Espíritus-guardianes de los sepulcros que se hallan a los costados
de las montañas,
Lugar de gozo y alegría para los difuntos;
A los Seres deslumbradores que avivan el fuego;
A los Seres que merodean alrededor de los altares humeantes;
A los Seres que alivian el fuego llameante en el Amenti...[186]

*

* *

A Osiris, el Ser-Bueno Señor de la Vida,
Señor del Universo y Amo del Templo de Abydos;
A Osiris, dios Saa y dios Orión,
Señor de los Templos del Sur y del Norte,
Cuyo dominio se expande sobre incontables años;
A Osiris-Ptah, Señor de la Vida, Bati-Erpit,
Príncipe del Re-stau, que habita en las Montañasnecrópolis;
A Osiris que mora en Anti, Sehtet, Nedjeft,
En Resú, Pe, Neterú, Saú, Baket, Sonnu,
En Rehenenet, Aper y Kefdenú...
A Osiris-Sokari de Ped-She y de Pesg-Re;
A Osiris que habita en su ciudad;
A Osiris que habita en el Cielo como así también en el Re-stau;
A Osiris Nebjesti el del gran cuchillo;

186. Así comienza, en la edición de R. Lepsius, el conjuro CXLII, enteramente consagrado a Osiris.

A Osiris, Señor de la Eternidad;
A Osiris que habita en las aguas y que dispone la suerte de las batallas;
A Osiris, Príncipe recubierto de vendas de momia,
Señor de Tanent y de Nedbit;
De Sati, Bedeshu, Depu, Sais, Nepert, Shennú,
De Henket, Te-Sokari, Shaú, Fat-Herú, Maati, Hena..

• • •

Conjuro CXLIII

(Contiene sólo viñetas)

Conjuro CXLIV

(La entrada en los Arrits)

Primer Arrit.[187]
"Ser-de-aspectos-múltiples-suspendido-con-la-cabeza-hacia-abajo" es el Nombre de su Guardián. "Averiguador" es el nombre de su Vigilante.
"La-voz-que-baja" es el Nombre del Alguacil.

Segundo Arrit.
"Gloria-extensa" es el Nombre de su Guardián.
"Vuelve-rostro" es el nombre de su Vigilante.
"Amo" es el Nombre de su Portero.

Tercer Arrit.
"Come-basuras" es el Nombre de su Guardián.
"Rostro-que-vela" es el Nombre de su vigilante.
"Chillador" es el Nombre de su Alguacil.

Cuarto Arrit.
"Rechaza-Cara-de-múltiples-Voces" es el Nombre de su Guardián.
"Corazón-que-vela" es el Nombre del Vigilante.
"Señalado-que-rechaza-a-los-Rabiosos" es el Nombre del Portero.

Quinto Arrit.
"Come-Serpientes" es el Nombre de su Guardián.
"Tragador" es el nombre del Vigilante. "Cara-de-hipopótamo-terror-de-los-Rebeldes" es el Nombre del Alguacil.

Sexto Arrit.
"Modeador-de-los-Panes-golpea-Voz" es el Nombre de su Guardián.

187. Los Arrits (o Arruts) eran puertas macizas que accedían a las siete "mansiones" del Duat.

"Lleva-rostro" es el Nombre del Vigilante.
"No-acuchillar-el-Rostro-del-Guardián-del-Lago" es el nombre del Portero.

Séptimo Arrit.
"No-juegues-con-el-Cuchillo" es el Nombre de su Guardián.
"Gran-voz" es el Nombre del Vigilante.
"Terror-de-los-Demonios" es el Nombre del Alguacil.
____

¡Salve, oh Arrits!
Y ¡salve también a vosotros que en nombre de Osiris,
Hicisteis surgir a los Arrits! Vosotros que cuidáis de ellos
Y que, todos los días informáis a Osiris
Lo que las Dos tierras necesitan,
Verdaderamente, yo os conozco así como conozco vuestros Nombres.
Pues yo vuelvo a nacer en el Re -stau;
He sido exaltado en la ciudad de Pe, y en el Re-stau,
Proclamado espíritu santificado de los Dos Horizontes,
Y saludado como un cuerpo Glorioso,
En el seno de Osiris, como un ser purificado.
Junto con los dioses, yo recorro la Casa del Horizonte.
Pues yo, ahora, soy uno de ellos,
Su igual, incluso su jefe;
He sido reconocido jefe de los espíritus santificados, yo presido
Las fiestas de los meses y de los medios meses.
Con respecto a ti, que cumples los circuitos celestes,
¡Observad! Yo habito bajo el Ojo centelleante de Horus
Y una vez que cae la noche,
Cuando en mi barca voy navegando por el Océano celeste,
El brazo de Thoth permanece extendido sobre mí
Y soy protegido por la Barca sagrada de Ra.
En verdad, mi Nombre es mucho más poderoso que el vuestro
Y en el camino de la Verdad-Justicia yo salgo victorioso.
Horus, el hijo mayor, el bienamado de Ra, viene a mí socorro
Y yo poseo las fuerzas mágicas del dios-León.
Es por esto que no me rechazarán cuando llegue a las puertas de los Arrits.

Todos los días
En las inmediaciones de Osiris, príncipe del Amenti, yo me purifico.
Y aro en los Campos de la Paz,
Y habito entre los Iniciados y los Magos Frente por frente de los Espíritus
Que, bajo la protección del poderoso brazo de Thoth,
Portan las ofrendas...
Vigilan a los demonios cumpliendo el mandato de Anubis
Y no les permiten quitar las ofrendas.
Heme aquí que llego, como Horus en su explendor.
Ra me facilita la entrada a los Arrits del Horizonte;
Y con gritos de alegria me saludan los dioses.
El demonio Nebt no podría acercarse a mí;
Y no me rechazarán los guardianes de los Arrits,
Porque mi cuerpo está protegido por amuletos.
Mi rostro está cubierto por un espeso velo;
Rodeado de Iniciados y por la diosa Hathor
Me quedo en la penumbra sagrada de su Templo.
Yo soy, en verdad, el que crea las multitudes humanas
Y quien destruye los poderes nefastos de Apopi
Y quien hace que Maat se acerque a Ra.
Heme aquí que abro un camino en el firmamento,
Y que dejo inmóviles las tempestades y doy vida de nuevo a los que están alrededor de Ra...
Ahora hago transportar mis ofrendas
A un lugar conveniente;
Y, equipada mi barca, en paz navego,
Abro vías y las recorro a mi gusto.
Mi cara es igual a la de un dios poderoso:
Yo soy el Señor del Poder...
Heme aquí que en el Horizonte tengo descanso.
En realidad soy lo bastante poderoso como para voltearos, ¡oh demonios!
¡No os opongáis a mi avance!
¡No me empujéis a mí, Osiris, vuestro Señor!

RÚBRICA

Este conjuro debe ser recitado sobre un dibujo que represente a las jerarquías divinas y realizado, en color amarillo, sobre un "barco de Ra". Les serán realizadas ofrendas: aves e incienso; gracias a éstos revivirá el difunto; sus fuerzas se redoblarán entre los dioses que están alrededor de él; no lo rechazarán frente a los Pilones del Mundo Inferior.

Haced además una figura representando al difunto; ponédla frente a los dibujos y hacedla avanzar en forma sucesiva hacia cada una de las Puertas.

Recitad este conjuro frente a la Puerta dibujada de cada Arrit y poned una ofrenda ante ella: cadera, corazón, cabeza y pie de un toro de pelo rojizo, y cuatro recipientes llenos de sangre que no sea del corazón; amuletos, dieciséis panes blancos, ocho panes PSEN; ocho panes SHENS, ocho panes KHENFU, ocho panes HBENNU; ocho vasos de cerveza; ocho celemines de grano; cuatro vasos llenos de leche de una vaca blanca; hierba verde; aceitunas verdes; pomada de linimento para los ojos; pomada HATET e incienso encendido.

Recitar este conjuro dos veces sobre cada uno de los vasos. Después de hacer los dibujos en la cuarta hora, caminar en círculo (alrededor de ellos) todo el día, haciendo todo con gran atención, teniendo cuidado en calcular el tiempo según el cielo.

Mientras se realizan estas ceremonias, tened cuidado de no ser vistos por nadie. Gracias a estas ceremonias el difunto hará grandes progresos en el Cielo, en la Tierra y en el Mundo Inferior; todo esto le beneficiará para todo lo que emprenda; obtendrá todo lo que necesite, real, continua, eternamente.

• • •

Conjuro CXLV

LOS PILONES DE SEKHT-IANRU[188]

I

Te traigo a tí el saludo de Horus,
¡Oh tú primer Pilón del Dios-del-Corazón-Detenido!

188. Pilón: especie de volumen de forma piramidal cuadrangular truncada, que contenía una puerta y un pasillo, levantado por los egipcios a la entrada de sus templos. Sekht-Ianrú: una de las regiones del Más Allá; la otra era Sekht-Hotep.

Heme aquí que termino mi Viaje.
Entérate: yo conozco tu Nombre misterioso,
Como conozco al Espíritu que monta guardia junto a ti.
Este es tu Nombre: "Señora-de-los-terrores-
Protegida-por-las-murallas-infranqueables-
Artista-de-la-Palabra-mágica-
Yo-rechazo-las-fuerzas-del-Caos-y-yo-protejo-al-Viajero-
En-las-rutas-del-Cielo".
El Nombre del Espíritu que monta guardia es "Nerau".
Entérate: yo me purifiqué en las aguas en las que se purifica el propio Ra,
Cuando abandona el Horizonte Oriental.
Yo me unté con pomada "hati" del bosque de cedro;
Llevo el traje ritual "menkh".
Tengo en la mano un cetro hecho con madera "heti".
El Genio del Pilón dice:
"¡Pasa! ¡Tú eres puro!"

II

¡Oh tú, segundo Pilón del templo,
Donde habita el "Dios-del-Corazón-Detenido"!
Te traigo el saludo de Hous.
Heme aquí que he finalizado mi Viaje.
Conozco tu Nombre oculto,
De la misma manera que conozco al Espíritu que monta guardia junto a tí.
Este es tu Nombre: "Soberana-del-Cielo-dueña-de-los-dos-Mundos-
La-que-siembra-el-terror-en-la-Tierra-Hasta-sus-profundidades..."
El Nombre del Espíritu que hace guardia a tu lado es "Mes-Ptaha".
Entérate: yo me purifiqué en las aguas
En las que en los tiempos antiguos se purificó Osiris,
Y en donde las Barcas "Sekhtet" y Mandjit"
Fueron conducidas cuando salió de Am-urt
Y pasó bajo los Pilones.
Yo fui untado con la pomada en uso durante las fiestas, Y llevé el vestido ritual "seshet"!
Tengo en la mano un cetro de madera de "benben".
-"Adelante!" contesta el Genio del Pilón. "¡Tú eres puro!"

III

¡Oh tú, tercer Pilón del templo
Donde habita el "Dios-del-Corazón-Detenido"!
Te traigo el saludo de Horus.
Heme aquí que he finalizado mi Viaje.
Entérate: conozco tu Nombre misterioso
Como conozco al espíritu que monta guardia junto a ti.
Tu Nombre es: "Señora-de-los-Pilones-a-quienes-están-destinadas.
numerosas-ofrendas.
La-que-las-dirige-y-es-agradable-a-los-dioses
La-que-fija-el-día-de-la-navegación -hacia-Abydos-de-la-Barca-Nshent".
El Nombre de tu Guardián es "Bek".
Yo me purifiqué, en verdad, en las aguas
Donde se purificó Ptah dtgante el viaje de la Barca Solar
En las fiestas en que el Rostro quedó desvelado.
Yo me unté con "hati", "hekennú" y "tehennú".
Yo llevo el vestido "shesa" y tengo en la mano un cetro de madera "ihn".
-" ¡Adelante!", contesta el Genio del Pilón.
"¡Tú eres puro!"

IV

¡Oh tú, cuarto Pilón del templo
Donde habita el "Dios-del-Corazón-Detenido!
Te traigo el saludo de Horus.
Heme aquí que he finalizado mi Viaje.
Entérate: yo conozco tu Nombre Misterioso,
Como conozco al Espíritu que monta Guardia junto a ti.
Este es tu Nombre:
"Soberana-armada-de-cuchillos-Dueña-de -las-Dos-Tierras-
Que-destruyes-a-los-enemigos-del-Dios-del-Corazón-Detenido-
Que-ayuda-a-los-desgraciados-en-sus-calamidades".
El Nombre de tu Guardián es "Golpea-ganado".
Yo me purifiqué en las aguas
En las que el Ser-bueno se purificó después de obtener la victoria sobre
Seth.
Yo me unté con "sunit" y "enen".

Yo llevo puesto el vestido "shesa",
Y en mi mano un cetro de madera "tau-atutú".
-"¡Adelante!", contesta el Genio del Pilón.
"¡Tú eres puro!"

V

¡Oh tú, quinto Pilón del templo!
Te traigo el saludo de Hon's.
Heme aquí que he finalizado mi Viaje.
Entérate: yo conozco tu Nombre misterioso
Y conozco al Espíritu que monta Guardia junto a ti.[189]

• • •

Conjuro CXLVI

(Variante del conjuro precedente)

189. Enúmeranse los 21 pilones.

Conjuro CXLVII

(Variante del conjuro CXLIV)

• • •

Conjuro CXLVIII

PARA APROVISIONAR AL DIFUNTO MEDIANTE OFRENDAS

El difunto está representado por una viñeta en un santuario, adorando al dios Ra. Siete vacas y un toro con sus ofrendas están al lado de él. Detrás de ellos, se ven cuatro timones que representan los cuatro puntos cardinales del espacio.

¡Salve!, ¡oh tú que brillas en el Disco solar!
Es así que, Alma de la Vida universal, surges en el Horizonte. En verdad, yo te conozco y conozco tu Nombre,
Y el Nombre de las siete Vacas y el del Toro.
¡Oh vosotros, Espíritus que nutrísa los difuntos con ofrendas en el Más Allá,
Traedme las ofrendas y dejadme vivir junto a vosotros![190]

Oh tú, "Hermosa Potencia", ¡Timón del Norte!
Oh tú, "Cumplidor-de-los-Circuitos-y-Conductor-de-las-Dos-Tierras", ¡Timón del Oeste!
Oh tú, "Fulgurante -en-eI-Templo-de-los-dioses-visibles",
¡Timón del Este! Oh tú, "Habitante-en-el-Templo-de-las-Divinidades-Rojas", ¡Timón del Sur!
¡Haz que surjan ante mí las ofrendas!
¡Concédeme Vida, Salud, Fuerza, Triunfo En la Tierra, en el Cielo y en el Mundo Inferior!
Y vosotros, los Padres de los dioses
Y vosotras, Madres de los dioses,
Libradme de los obstáculos que levantan
En mi camino
Las Potencias de las Tinieblas; de los ataques de las Fuerzas del Mal,
De sus terribles cuchillos
Y de todas las calamidades condenables
Que puedan ser suscitadas en mi contra,
Ya sea por los hombres de la Tierra, ya sea por los dioses,
Ya sea por los Espíritus santificados de los muertos
O por las almas condenadas,
Durante el día o durante la noche,
En las fiestas de los meses o de los medios meses,
Durante los años o las estaciones...

RÚBRICA

Este conjuro debe recitarse cuando Ra aparezca sobre las pinturas que representan a los dioses. Las ofrendas deben ser colocadas delante de ellos: pan, carne, aves, incienso. Gracias, a esto el difunto recibirá comidas sepulcrales

190. Continua con los nombres de las siete vacas y del toro.

en el seno de Ra; tendrá abundancia de alimentos en el Mundo Inferior y se liberará para siempre del Mal.

Durante la recitación solamente estará presente el que ofrece.

En realidad, Ra será el Timón del difunto, que le dará protección y destruirá a sus enemigos en el Cielo, en la Tierra y en el Mundo Inferior; y en todas partes el difunto tendrá gran abundancia, real, continua, eternamente.

• • •

Conjuro CXLIX

(LOS CATORCE IATS)[191]

I. Primer Iat.

¡Salve, oh tú, primer Iat del Amenti,
Lugar donde los muertos retoman a la vida probando el pan consagrado!
¡Quítame las vendas de la muerte que aprietan mi cabeza
Cuando me veas llegar.
El Espíritu poderoso que vive en tí
Ya reunió mis huesos y fortificó mis miembros;
Y Ahí, Señor de los Corazones ajustó mis huesos...
¡Coloca, sobre mis cabellos, a Ureret, corona sagrada de Tum!
Mi cabeza fue consolidada por Meheb-Ko;
Y están bien equilibrados los dos platillos de la Balanza...
Oh Amsn-ket,
En verdad tu serás más poderoso que los demás dioses.

II. Segundo Iat. (para pintar en verde)
(Su divinidad es Ra-Harakhté)

Para recitar:

Heme aquí, hasta donde se extienden mis poderes

191. IAT: una "división" (o "morada") del Sekht-Ianrú. Había catorce de ellas. Según Maspéro eran "islas".

De Sket-Ianrú, se pierde la vista...
¡Oh Campos de juncos!
Son de hierro vuestras murallas.
Vuestro trigo tiene cinco codos,
Dos la espiga y tres el tallo;
La cebada tiene siete codos,
Tres la espiga y cuatro el tallo.
Aquí, los Espíritus son altos de nueve codos;
En compañía de Harakhté, siegan el trigo.
Yo conozco, en verdad, una puerta en medio de esos Campos,
A través de la cual Ra sale hacia el Oriente del Cielo.
Al sur se encuentra un lago
Que frecuentan los pájaros KHARU;
Al norte está situado un canal
Agradable a los pájaros RE.
Por ese mism ositio pasa la Barca de Ra,
Empujada por vientos de popa.
Yo soy un marino infatigable,
Encargado del cordaje de la Barca divina.
Yo conozco, en verdad, los dos sicómoros de turquesa,
De donde surge Ra, cuando sale para su viaje.
Le lleva hacia los Pilares de Shu
Y hacia la Puerta del Señor del Oriente...
En verdad, yo conozco estos Campos de Ra.
El trigo tiene en ellos cinco codos;
La cebada siete codos;
Los Espíritus miden nueve codos;
Allí siguen lado a lado
Con las Almas perfectas del Oriente...

III. Tercer Iat. (para pintar en verde).
(Es un Iat de Espíritus santificados)
Para recitar:
¡Salve, oh Iat de los Espíritus santificados
Que nadie se atrevería a cruzar en barco,
Porque se extiende por todas partes un fuego abrasador!
¡Oh espíritus! Santificad vuestros caminos y purificad vuestras moradas;
Haced lo que Osiris os ha dicho, desde siempre...

Heme aquí que llego frente a vosotros, yo, Ser grande,
Que poseo la Corona Roja
Que adorna la frente del dios de la Luz...
Mediante la llama que sale de mi boca
Yo. doy vida a las Dos Torres y a sus habitantes...
En verdad, ¡Ra está a salvo del poder del demonio Apopi!

IV. Cuarto Iat. (para pintar en verde)
(Es un Iat. de dos montañas altas)
Para recitar:
¡Salve, jefe del Iat. misterioso,
Y tú gran montaña del Mundo Inferior
Arriba de la cual está el cielo estrellado!
Tiene trescientas medidas de largo
Y doscientas treinta de ancho.
Habita en ella una serpiente que mide setenta codos,
"Lanzadora-de-Cuchillos" es su Nombre.
Se nutre de los Espíritus santificados
Y de los condenados en el Mundo Inferior,
Que aplasta y devora...
Heme aquí que detengo mi barco, ¡oh Maat!
Frente a tu cerca fortificada
Miro a mi alrededor buscando una entrada que me lleve a tí.
Hallo la entrada y me uno a ti, yo,
Macho potente...
Yo soy digno, en verdad, de adornar tu cabeza, ¡oh diosa![192]
orque mi poderío es cada día mayor...
En este momento yo soy el Gran Mago divino,
Y a mi vista nada se escapa...
Llamo la atención a un Espíritu que se arrastra sobre su vientre.
¿Quién es?
En las montañas en que vive se que es poderoso...
¡Oh Espíritu, permíteme acercarme a ti
Para que tu fuerza sea conmigo!...
Heme aquí qué, me mantengo de pie, haciendo un esfuerzo.
Avanzo y me apodero de los demonios Akriú que son enemigos de Ra;

192. La cabeza de la diosa Maat, adornada con dos plumas, simbolizaba la Verdad-Justícia.

Y la paz de este dios baja sobre mí, a la tarde,
Mientras en los cielos realizo mis circuitos
Y tú permaneces en el Valle...

V. Quinto Iat (para pintar en verde)
Para recitar:
¡Salve, Iat. de los Espíritus, valla impenetrable
Para los que tratan de cruzarle!
Los Espíritus que allí viven
Tienen los muslos de siete codos de largo
Y se nutren sobre las Sombras de los muertos que desfallecen debilitados.
¡Oh lat! Indícame un camino,
Para que pueda cruzarlo
Y entrar en la hermosa Amenti...
Porque esa fue la orden de Osiris,
Señor de los Espíritus santificados.
¡Contempla! Aquí estoy como Espíritu santificado
Celebrando los meses y los medios meses,
Las fiestas prescriptas.
Yo cumplo mis revoluciones celestes,
Y el Ojo de Horus, igual que Thoth, me acompañan en mi viaje.
Las llamas que salen de la boca de los dioses
Hoy devoran a mis enemigos,
Si no han terminado ya sus días
En los lugares de matanza.

VI. Sexto Iat (para pintar en verde).
Para recitar:
¡Salve, oh Immehet[193], tú, el venerado por los dioses,
Gran misterio de los Espíritus santificados
Y lugar oscuro para las almas condenadas!...
Vengo para mirar al dios de esta región.
Corred, entonces, el velo que cubre vuestras cabezas cuando me veáis llegar;
Porque yo soy un dios poderoso
Y traigo para vosotros ofrendas para que os alimentéis.

193. Immehet: el reino del dios Sokari.

¡Que el Señor de vuestro Iat no acerque su mano sobre mí!
¡Que no se apoderen de mí los Asesinos!
¡Que no intenten cazarme los demonios-Destrozadores!
¡Que me sea posible vivir en paz entre vosotros!

VII. Séptimo Iat (para pintar en verde)

Para recitar:

¡Oh ciudad de Iss, lejana y difícil de divisar!...
Entre las llamas que enrojecen
Una serpiente, allí vive y Rerek es su Nombre...
Su lomo es de siete codos de largo.
Se nutre de muertos y los destruye.
¡Atrás, Rerek, tú que vives en la ciudad de Iss,
Que trituras a los muertos con tus fauces
Y tus ojos lanzan relámpagos!
¡Que tus huesos sean quebrantados y que tu semilla permanezca sin fecundar!
¡No te acerques a mí!
¡No me lances tu veneno!
¡Que caiga en la tierra y se quede en ella!
¡Que para siempre sean sellados tus labios!
¡Ah! es así que su KA cayó en medio de las serpientes enemigas!
Mientras yo sigo sano y salvo... Tu cabeza, Rerek es cortada
Por la divinidad con rostro de lince.

VIII. Octavo Iat (para ser pintado en verde)

Para recitar:

¡Salve, oh Ha-hopep, que tienes tu imperio
Sobre los ríos de este Iat!
Su corriente nadie podrá dominar;
El estruendo de sus aguas produce terror.
Ka-Ha-Hoted es el Nombre del guardián.
La entrada, según su parecer, la concede o la niega,
Y a los seres que no tienen derecho a pasar los mantiene separados.
Entérate, entonces que yo soy, yo, el pájaro Ennur,
Parado sobre sus patas y cuya voz no calla nunca.
Yo traigo a Tum lo que es del dominio de la Tierra;[194]

194. Se refiere a sus experiencias en la vida terrestre.

Yo vuelvo fuertes a los vasallos de Ra
Y siembro el terror entre los Señores del Santuario.
Cuando me ven llegar, tiemblan los Espíritus de los Elementos.
No seré arrastrado, naturalmente, hacia el tajo de los tormentos.
Yo no seré, en verdad, destruido...
Porque yo soy el Guía del horizonte Septentrional.

IX. Noveno Iat (para ser pintado en amarillo)
Para Recitar:
¡Salve, oh ciudad de Ikesi,
Que sigues siendo un misterio hasta para los mismos dioses!
Al oír tu Nombre los Espíritus se sobrecogen de terror.
Nadie se animaría a penetrar en tí, ni a salir,
Excepto la misma Gran Divinidad
-Que habita en el Huevo cósmico-
Que inspira miedo a los dioses, terror a los Espíritus.
La entrada de la ciudad está rodeada de llamas
Que penetran por boca y nariz, activada por los vientos...
Esto ocurre a causa de los dioses
Que rodean, a su capricho, a la Gran Divinidad
Para que no sintiendo no lo sea posible reconocer
Lo que no puede ser percibido sino por esta Gran Divinidad
Que permanece en su Huevo cósmico.
Ella fundó esta ciudad para vivir en ella, sola,
Y para gozar de su soledad;
Nadie podía acercarse a ella,
Salvo el día de las Grandes Metamorfosis...
¡Salve, Divinidad sagrada, tú que permaneces en el Huevo cósmico!
Heme aquí que estoy ante tí
Para poder seguirte junto a los dioses que te acompañan
¡Que me sea posible entrar en la ciudad de Ikesi y salir de ella a mi capricho!
¡Que sus puertas permanezcan abiertas para mi!
¡Que pueda respirar el aire de esos lugares
Y gozar de las ofrendas que hay en ellos!

X. Décimo Iat (para ser pintado en amarillo)
Para recitar:

¡Salve, oh tú ciudad de los dioses Kahú!
Los que cazan a los Espíritus santificados
Y se adueñan de las Sombras de los muertos;
Los que comen la carne cruda y se hartan de inmundicias,
Mientras sus ojos espían,
Para que no escape a su vigilancia nada de lo que sucede en la Tierra...
¡Oh vosotros dioses que vivís en vuestros Iats,
Arrodilláos ante mí, en cuanto me presente!
¡Porque no os será posible arrebatarme mi Espíritu santificado,
Ni tampoco apoderaros de mi Sombra!
¡Porque yo soy, en verdad, el Halcón divino!
Heme aquí que fui coronado, untado e incensado.
Los animales fueron inmolados para mí en la Tierra,
Isis avanza, de pie, y me ofrece,
Y Neftis, detrás de mí, me protege la espalda.
El Camino es, en verdad, santificado para mí...
¡Oh tú, serpiente Nau, Toro de Nut, y tú, Neheb-ko!
Aquí estoy, acabo de llegar. Alejad de mí todo mal
Y haced que sea feliz
Para siempre...

XI. Undécimo Iat (para ser pintado en verde)
Para recitar:
¡Oh tú, ciudad del Mundo Inferior
En donde los cuerpos son esfumados
Y donde los Espíritus santificados son tomados prisioneros!
Por miedo a los Espíritus que guardan tus Puertas
Nadie se atreve a penetrar en tí...
Los dioses miran con asombro en el interior de la ciudad
Y también miran a los muertos condenados que están encerrados allí,
Miran lanzando gritos llenos de amenazas;
Los dioses que allí habitan para santificar a los muertos y transmitirles los Misterios
Son los únicos benévolos.
¡No te opongas a mi camino, oh tú, ciudad de Idú!
Pues yo, gracias a un cuchillo que he heredado de Seth,
Soy el Dueño de los encantamientos mágicos,
Y a mí me pertenecen mis piernas para siempre...

Aquí me tenéis, levantándome sobre el Horizonte,
Poderoso, gracias a las virtudes del Ojo de Horus;
Y después de un lapso de sopor
Despierta a la vida mi Corazón.
Soy santificado en el Cielo y vigoroso en la Tierra;
Yo levanto vuelo al igual que un halcón
Y emito gritos igual que un ganso salvaje.
Después bajo hasta los bordes en flor del Lago;
Recibo allí la corona en manos de una Divinidad.
O bien sentado, o bien de pie,
Gozo del alimento en los Campos de la Paz.
Aquí véis como las Puertas de Maat son abiertas para mí
Y se descorren los cerrojos de las puertas de los abismos celestes.
Luego, elevo una escalera hacia el cielo, rodeado de los dioses;
Ya que al igual que ellos, yo soy un dios.
Yo, al igual que un ganso salvaje,
Lanzo gritos para que los dioses puedan oírme;
Y mi voz se asemeja a la voz de Sothis.[195]

XII. Duodécimo Iat (para ser pintado en verde)

Para Recitar:
¡Salve, Iat de Unt en el Re-stau!
Estás rodeado por llamas
Y ni los dioses ni los Espíritus
Pueden acercarse a ti;
Pues de ser así los Uraei en llamas harían desaparecer sus Nombres.
¡Salve, Iat de Unt!
Verdaderamente yo soy uno de los grandes entre los Espíritus que en tí moran;
Yo soy una estrella entre todas las que allí brillan.
Nunca podré ser destruido, nunca mi Nombre podrá ser borrado.
Los dioses que habitan en este Iat dicen de mí:
"Verdaderamente él satura el aire igual que como lo haría un dios".
He aquí que con vosotros estoy y que vivo entre vosotros,
¡Oh vosotros, dioses de Iat Unt!
¡Queredme, pues, más que a vuestros dioses
Y por siempre estaré con vosotros, Hasta la eternidad!

195. Sothis (Sirio)

XIII. Decimotercero Iat (para ser pintado en verde).
Para recitar:
¡Salve, oh Iat, del cual los Espíritus santificados
No podrán dominar las aguas que están rodeadas de llamas!
Verdaderamente, de fuego líquido son tus torrentes,
Que aniquilan a los que están allá abajo, queriendo beber para apagar su sed...
Dominados por el miedo y el terror No pueden beber...
Los dioses y los Espíritus retroceden sin poder apagar su sed
Cuando miran esos torrentes de fuego...
Sus corazones están insatisfechos;
Pues a pesar de sus deseos
No pueden aproximarse a esos torrentes
En los cuales el agua está sembrada de plantas
Igual que las que crecen en el Cuerpo de Osiris...
En cambio yo, yo he podido dominar los torrentes de fuego,
Y he podido calmar mi sed,
Igual a un dios, que morador del Iat de las Aguas,
Es el guardián.
Los otros dioses retroceden espantados;
Están más aterrorizados que los Espíritus de los muertos...
¡Salve, dios que vives en el Iat de las Aguas!
Heme aquí que llego ante ti.
Dadme el poder sobre las aguas
Para que puedas beber de los torrentes,
Igual que permites beber a Hapi[196], la gran divinidad,
Que hace crecer y verdear las plantas
Y que produce las ofrendas para los dioses...
Haz que pueda llegar hasta ti
De la misma manera que lo hace Hapi,
Y que tenga poder sobre las plantas...
Porque yo soy el Hijo de tu carne.
Eternamente...

196. Hapi: el Nilo.

XIV. Decimocuarto Iat (para ser pintado en amarillo)

Para recitar:

¡Salve, oh Iat de Kher-aha,
Tú que obligas a Hapi a batirse en retirada,
En la ciudad de Djedu!
Haz que Hapi obtenga trigo en abundancia
Y lo haga llegar a la boca de los que han de comerle.
Dad las ofrendas divinas a los dioses,
Y las ofrendas sepulcrales a los Espíritus de los muertos.
Hay una serpiente en la doble Kerti de Elefantina.
Hapi llega lleno de agua, saliendo de ese lugar, hacia su embocadura.
Entre los muelles de se detiene,
Porque allí halla a los dioses que gobiernan los canales... los halla a su hora exacta, Que es la del silencio de la Noche...
¡Oh dioses de Kher-Aha[197], vosotros que gobernáis los canales!
¡Que se abran para mí vuestras esclusas,
Que empujen frente a mí las puertas de los canales,
Que yo entre en posesión de los canales,
Que puedan descansar al borde de las aguas
Saboreando el trigo del Nilo y hartándome del alimento de los dioses!
De esta manera me enderezaré, quedará muy satisfecho mi corazón,
Igual a los dioses que habitan Kher-Aha...
¡Qué las ofrendas para mí destinadas sean iguales a las vuestras!
¡Qué yo no sea destruido por las emanaciones de Osiris!
Que yo no sea degradado por ellas, Eternamente ...[198]

197. Una ciudad cercana a Menfis.

198. Las emanaciones de Osiris, por su pureza, actuaban como disolventes en las almas de los pecadores.

Conjuro CL

(Variante del Conjuro CXLIX)

Conjuro CLI (A)

Tu Ojo derecho es la Barca Sektet;
Tu ojo izquierdo es la Barca Mandjit;
Tus cejas son el dios Anubis; Tus ojos son el dios Thoth;
Tus cabellos son Ptah-Sokari.
He aquí que todos estos dioses preparan la vía para tí
Y rechazan a los demonios, servidores de Seth.

I

Aquí tenéis a Isis. Ella dice:

"¡Yo llego y doy protección a Osiris!
Como el soplo del viento del Norte creado por Tum,
Así es de vivificante mi aliento.
Yo restituí la fuerza a tu garganta,
Te reuní a la divinidad;
Tus enemigos han caído a tus pies."

II

Aquí tenéis a Neftis. Ella dice:

"Yo llego junto ami hermana. ¡Oh Osiris!
Vengo a protegerte
Estaré detrás de ti hasta el fin de los tiempos.
Gracias a mí, Ra oirá tus llamadas
Y también gracias a mi socorro podrás triunfar,
¡Oh hijo de Hathor!
Porque nadie se atreverá a arrebatar tu cabeza,
hasta el fin de los tiempos.
Y tú resucitaras..."

III

(Una divinidad dice:)

"Yo no permitiré que alguien llegue para atarte.
¡Yo no permitiré
Que alguien llegue para pegarte!
Yo pegaré también, yo ataré también a tus enemigos!
Porque, yo te protejo, en verdad, ¡oh Osiris!"

IV

(Otra divinidad dice:)

"Voy! ¡Acudo en tu ayuda!
Los dos juntos rechazaremos a ese Espíritu
Que se empecina en ocultar su rostro.
Iluminaré esta Región donde reinan las Tinieblas.
Estaré de pie detrás de Djed
El día que rechazará a los demonios.
Porque yo te daré mi protección, ¡oh Osiris!"

V

Aquí tenéis al Espíritu del Fuego Él dice:

Yo junto las arenas alrededor de tu tumba oculta.
Yo rechazo los ataques de los demonios;
Y las montañas pobladas de tumbas despertarán a la Luz
Gracias a mi fuego.
Yo cruzo los caminos que se hunden en la eterna Noche...
¡Entérate, oh Osiris! Yo te doy mi protección."

VI

Aquí tenéis a Anubis. Está sentado sobre sus Colinas
Y dirige la mansión de los dioses;

Porque es el Señor de la Tierra Sagrada...[199]
El dice: "Aquí estoy y te protejo, ¡oh Osiris!"

VII

Aquí está el Alma de la Vida del difunto...
Ella dice: "¡Que sea glorificado en el Cielo Ra,
Cuando en su radiación de paz
Baje al Horizonte Occidental!"

VIII

Aquí está el Alma de la Vida del difunto, acompañada por su Espíritu.
Los dos dicen: "¡Que sea glorificado Ra
Cuando se eleva sobre el Horizonte Oriental!"

IX

El difunto dice:

"Oh vosotras mágicas figuras que me acompañáis,[200]
¡Oídme!
Si jamás soy condenado a hacer trabajos
En el Mundo Inferior,
A llenar de agua los canales,
A sembrar o a llevar arena: ¡obedecedme!
¡Siempre estad atentas a mis órdenes!"

X

Aquí está Mestha. Ella dice:

Yo soy tu hija.
He llegado para darte protección;
¡Hago inexpugnable tu morada
Obedeciendo los mandatos de Ra y de Ptah!"

---

199. Anubis: dios de cabeza de chacal, "Señor de la Tierra Sagrada".
200. Ver el conjuro VI.

XI

Aquí está Hapis: Él dice:

Estoy aquí para darte protección.
Yo te afirmo la cabeza sobre los hombros;
Yo afirmo tus miembros
Y golpeo a tus enemigos; arrodillados están a tus pies.
Entérate: ¡te ha sido restituida la cabeza para siempre!"

XII

Aquí está Duamutf[201]. Ella dice:

"¡Soy yo tu hija que te ama!
¡Vengo para vengar a Osiris!
¡Héme aquí que arrodillo a sus enemigos a tus pies!"

XIII

Aquí está Kebhsennuf. Dice:

"Estoy aquí para darte protección.
Recogí tus huesos y reuní tus miembros...
Héme aquí que traigo tu corazón
Y lo pongo en su lugar,
En el interior de tu cuerpo.
Yo hago sólida y fuerte tu morada."

• • •

Conjuro CLII

PARA CONSTRUIR UNA CASA EN LA TIERRA

¡Salve, Keb! ¡Regocíjate!
Porque he salido de mi cuerpo

201. Duamuft, Mestha, Hapi, Kebhsennuf: hijos de Horus, Guardianes de los cuatro pilares.

Y planeo sobre él.
Héme aquí que transito por el Cielo al lado de los dioses:
Yo asigno sus padres a las Almas de las generaciones futuras[202]
Al yerme, ellas me glorifican.
Aquí está Sesheta[203] ; trae consigo al demonio Nebt;
Está fuertemente atado. Anubis me grita:
"¡Construye en la Tierra su casa!
Sus cimientos estarán en Heiópolis;
Sus límites llegarán a Kher-Aha;
Sus santuarios estarán en Sekhem
Y será renovada su inscripción.
Los que transiten le darán sus ofrendas y libaciones."
Después Osiris dice a los dioses que lo rodean:
"¡Observad aquella casa que está allí!
Fue construida por un Espíritu santificado.
Está protegida por barreras mágicas;
El difunto sale diariamente y permanece con vosotros.
Su juventud y su fuerza no terminas de aumentar.
Ofrecedle vuestra veneración y glorificadle!"
¡Oh vosotros, Espíritus que fuisteis testigos de mis triunfos!
Oís mis palabras y las de Osiris?
Él dice: "¡Que venga aquí todos los días!
¡Que su juventud se renueve entre vosotros!"
Estas son las ofrendas que, vientos del Sur y vientos del Norte
Traen a Osiris: ganados, cebada, trigo.
Las traen de todos los lugares de la Tierra
Por orden del mismo Osiris...
Ya me dirijo hacia la izquierda,
Ya me dirijo hacia la derecha.
Los hombres que viven me observan,
De la misma manera que ven a los dioses
Los Espíritus santificados y los muertos.
Saludan con sus gritos de alegría,
Mi Barca que pasa...

202. Literalmente: "Yo doy a los hombres los dioses que dan la vida a sus padres".
203. Sesheta: diosa del Saber.

Conjuro CLIII (A)

PARA ESCAPAR A LOS ESPIRITUS-PESCADORES[204]

Oh tú Espíritu, que das vuelta la cabeza
Y miras hacia atrás, ¡salve!
¡Eres, en verdad, amo de tu corazón!
Héme aquí que cubierto de vendillas
Como lo estaba en el momento de mis funerales,
Parto de Pesca abriéndome un camino a través de la Tierra.
¡Oh vosotros, Espíritus-Pescadores
Que distes nacimiento a vuestros padres,[205]
Vosotros que preparáis vuestros lazos
Y que transitáis a vuestro arbitrio por las Regiones submarinas!
¡No me atrapéis con vuestras redes!
¡Atrapad mejor a los demonios execrables!
No me dejéis inmóvil con vuestras cuerdas
Igual que lo hacéis con los demonios,
A los Compañeros de la Tierra.
(Tienen, escaleras hasta el Cielo,
Pero la Tierra es su lugar preferido...)
Héme aquí que escapé de esas redes y de esos lazos.
Yo subo hasta el dios de la Barca Sagrada Hennú
Y subo muy arriba igual al dios Sebek.
Comienzo ahora, mi vuelo hacia vosotros.
Los Espíritus-Pescadores de dedos disimulados
No podrán ya adueñarse de mí,
Porque yo conozco ese mágico instrumento cuyo
Nombre es: “El-Dedo-poderoso-de-Sokari “.
Yo conozco este otro instrumento:
“E1-Muslo-de-Nemú” es su Nombre.
Yo conozco la Puerta secreta
Cuyo Nombre es:» “La-mano-de-Isis”.

---

204. Se trata de la guerra implacable que ocurrirá en el Más Allá, simbolizada como la "pesca", donde el pescador no ataca al enemigo de frente, sino ocultándose. Texto lleno de alusiones iniciáticas.
205. En el dominio espiritual, un "hijo" puede devenir en el "padre de su padre".

Yo conozco el cuchillo, instrumento de matanza,
Cuyo Nombre es: "Isis-cortó-con-este-cuchillo-la-carnede-Horus".
Yo conozco la Armadura de la Balanza y conozco sus Pesos.
Sus Nombres son: "La-Pierna-y-el-Muslo-del-dios-León".
Yo conozco la Cuerda que se emplea para los Lazos:
"El-vigor-de-Tum" es su Nombre.
Yo conozco a los Espíritus-Pescadores que tienden sus lazos.
"Los-dioses-AkerúAntecesores-de -los-dioses-Akhabiú" son sus Nombres.
Yo conozco los Nombres de sus Brazos.
"Los-dos-Brazos-de-la-Gran-Divinidad-
Que-escucha-en-Iunú-las-Palabras-de-Potencia-
Durante-la-Noche-sagrada-de-los-Semi-Meses-
En-el-Templo-de-la-Luna".
Yo conozco el Nombre del Muslo;
Helo aquí:
"El-Muslo-de-Hierro-sobre-el-cual-un-dios-está-de-pie".
Yo conozco el Nombre del Intendente Divino
Que recibe la entrega de pescado:
"Cuchillo-y-Vaso-del-Intendente-Divino".
Yo conozco el Nombre de la Mesa
Sobre la cual se colocan estos objetos:
"La-Mesa-de-Horus-en-donde-está-sentado-
En-la-oscuridad-y-en-la-soledad-
Y-donde-nadie-le-ve-pero-los-malos-le-temen-
Mientras-que-los-buenos-le-glorifican".
Heme aquí que llego y que soy coronado dios,
Igual a ese dios que dirije la Tierra...
Mientras que en mis dos Barcas realizo mi navegación,
Héme aquí que el Príncipe de los dioses me sitúa en medio del Gran Templo.
Armado con mis instrumentos, llego semejante a un cazador:
Mi puñal, mi cuchillo para matar, mi hacha...
Me pongo en marcha, recorro la Región
Y tiendo mis redes...
Yo conozco el Nombre de esta pinza:
"Tmem-reu-emanación -del-gran-Dedo-de-Osiris".
Yo conozco el Nombre de estos dos trozos de madera

Que resisten sólidamente: "El-Dedo-de-los-Antepasados-de-Ra"
Es el Nombre de uno.
El-Dedo-de-los-Antepasados-de-Hathor"
Es el Nombre del otro.
Yo conozco el Nombre de la Cuerda del Arpón:
"La-Cuerda-del-Amo-de-los-Iniciados".
Yo conozco el Nombre de la Mesa:
"La-Mano-de-Isis".
Yo conozco el Nombre de esas Cuerdas:
"La-Cuerda-del-Dios-primogénito".
Yo conozco el Nombre de estas Vendillas:
"Las-Vendillas-de-esta-Jornada".
Yo conozco el Nombre de los Espíritus-Cazadores y Pescadores:
"Los -dioses-de-Akherú-Antecesores-de-Ra".
Yo conozco el Nombre de las redes:
"Los-Antecesores -de-Keb".
Yo traigo conmigo mi comida
Y también lo que tú acostumbras a comer.
Tú comes lo que comen Keb y Osiris.
¡Oh tú, Espíritu, cuyo rostro está dado vuelta
Y que dominas tu corazón;
Tú, Cazador y Pescador
Que te abres camino a través de la Tierra,
Y vosotros, Pescadores que disteis nacimiento a vuestros padres
Y que ponéis lazos en la ciudad de Nefer-Sent!
¡No me atrapéis con vuestras redes!
¡No me cacéis con vuestros lazos,
Con los que atrapáis a los demonios impotentes
Y a los abominables Compañeros de la Tierra!
Porque en verdad, ¡yo os conozco a todos!
Conozco el Marco de la Balanza y sus Pesos.
¡Observáis! Héme aquí que llego armado de una horquilla,
De una pértiga con ganchos, de un cuchillo y de una mesa.
¿Todos sabéis que conozco el Nombre del Cazador?
Yo pego, yo abro, yo rompo y pongo de nuevo en su lugar.
¿Qué pasa?
Esta horquilla que traigo
Se vuelve "El-Muslo-del-dios-Nemú".

La pértiga con ganchos que traigo se vuelve: "El-Dedo. del-dios-Sokari".
La mesa que traigo se vuelve: "La-Mano-de-Isis".
El cuchillo que traigo se vuelve "El-Cuchillo-del-diosNemú".
¡Ojalá mis Palabras sean comprendidas por vosotros, oh dioses!
¡Ojalá me sea posible llegar y sentarme en la Barca de Ra
Y, dirigiéndome al Norte, circular por el lago Tes-tes!
¡Ojalá pueda hacer como hacen los que glorifican a mi Doble!
¡Ojalá me sea posible vivir su vida!
Héme aquí que comienzo a subir los Peldaños de la Escalera
Que Ra, mi Padre celeste, me preparó de antemano;
Seth y Horus, a cada lado, Me toman la mano...[206]

RÚBRICA

Este conjuro debe ser recitado sobre una figura que represente al muerto sentado en una barca; hacer a su derecha una barca SEKTET y a su izquierda una barca MANDJIT. Realizar ofrendas líquidas y sólidas el día del aniversario de Osiris. Con esto el alma del difunto vivirá eternamente; no morirá por segunda vez.

• • •

Conjuro CLIV

PARA QUE EL CUERPO NO PEREZCA

¡Salve, Oh Osiris, Padre mío divino!
¡Aquí estoy ante ti para embalsamar tus miembros!
Para que no muera Haz embalsamar los míos
Y también para que llegue a ser igual al dios Kepra,
Señor de las Metamorfosis,
Que no sabe lo que es la putrefacción.
¡Oh Osiris! ¡Dame una Forma que se asemeje a este dios!
Dame también el dominio de mi respiración,
¡Oh tú Señor de la Respiración!

206. Nótese la cooperación estrecha que existe, en este pasaje, entre los dos "Adversarios": Seth y Horus.

Tú que das protección a todos los que se asemejan a ti.
Conviérteme en estable e inmutable. ¡Oh Señor de los Ataúdes!
Y permíteme penetrar en la Región de la Duración Ilimitada,
Ya que tú tienes ese poder,
Así como también Tum, tu Padre divino,
Ya que su Cuerpo no conoce lo que es la putrefacción ni la destrucción...
Verdaderamente, no he hecho nada que a ti te desagrade, ¡oh Osiris!
¡Yo siempre te he glorificado!
Entre todos los que veneran
Y aman tu Doble etérico.[207]
Por lo tanto, ¡que los gusanos no invadan mi cuerpo!
¡Sálvame y líbrame como te has librado y salvado tú! ¡Que yo pueda ignorar la putrefacción después de la muerte,
Destino común a todos los animales
Y las bestias que han sido creadas por distintos dioses y diosas!
Ya que después de la muerte, el Alma emprende su vuelo,
El cadáver, entonces, se licuefacta,
Sus huesos se dislocan y se desintegran
Y la carne se pudre llena de hedor,
Los miembros se despedazan
Y todo se convierte en un líquido nauseabundo.
Una masa llena de gusanos, sólo gusanos...
Este es el fin del hombre...
Muere bajo el Ojo de Shu
Como mueren todos los dioses y todas las diosas,[208]
Todas las aves, todos los peces,
Los animales que se arrastran y los que corren
Y todos los seres, todos los seres...
Por esta razón, ¡oh dioses!
Que después de verme caeréis boca abajo.
¡El pánico que os cause mi
Aparición os llenará de asombro!
Verdaderamente, todos los seres después que han muerto me temerán:
Ya sean los animales, aves o peces,

207. Es decir, el KA.
208. Los dioses egipcios estaban sometidos al mismo ciclo evolutivo de nacimiento, crecimiento y muerte (temporaria) de los hombres.

Los que se arrastran
O los gusanos que habitan en los cadáveres...
¡Que mi cadáver no sepa lo que es la corrupción!
¡Que no sirva de alimento a los gusanos!
¡Que no consigan atacarme y destruirme!
¡Que no llegue a las manos del verdugo
Que en su cueva tortura y mata a sus víctimas
Y que él mismo hace que se pudran amontonados, permaneciendo invisible!
Verdaderamente, vive sólo para dar muerte y destruir 1o cadáveres.
¿Podré negarme a ejecutar... sus órdenes?
¿Seguiré sus decretos... al pie de la letra?
¿Por qué seré entregado a sus dedos implacables?
¡Que no llegue a apoderarse de mí!
Es a ti, pues, a quien toca decidir mi suerte:
¡Oh Osiris, mi Padre divino, salve!
Tuyos serán eternamente los miembros de tu cuerpo;
Tu cuerpo no llegará a podrirse ni será presa de los gusanos;
No llegará a hincharse como una pelota;
No entrará en descomposición ni se desintegrará;
No llegará a ser una masa informe de gusanos...
Con respecto a mí, yo soy Kepra, el dios del Devenir.
Y permanezco con mi cadáver, para siempre, por toda la Eternidad.
No se pudre, no entra en descomposición,
No se desintegra ni es atacado por los gusanos,
Ni se licuefacta bajo el Ojo de Shu.
Verdaderamente, yo existo, ¡yo existo!
¡Siento en mí la fuerza de la vida desbordante!
Héme aquí que despierto en paz...
No me pudro ni me descompongo.
No emano olor alrededor de mí.
No me convierto en la nada.
No se apaga mi ojo.
Mis rasgos no se borran ni se convierten
En una masa líquida.
Mis orejas no bloquean al sonido de las palabras.
Mi cuerpo y mi cabeza no se separarán.
Mi lengua no será arrancada.

No se me afeitará la cabeza. No me depilarán las cejas.
Vosotros, ¡oh Espíritus! sabédlo,
Mi cadáver no sufrirá ningún daño.
Mi cuerpo se conservará inmutable e imperecedero para siempre.
¡No seré destruido en la Tierra
En toda la Eternidad!

• • •

Conjuro CLV

PARA FIJAR UN DJED DE ORO[209]

Oh Osiris, ¡de pie!
Tú tienes ahora tu espina dorsal,
¡oh Dios del-Corazón-Detenido!
Tu cuello ha sido ajustado y afirmado.
¡Sube, pues, a tu pedestal, oh Osiris!
Mira cómo derramo sobre tus pies agua lustral.
Aquí te traigo un Djed de oro...
¡Llénate de gozo, oh Osiris, al ver esta imagen mágica!

RÚBRICA

Este conjuro será recitado sobre un Djed de oro engarzado en una madera de sicómoro que haya estado en agua de flores ANKHAM. Colocar el dicho Djed en el cuello del difunto, el día de sus funerales. Después de haber hecho esto llegará a ser un Espíritu santificado y perfecto en el Mundo Inferior; y el Día de primero de Año será igual a los Espíritus que rodean a Osiris, real, continua, eternamente...

209. Un Djed era un amuleto en forma de pilar que simbolizaba a Osiris resucitado. Véase llamada al conjuro I.

Conjuro CLVI

PARA FIJAR UN TALISMÁN DE CORNALINA

¡Oh Isis!
¡Que tu sangre actúe!
¡Que actúe tu radiación!
¡Que actúe la fuerza de tu magia eficaz!
¡Acoje bajo tu protección, oh diosa, a este poderoso Espíritu
Y no lo dejéis que se acerque a los demonios
Que le inspiran horror y asco!

RÚBRICA

Recitar estas palabras sobre un hebilla de cornalina que haya sido sumergida en agua de flores ANKHAM, enjarzada en una tablilla de madera de sicómoro. Esta tablilla será puesta en el cuello del difunto, el día de los funerales. Después de haber hecho esto los poderes de Isis protegerán los miembros del difunto; Horus, hijo de Isis, se pondrá contento al verlo en medio de los Mistenos del Sendero; y mientras un brazo será elevado hacia el Cielo, el otro se dirigirá hacia la Tierra, verdadera, continuamente...

No permitir que nadie lea este texto, jamás.

• • •

Conjuro CLVII

PARA FIJAR EN EL CUELLO DEL DIFUNTO UN TALISMAN REPRESENTANDO A UN GAVILÁN

Aquí tenéis a Isis emprendiendo su vuelo por encima de su Ciudad.
Busca la oculta morada de Horus,
Justo en el mismo momento que éste sale de su pantano de cañas.

Ella eleva su hombro lastimado...
Aquí la tenéis que sube a bordo de la Barca divina
Él es proclamado Señor de los Mundos
Puesto que ha luchado valientemente.
Verdaderamente, ¡sus hazañas no se olvidarán fácilmente!,
Ya que ha sembrado el espanto y el terror.
Su madre, Isis, la gran diosa,
Lo ampara con la fuerza de su Palabra mágica
Y le trasmite su poder.

RÚBRICA

Recitar este conjuro sobre un gavilán de oro, donde se habrán inscrito estas palabras; poner el amuleto en el cuello del difunto, con el fin de protegerlo el día de sus funerales, de manera continuada y regularmente.

• • •

Conjuro CLVIII

PARA FIJAR UN COLLAR DE ORO

¡Oh Osiris, Padre mío! ¡Oh Horus, Hermano mío!
¡Oh Isis, Madre mía!
Las vendillas me son quitadas,
Las que oprimían mi cabeza y mi cuerpo...
Mis ojos comienzan a distinguir los seres que me rodean.
Ante mí veo al dios Keb...

RÚBRICA

Recitar este conjuro sobre un collar de oro en el cual se ha gravado previamente el texto; colocarlo en el cuello del muerto, el día de sus funerales.

Conjuro CLIX

PARA FIJAR UN TALISMÁN UADJ DE ESMERALDAS

¡Oh tú que todos los días sales de tu templo!
Aquí está la gran diosa... ¡Oye su voz!
Ella cumple sus revoluciones
Alrededor de las Puertas del doble Santuario.
Ella toma posesión del poder mágico de su Padre.
(Este poder es un Cuerpo Glorioso que mora en el Toro sagrado
De la diosa Rennut.) Ella recibe con alegría
A todos los que se le cruzan en su camino, dispuestos a seguirla.
Ya que realiza el viaje en sentido opuesto
Y recorre los caminos de antes.
Ella le da suerte a aquellos que caen en desgracia y son perseguidos...

RÚBRICA

Recitar este conjuro sobre un amuleto UADJ de esmeraldas, colocado previamente en el cuello del muerto, y que tenga grabadas debajo las palabras del conjuro.

• • •

Conjuro CLX

PARA FIJAR UN TALISMAN UADJ DE ESMERALDAS

Aquí tenéis un talismán Uadj tallado en una esmeralda.
Protege contra todo ataque del Mal.
Thoth se los da a quienes lo adoran,
Los cuales mantienen alejado todo lo que no agrada a los dioses.
Yo prospero si el talismán prospera;
Si éste no es alcanzado yo tampoco lo soy;

Si es inusable yo también lo seré.
Aquí tenéis a Thoth que habla. Sus palabras
Dan protección a mi espina dorsal.

Dice:

"Héte aquí que llegas en paz,
¡Oh tú, Señor de Heliópolis y de Pe!
Shu se encamina hacia tí; te encuentra en Shenmú;
Nshern es tu Nombre.
Tu moras en la fortaleza del dios poderoso...
Verdaderamente, tus miembros no sufrirán ningún daño,
Pues están protegidos por el mismo Tum...

• • •

Conjuro CLXI

PARA ABRIRSE UN CAMINO HACIA EL CIELO

Aquí tenéis las palabras de Thot para poder entrar sin obstáculos en el interior del Disco solar.

I

Aquí me véis que me abro camino
Hacia el Disco solar...
Verdaderamente, ¡ Ra vive!
¡Ha muerto la Tortuga!

II

Aquí véis como mi cadáver se purifica,
Y que también los huesos de Osiris están purificados...
Verdaderamente, ¡Ra vive!

¡Ha muerto la Tortuga!

III

El que habite el Ataúd
No temerá el alcance del Mal...
Verdaderamente, ¡ Ra vive!
¡Ha muerto la Tortuga!

IV

Aquí véis que ella está protegida por Kebhsennuf,
¡La inerte carne del difunto!
¡Pues es Ra el que vive!
¡Ha muerto la Tortuga!
¡Oíd! ¡Se descorren los cerrojos de las Puertas!
¡Ya puedo traspasar el Umbral!

RÚBRICA

Si estas fórmulas mágicas son recitadas junto al difunto, su Cuerpo Glorioso (Sahu) traspasará las cuatro aberturas del Cielo:

la del Viento Norte es la primera y es de Osiris; la del Viento Sur es la segunda y pertenece a Ra; la del Viento Oeste es la tercera y está mandada por Isis; la del Viento Este es la cuarta y pertenece a Neftis. En el instante en que el muerto penetra en el Cielo, cada uno de estos Vientos penetra en las ventanas de su nariz.

Aquellos que no hayan sido iniciados desconocen estas cosas ocultas, pues el vulgo ignora este Misterio.

No se lo digas a nadie, excepto a tu padre o a tu hijo.

Debes saber que te ha sido revelado este gran Misterio que nadie, en parte alguna conoce...

Conjuro CLXII

PARA PRODUCIR UNA SENSACIÓN DE CALOR EN LA CABEZA DEL DIFUNTO

¡Salve, dios-León, poderoso Señor
De la doble Pluma adornando tu Diadema
Y del temible Látigo, señal del mando!
¡Oh Tú, Macho poderoso, cuya magnificencia
Se irradia desde lo profundo del Cielo!
Desde que nacistes, tienes ocultas
En el Ojo solar
Tus Formas múltiples y tus Metamorfosis.
Tú acudes, ¡oh poderoso corredor a grandes pasos!
Cuando se te invoca, cuando te piden ayuda;
Tú cuidas al que está en desgracia, del que lo aprime.
¡Escucha, pues, mi grito desesperado!
¡Acude en mi ayuda! ¡Verdaderamente, yo soy la Vaca Sagrada!
¡De mis labios no se aparta tu Nombre divino!
Escucha, pues, cuando grito:
¡HAKAHAKER es tu Nombre!
¡AURAUAAKERSA-ANK-REBATI es tu Nombre!
¡KHERSERO es tu Nombre! ¡KHARSATA es tu Nombre!
Debes saber, ¡oh dios! que yo venero todos tus Nombres,
Pues yo soy, verdaderamente, ¡la Vaca Sagrada!
Oíd, pues, ¡oh Señor! mi ruego:
¡Dígnate, dios, proteger al difunto frente a la Puerta celestial,
Cuando hagas salir el calor de la Vida
Bajo la cabeza de Ra en Heliópolis,
Para que llegue a ser como los que moran en la Tierra!
Verdaderamente, ¡él es tu Alma que tú no la reconoces!
¡Ven hacia mí, pues yo soy Osiris!
¡Haz que el calor de la Vida surja bajo mi cabeza!
Pues yo soy el alma viviente
Del Cuerpo inmenso muerto de un dios.
Este Cuerpo descansa en Heiópolis y su Nombre es:
KHU-KHEPER-URU-BARKHATA-DJAUA...

Versión poética de A. Laurent

¡Acércate, pues oh dios! ¡Conviérteme en un Espíritu de tu Corte divina!

Pues, verdaderamente: ¡Yo soy Tú![210]

RÚBRICA

Estas fórmulas son para ser recitadas sobre la figura de una Vaca Sagrada de oro fino y colocada en el cuello del difunto. Además, hacer la siguiente inscripción en un papiro nuevo y puesto sobre su cabeza. Es así como el difunto sentirá gran calor en todo su ser, del mismo modo como cuando vivía en la Tierra.

Este talismán posee un gran poder para proteger, ya que fue creado antiguamente por la Vaca Celestial para su hijo Ra, para ser usado cuando su fuerza vital se debilitaba y su morada se encontraba cercada por los Espíritus del Fuego. Así el difunto llegará a ser una divinidad en el Mundo Inferior y no será rechazado su Cuerpo Glorioso ante ninguna de las Puertas del Duat. Aquí tenéis las palabras que debéis pronunciar mientras se pone la imagen de la diosa en el cuello del difunto:

"¡Oh Amón! ¡Amón! ¡TÚ que observas, desde lo alto del cielo a la Tierra! ¡Mira, con tu rostro radiante a tu hijo bienarnado!

¡Haz que se vuelva fuerte y vigoroso y temible en el Mundo Inferior!"

Esta fórmula es un gran Misterio. No dejes que nadie la vea. Sería tremendo que todos la llegasen a conocer. Escóndela cuidadosamente. Su nombre es:

"La-Formula-de-la-Mansion-escondida".

• • •

Conjuro CLXIII

Fórmulas mágicas que impiden que el cuerpo del muerto sufra alteraciones y desgracias en el Mundo Inferior; para guardarle de los ataques de los Espíritus que devoran las Almas que se hallan prisioneras en el Duat; para hacer que los crímenes espantosos que se hayan cometido durante la vida terrenal no se presenten ante sus ojos de espíritu una vez que se haya vuelto

210. Fusión del "Yo" y del "Tú" del Hombre y la Divinidad en el plano espiritual.

un espíritu; para y cómo garantizar la fuerza de sus miembros y de sus huesos contra los Espíritus que podrían llegar a atacarle en el Mundo Inferior; cómo hacer que puedan circular libremente, con el fin de que puedan hacer todo a su capricho.

Yo soy el Alma de un dios. Pero mi cuerpo descansa
Grande e inerte en la ciudad de At-Habu;[211]
El Genio de este sitio expande su protección
Sobre el Cuerpo inanimado de Harthi.
Su brazo destrozado descansa en los pantanos de Senhakarha...
¡Oh Alma divina! Los latidos de tu corazón
No se perciben ni al levantarte ni al ponerte!
Tú descansas, ¡oh Alma! junto a tu cuerpo divino,
Tendido en la ciudad de Sehna-Parkana.
¡Libérame del Espíritu de rostro terrible
Que se apodera de los corazones y arrebata los miembros!
Llamas salen de tu boca Cuando empieza a morder las Almas...
Tú, Alma, que habitas en el interior de tu cadáver postrado,
Tu fuego arde, solo, en medio de las olas del mar bravío...
Debes saber que deberás renunciar al poder del fuego delante de Aquél que levanta el Brazo:
El desea la Vida eterna, al igual que el Cielo, sin reparos y sin límites.
Pues, verdaderamente, tu alma pertenece al cielo,
Pero la Tierra tiene la Forma corporal.
¡Líbrame pues, de las manos de los demonios
Que devoran las Almas cargadas de ansiedad!
¡Que mi Alma sea capaz de morar en mi Cuerpo,
Mi Cuerpo de unirse con mi Alma!
¡Que pueda permanecer escondido este cuerpo en la Pupila del Ojo divino
Que se llama SHARE-S HARE-SHARPU-ARI-KA
Que descansa en Nubia, al Noroeste del Santuario Apt,
¡Oh Amen! Poderoso Toro! ¡Dios de Formas múltiples!
Tú, Señor de dos Udjats, de pupila terrible,
Tú sabes que yo he venido al mundo, viva emanación de los dos Ojos divinos

211. Alusiones a Osiris —con quien el difunto se identifica— descuartizado por Seth.

Uno de ellos se llama: SHARE-SHARE-KHET,
Y el otro SHAPU-IRKA.
Pero el Nombre verdadero es: SHAKA-AMENSHAKANSA,
Y mora en la Frente de Tum,
Luz de las Dos Tierras.
¡Permitidme, pues, quedarme
En esta Tierra de Armonía y de Justicia,
Para que no me abandonen en la soledad cruel!
Pues yo soy ahora el ciudadano de un Universo
En que el Ojo, inerte, no ve nada.
Mi Nombre es: AN.
¡Que yo sea capaz de habitar entre los Espíritus santificados, perfectos y poderosos!
Con respecto a mi Alma divina,
Que repose, si, en el gran cuerpo inerte
Que yace en Sais, ciudad sagrada de Neith...

RÚBRICA

Recitar este conjuro sobre la imagen de una serpiente que tenga dos piernas y cuya cabeza tendrá que estar adornada con un disco solar entre los dos cuernos; recitarle también sobre los dos Udjats[212] que tengan ojos y alas; la imagen de un dios con el brazo levantado, se tendrá que ver en la pupila de uno de estos dos Udjats; su rostro se asemejará a un Alma divina; al igual que un halcón, su espalda estará recubierta de plumas. En la pupila del segundo Udjat aparecerá la figura de un dios con el brazo levantado, pero su cara será el de la diosa Neith; su espalda, al igual que un halcón estará recubierta de plumas.

Este conjuro debe ser escrito con tinta consagrada ANTI en una tablilla de piedra MEHT o bien sobre una esmeralda del Sur, que haya sido sumergida con anterioridad en el agua del Lago del Oeste, en Egipto, o bien sobre una tira tejida UADJET, con la que se envolverán todos los miembros del difunto. Con ello el muerto no será echado en las puertas del Duat; y será capaz de beber y comer del mismo modo que lo hacía en la Tierra; nadie lo acusará y será defendido contra sus enemigos, para siempre.

Si este conjuro recitado para el difunto sobre la Tierra no será nunca víctima de los Espíritus que atacan a los bandidos en todos los lugares de la

212. Udjat: diosa de la Justicia y el Combate, representada por un Ojo alado.

Tierra. No le acuchillarán; no morirá con las matanzas practicadas por Seth; no será aprisionado; podrá entrar y salir en todas las regiones del Duat como triunfador; además será capaz de presentarse en la Tierra para inspirar terror a todos aquellos que siguen la senda del Mal...

• • •

Conjuro CLXIV

¡Salve, Sekhmet-Ra-Bast, directora de los dioses, alada,
A quien las vendas "Ans" han dado el poder mágico!
Tú, oh diosa, que has sido coronada con las diademas del Sur y del Norte,
Soberana única de tu Padre,
Y que ningún dios te somete,
Dueña del gran Poder mágico,
Tú que fuiste consagrada y coronada en los lugares silenciosos,
Divina Madre de Pashakasa,
Esposa real de Parhaka-Kheprú,
Dueña de la Tumba, Madre del Horizonte celestial;
Tú, graciosa y amable,
Que logras vencer a los demonios que se rebelan,
¡Observa! ¡Mira mis ofrendas sepulcrales en tus manos!
En la proa de la Barca de Ra, tu Padre divino,
Tú te mantienes de pie, enhiesta,
Pronta a partir a atacar a los demonios...
He aquí que pones a la diosa Maat
En la parte de delante de la Barca divina...
Verdaderamente, tú eres la diosa del Fuego;

Nada queda después que tú has pasado...
Tu Nombre es: KA-HARESA-PUSAREM-KAKAREMT.
Tú te pareces al poderoso fuego de la diosa Saknakat,
La que permanece sentada en la parte delantera de la Barca de tu Padre divino.
HAREPUGAKASHARESHABAIU!
Esto es lo que dicen de ella los negros y los nubios:
"¡Nosotros te glorificamos, oh diosa!
¡Tú que eres la más poderosa entre los dioses!
Eres adorada por los dioses Sesenú[213]
Y también por los Espíritus que habitan en sus ataúdes.
¡Observa! Nosotros nos doblegarnos ante tu espantosa Majestad;
Tú que eres nuestra Madre y la Fuente de nuestro Ser;
Tú que acondicionas para todos nosotros
Un sitio de paz en el Mundo Inferior,
Nos das fuerzas y nos proteges contra el terror;
Tú haces que nosotros vivamos y podamos prosperar
En las Mansiones de la Eternidad,
Tú nos liberas de los subterráneos donde se tortura
Y donde habita el dios del rostro temible,
Entre sus jerarquías divinas.
Verdaderamente, tu Nombre es:
"La-Criatura-emanada-del-Dios,-del-rostro-de-terror-
Y-que-tiene-su-cuerpo-disimulado".
Este dios tiene un hijo que se llama: "Atare-Am-Djer-Quemtú-Ren-Parsheta".
El otro hijo se llama: "Pa-Nemma-
El Ojo-divino-Udjat-de-la-diosa-Sekhmet-
La-gran-regente-de-los-dioses-emanación-de-la-diosa-Rennut-Maut".
Tú renuevas el poder a las Almas de los muertos y a sus Cuerpos inmóviles,
Tú les liberas de las acechanzas de los demonios Que habitan en los subterráneos de torturas.
La diosa misma les responde:
"Yo lo hago según las palabras de Thaui,[214]

213. Sesenú: Khemenú (las ocho grandes divinidades de Hermópolis).
214. Thaui significaba tanto los dioses gemelos Shu y Tefnu, como las diosas gemelas Isis y Neftis.

Hijo divino por el cual se han ordenado los ritos funerarios. Verdaderamente, yo os lo afirmo: no seréis ni atrapados ni atados."

RÚBRICA

Recitar este conjuro sobre una imagen de la diosa Mut, la diosa que tiene tres cabezas; la primera deberá asemejarse a la de la diosa serpiente Pekhat, adornada con dos plumas; otra cabeza será igual a la de un hombre que ha sido tocado con la corona del Norte y del Sur; y la tercera cabeza se asemejará a la de un buitre coronado con dos plumas. Esta imagen posee garras de león y también posee alas; deberá estar pintada de color ANTI. Sobre una tableta de piedra verde o sobre las vendillas de tejido ANS.

Deben colocarse dos enanos, uno delante y otro detrás de esta estatua; cada uno de ellos deberá tener el brazo levantado y estará adornado con plumas; además cada uno deberá tener dos caras: una de ellas de hombre y la otra de halcón; estos dos enanos deberán tener el vientre muy grande.

Después de este rito, el muerto llegará a ser un dios entre todos los dioses del Mundo Inferior; los Guardianes de las Puertas no podrán obligarle a retroceder, por toda la eternidad; su carne y sus huesos serán igual a los de un hombre que no ha pasado por la muerte; será capaz de beber agua en las fuentes de los torrentes; su morada estará en Sekht-Ianrú; llegará a convertirse en una estrella en la bóveda celeste; irá a luchar contra Nekou y Tar, esos demonios del Mundo Inferior; no será tomado prisionero ni atrapado por cualquier bestia que se arrastra, sino que al contrario, estará exento de todo Mal...

• • •

Conjuro CLXV

El arribo a la Escala definitiva[215], después que el cuerpo del muerto haya sido puesto al abrigo y los efectos de su licuefacción hayan sido absorbidos. Entonces, desbordará, de nuevo, de sabia y vigor.

215. La muerte.

El dirá:

¡Oh Majestuosos Pilones! ¡Oh Pilones!
¡Oh Príncipe de los dioses! ¡Oh Príncipe!
¡Oh Amón, Amón!
¡Oh Re-Iuaksa!
¡Oh dios, Príncipe de los dioses del Oriente del Cielo!
¡Oh Amón Nathkerti Amón!
¡Oh tú, cuya imagen visible está oculta,
Y cuyas formas múltiples son misteriosas,
Señor de los dos Cuernos, (hijo) de la diosa Nut!
Tus Nombres son: Na-ink y Ka-irik y Kasaika;
Tu Nombre es: Arthikasathika, Amen-na-en-ka-entekshare;
¡Theskshare-Amen-Rerthi es tu Nombre!
Oíd, pues, oh Amón, mis ruegos. ¿Acaso tu Nombre no me es familiar?
¿No conozco acaso los Nombres de tus Formas Múltiples?
¿No viven acaso ellos en esta boca que es la mía?
¿No tengo, acaso, presente siempre ante mis ojos tu Imagen misteriosa?
¡Observa! Héme aquí que llego ante ti,
Heredero de tu Trono, hecho de acuerdo a tu Imagen sagrada.
¡Yo Osiris!
Haz que pueda permanecer eternamente en el Duat;
Concede a mis miembros la Paz perfecta;
¡Que mi Cuerpo pueda llegar a ser el Cuerpo de un dios!
¡Que pueda huir de las regiones en que los demonios atrapan y torturan a los muertos!
jAmón, oye mis súplicas! Aquí estoy ante ti invocando tu Nombre misterioso...
Tú eres quien ha creado mi Forma carnal,
Tú me has abierto los sentidos de la Palabra;
Yo me he enriquecido con tu Ciencia sagrada...
Verdaderamente tu Nombre es Amón-Rta-Sashaka,
Irkai, Markathi, Reni-Nasakbubu, Thinasa-Thinasa...
iSharshatnikathi es tu Nombre!
¡Oh Amón, Amón! ¡Oh poderoso dios!
¡Yo invoco tu Nombre misterioso!
¡Dadme tu sabiduría iluminada!
¡Que yo sea capaz de gozar de la Paz en el Más allá!

¡Que yo pueda poseer todos mis miembros!
He aquí que el Alma del dios que habita en el Cielo
Deja que su voz se oiga:
"Verdaderamente, verdaderamente, yo cuidaré de ello:
Tu Cuerpo, se conservará incorrupto..."

RÚBRICA

Recitar este conjuro sobre la imagen de un dios que tenga el brazo levantado y que tenga plumas en su cabeza; tendrá las piernas separadas al igual que un escarabajo; será pintado con polvo de lapislázuli mezclado con líquido KAMI.

Repetir también el texto sobre una imagen con cabeza de hombre y que tenga los dos brazos extendidos; una cabeza de carnero asomará por sobre el hombro derecho y también otra igual por sobre el hombro izquierdo.

Además, pintar sobre una venda de lino, un dios que tenga el brazo levantado y a su lado pintar un corazón; dibujar una figura en su pecho.

No mostrar todo esto al dios Sugadi, del Mundo Inferior. Con esto el difunto será capaz de beber agua en los manantiales de los torrentes; y de su imagen saldrán rayos igual que las estrellas del cielo...

• • •

Conjuro CLXVI

LA ALMOHADA DEL DIFUNTO

Tú que estás enfermo y postrado,
Mira como tu cuerpo es levantado;
Tu cabeza erguida mira hacia el Horizonte;
Te levantas lentamente sobre tu asiento...
Ahora podrás vencer los obstáculos,
Gracias a los beneficios que te han hecho los dioses...
Aquí ves como Ptah vence a tus enemigos, siguiendo las órdenes del juicio.
Ya que tú eres Horus, el hijo de Hathor, Nesert, Nesertet.

Después de las matanzas te será devuelta tu cabeza.
¡Debes saber que tu cabeza será salvada!
¡Y jamás te será arrebatada!

• • •

Conjuro CLXVII

PARA TRAER EL TALISMÁN DE UDJAT

Aquí véis a Thoth: él hace que avance Udjat, ¡el Ojo divino!
Hace que reine en paz...
Pues Udjat ha realizado la tarea que Ra le había designado
Cuando ocurrió el Derrumbamiento de los Mundos,
Él fue expuesto a los peligros...
Pero aquí veis cómo Thoth, después de haberle liberado,
Le ha devuelto la Paz y la Harmonía.
Si Ujat es fuerte, yo también soy fuerte;
Si yo soy fuerte, Udjat también es fuerte.

• • •

Conjuro CLXVIII

PARA RECIBIR LAS OFRENDAS

Oh vosotras divinidades del Duat, subditos de Ra-Osiris,[216]
Que pesáis (las Palabras) de su Hijo;
Que juzgáis a los Malos de acuerdo con la Verdad y la Justicia,
Y que habitáis muy arriba en el Cielo,
Concededme sacrificios en la Tierra y ofrendas en el Amenti;
Libaciones en los Campos de la Paz.
Vosotros Espíritus que alimentáis a Ra,
Asignadme sacrificios en la Tierra.

216. Papiro Mut-Hotep. El texto está muy incompleto y mutilado.

Vosotros que adoráis a los dioses, grandes y pequeños,
Dadme vasos sacrificatorios en la Tierra
Y ofrendas en el Amenti.
¡Oh Espíritus que idolatráis a los dioses en sus santuarios!
Dadme perpetuos sacrificios en la Tierra,
Cuando aparezca el Hijo
Ante el Pilón misterioso de los dioses,
En medio de su santuario celeste.
Que me sean dados vasos para el sacrificio
Con el fin de que mi cadáver siga su vida
En el Mundo Inferior.
¡Oh vosotros, dioses y diosas que váis detrás de Osiris!
Haced que pueda permanecer detrás de vuestros misteriosos Pilones,
Mediante sacrificios en la Tierra.
Observad cómo se regocijan
Al ver parar ante ellos el Alma del Hijo,
Cual Osiris, su Padre,
Mientras esta Alma recibe su parte de donaciones
Y que durante el día y durante la noche,
Toma posesión de las hermosas ofrendas, en la Tierra...
Mira cómo los mismos dioses me traen dones
Y cómo el Alma del Hijo se aproxima al altar,
Ella, el Alma de un dios,
Que realiza sus Metamorfosis
En el seno de Osiris.

• • •

Conjuro CLXIX

PARA LEVANTAR EL LECHO FUNERARIO DEL DIFUNTO

¡Verdaderamente tú eres el dios León!
¡Tú eres el dios de la doble cabeza de León!
¡Tú eres Horus, el vengador de Osiris, tu Padre!
¡En tu sola persona, tú eres los cuatro dioses gloriosos!

Todos te reciben con alegría y gozo.
(Te sostienen a derecha e izquierda.)
Aquí tenéis al dios Keb que abre tus ojos.
(Que hasta hoy estaban igual que los ojos de un ciego.)
Keb hace que tú estires las piernas...
He aquí que el corazón "ib" de tu madre se une a tu sustancia,
Del mismo modo como tu Corazón "hati".
En el Cielo está tu Alma; tu Cuerpo está inmóvil, bajo tierra.
Aquí tenéis ofrendas para tus entrañas y agua para tu boca;
Y agradables brisas para tu nariz...
Tú llevas la paz a las moradas de los muertos.
Recorriéndolas, abres sus tumbas.
Tú posees estabilidad gracias a la virtud de tus emanaciones.
He aquí que te elevas hacia el Cielo y que atas tu cuerda cerca del Trono de Ra.
Tus redes son lanzadas en los torrentes de los que beben las aguas.
Tú te vales de tus piernas y andas con movimientos seguros.
Tú emerges hasta la superficie de la Tierra; Pero no necesitas entrar bajó las murallas de tu Ciudad,
Ni tampoco derribarlas.
Verdaderamente, lo que ha sido hecho por ti
Es el mismo dios de la Ciudad el que lo ha realizado.
¡Tú eres puro! ¡Tú eres puro! Te han lavado la parte delantera de tu Cuerpo con agua de manantial.
Perfumada con incienso y purificada con salitre tienes tu espalda.
Todo tu cuerpo ha sido lavado con leche de vaca Hap,
Con cerveza de la diosa Tennmit y con salitre.
Ha sido borrado todo el Mal que tenias.
Tefnut, la hija de Ra, ha hecho contigo un buen trabajo,
De la misma manera que lo hubiera hecho con Ra, su Padre divino.
El Valle funerario, en donde ha sido enterrado Osiris, tu Padre,
Ha sido ordenado por ella para ti.
Yo me alimento con cosas sabrosas
Que pertenecen a Ra y a Keb,
A saber trigo y las cuatro clases de pan.
Aquí véis cómo te llevo hacia los Campos de Paz...
Las ofrendas sepulcrales están ante ti.
En virtud de que eres Ra, te lanzas y tus piernas te obedecen...

Tú no serás condenado cuanto te juzguen.
Tus movimientos no serán impedidos;
No serás aprisionado.
No te dejarán librado a los demonios crueles que trabajan en las Cámaras de Tortura.
La arena no se amontonará frente a ti.
No se controlará el uso que haces de tus ofrendas.
No serás obligado a retroceder.
Los guardianes no te impedirán que tú partas...
Te darán una camisa, sandalias, un bastón,
Otros vestidos y varias armas de combate
Para que seas capaz de cortar la cabeza de los enemigos capturados
Y echar su nuca hacia atrás.
Tú mantendrás lejos de ti a la muerte,
De modo que no se te pueda aproximar.

He aquí que la Gran Divinidad habla con respecto a ti:

"Que el día de los acontecimiento seas traído hasta aquí."
El Halcón y el Ganso "Smen"
Se regocijarán con tu llegada
Y Ra abrirá de par en par las Puertas del Cielo.
Keb abre la Puerta terrestre para ti.
Tu Espíritu es poderoso; guarda en su memoria los Nombres ocultos.
Tu Alma se abre camino a la fuerza a través del Amenti;
Tu Glorioso Cuerpo descansa en el seno del divino Ra,
En medio de las jerarquías celestiales,
En el lugar donde se cruzan los dos Senderos
Que recorren los Espíritus-Guardianes que velan por la Humanidad.
Eres conducido por el dios-León hacia los sitios donde tu Doble etérico
Podrá reposar en paz, sin temer a ningún ataque o emboscada.
Las dos Tierras y sus Habitantes se abren para ti,
A fin de que puedas vivir y tu Alma pueda prosperar;
Para que tu Cuerpo, embalsamado e incorrupto, pueda pasar a la Eternidad;
Para que puedas contemplar el fuego y respirar el Aire fresco;
Para que puedas entrar, de frente,
En la región de las Tinieblas;

Seas protegido contra las adversidades que reinan en los amenazadores desfiladeros;
Que no seas arrastrado por los torbellinos nefastos;
Para que seas capaz de seguir al Príncipe divino de las dos Tierras,
Revitalizarte en las ramas de los Árboles sagrados
Que se encuentran a los dos lados del Trono del Gran Mago.
Aquí ves delante de ti a la diosa Seshetet,
Mientras que la diosa Sa[217] cuida tus miembros.
Tomas leche de la Vaca Sagrada que sigue a Sekhat-Herú.[218]
Tú haces tus abluciones en donde desemboca el torrente Kher-Aha;
Tú eres a quien los príncipes Pe y Dep aprecian más;
La mirada que Thoth te dirige tiene gran benevolencia...
Conversas con Ra al entrar al Cielo.
Después emprendes tu camino...
Llegas muy pronto ante la morada de Anit
Y hablas con los dos Combatientes.
Te sientes alegre porque tu Doble etérico te acompaña.
Tu Corazón te sigue en tus Metamorfosis.
Atentamente te escucha. Te cuida.
Las Jerarquías celestiales llenan de gozo tu corazón.
Sobre el Altar de la regente de las dos Tierras,
En la ciudad de Sekhen y también en las ciudades de Akennú y de Heliópolis,
Te están esperando las cuatro ofrendas sepulcrales.
Por ti velan, durante la noche, los espíritus estelares;
Por ti interceden los Señores de Heliópolis...
En tu boca está el dios del Néctar divino, el propio Hu.
Tus piernas no serán obligadas a retroceder en su Viaje.
Todos los miembros de tu Cuerpo gozan de vida.
Llegas a Abydos y te apoderas de SMA.
Hacia ti son llevadas las ofrendas sepulcrales,
Al mismo tiempo que también te son ofrecidos dones con motivo de la fiesta de Osiris.
Con adornos de púrpura y oro
Te vistes durante la celebración de los Misterios.

217. Sa y Sesheta: divinidades que presidían la Sabiduría y el Saber sagrados.
218. Sekhat-Herú, una diosa en forma de vaca celestial, identificada con Isis o con Hator.

Sobre tu Cuerpo se vierten las aguas del Nilo.
Tu Nombre se inscribe en las Tablas misteriosas
Que están ubicadas a ambos lados del lago Tes-tes.
Tú bebes a grandes tragos este agua lustral.
Tus divinidades protectoras son elegidas por ti
Y con ellas entras en compañía en el Cielo.
Allí consigues que la Ordenación divina triunfe.
Amado del corazón de Ra[219]
Eres llevado ante las Jerarquías celestiales;
Que te reciben como a un dios, su igual...
Verdaderamente, tú eres Kharsa, el hermano de Ersa.
Aquí tenéis a Ptah en persona que trae ofrendas sepulcrales...

• • •

Conjuro CLXX

PARA PREPARAR EL LECHO FUNERARIO

He aquí que te doy de vuelta tu carne y consolido tus huesos.
Tus miembros desparramados yo los recojo con mucho cuidado.
Ahora puedes ejercer tus poderes en la Tierra;
Bien custodiados están los miembros de tu Cuerpo.
Verdaderamente, tú eres el mismo Horus
Resplandeciente en el centro del Huevo Cósmico.
Contemplas a los dioses que están alrededor de ti
En seguida partes rumbo a lejanos viajes;
Y he aquí que tu mano consigue lo que tú deseas:
El Horizonte del Cielo y los Lugares Sagrados.
Con gritos de alegría eres recibido y saludado.
Cuando llegas al Altar se oyen resonar los himnos.
Horus mismo te pone de pie[220]

---

219. Ra (el Sol) es el príncipe del Orden Cósmico, opuesto a la Anarquía y al Caos desencadenado por las Fuerzas del Mal.

220. La posición vertical del cadáver simboliza la vuelta a la vida, la resurrección; la intersección de los dos sentidos (vertical y horizontal) constituye el símbolo de la cruz.

Del mismo modo que había hecho con los santificados.
¡Salve! Anubis, el gran Solitario de las Colinas de Occidente,
Te pone de pie...
Él te da de nuevo vigor
Y coloca en orden las vendilas mortuorias.
Ptah-Sokari te trae los ornamentos de su templo.
¡Aquí tenéis a Thoth! en sus manos lleva el Libro de las Palabras divinas,
Se dirige hacia ti...
Gracias a él y gracias a tu Doble
Tu mano consigue alcanzar el Horizonte del Cielo...
Osiris hace reinar la Noche Mientras tú entras en la Región de la Vida.
En tu frente se fija una diadema centelleante de blancura.
Eres acompañado por el dios Nernú;
Te obsequia pájaros encantadores.
He aquí que tu Cuerpo se acomoda sobre tu lecho de muerte
¡Y es Ra, navegando en su Barca, sobre el Horizonte oculto,
Quien te pone de pie,
Mientras Tum, el padre de los dioses, te restablece para siempre.
Los dioses Amsú, Kebti y los otros dioses
Te glorifican en sus santuarios.
Tú avanzas en paz; y es en paz que te diriges
Hacia la Mansión de la Eternidad,
Hacia tu morada del Tiempo sin Límites.
Los Espíritus de Pe y de Dep te reciben con alegría...
Los coros de los Espíritus ensalzan tu poder,
Frente al Santuario tan grato a tu Doble etérico,
En la santa Mansión que moras...
Los dioses te reciben con los brazos abiertos;
Ya que tú has llegado a ser un dios
Creado para hacer un sin número de Metamorfosis.
Verdaderamente, tú eres una gran divinidad
Y tu fulgor ilumina las Almas desgraciadas...
Tú eres el que tienes más poder
De todos los otros Espíritus de esta Región.
Aquí tienes cómo Ptah, de la Muralla del Sur, eleva su voz...
Sus alabanzas hacia ti son grandes
Y hace que tu morada se acerque a la Morada de los dioses;
Verdaderamente, tú eres Horus en persona, el hijo de los dioses;

Nut quien te ha traído al Mundo.
Tú, un Ser de Luz,
Parecido a Ra cuando aparece en el Horizonte
Osiris es quien te ha engendrado,
Ptah es quien te ha dado forma,
Nut quien te ha traído al Mundo.
Tú, un Ser de Luz, Parecido a Ra cuando aparece en el Horizonte
Y cuyo esplendor ilumina las Dos Tierras.
Los dioses te hablan. Dicen:
"Acércate, pues, y observa todo lo que es tuyo
en tu Mansión de la Eternidad!"
Aquí está la diosa Rennutt[221], Heredera y Primogénita de Tum.
Ella te recomienda a las jerarquías del Cielo...
Verdaderamente, ¡Yo soy el Heredero de los dioses!
¡Yo soy semejante al Gran Dios que hace brotar la Luz del Día!
He aquí que surjo de las.Entrañas del Cielo,
Y que vuelvo al Mundo por segunda vez...
Soy nuevamente un niño pequeño, recién nacido, sin padre...
Nadie podrá oponerse, el momento ha llegado,
A que yo responda a las cuestiones que me hayan propuesto...

• • •

Conjuro CLXXI

PARA FIJAR AL CADÁVER UNA "VESTIDURA DE PUREZA"

¡Yo os invoco, oh dioses!
Tum, Shu, Tefnut, Keb, Nut,
Osiris e Isis, Seth, Neftis,
Heru-Kuit, Hathor, Khepra,
Menthú, Señor de Tebas,
Arnón,Señor de las Coronas de los dos Egiptos.
La gran jerarquía de los dioses,
La pequeña jerarquía de los dioses,

221. Rennut (o Rennit): diosa-nodriza.

Vosotros, dioses y diosas
Que habitáis en el Océano celeste;
Tú Sebek, el de las dos Mehdet;
Sebek, el de los Nombres innombrables[222]
Que te son dados según el sitio en donde tu Doble le place estar,
Y vosotros ¡oh dioses del Cielo y de la Tierra,
Del Norte y del Sur! Dad a mi Espíritu santificado esta Vestidura de pureza!
¡Haced que me sea dado el vigor y la fuerza
Gracias a los poderes mágicos de esa
Vestidura de pureza!
¡Aniquilad el Mal que apresa mi Alma!
¡Con el fin de que sea reconocido como puro y casto
Cuando llegue el día del juicio!
Destruid, ¡oh dioses! el mal que se apodera de mi persona!

• • •

Conjuro CLXXII

LOS HIMNOS PARA RECITAR

Aquí estoy respirando hondo.., y sintiendo flotar en el aire
Toda clase de inciensos,
Verdaderamente, ¡soy puro!
¡Son puros los himnos que cantan mis labios!
Son aún más puros que la diosa Maat;
Más puros aún que los peces en el río...
Ptah se dirige a mí como su Espíritu favorito;
Lo mismo hacen los otros dioses y diosas.
Verdaderamente, mis virtudes y mis perfecciones
Son tan numerosas como las olas del mar.
Son iguales a palacios
En los que en cada uno rinde homenaje a su dios preferido.
Mis perfecciones son como grandes pilares del templo de Ptah,
Igual que un amplio sitio colmado de incienso de Ra.

222. Sebek: dios con cabeza de cocodrilo.

I

¡Te están llamando! ¿Oyes?
¡Aquí tienes la primera Sala!
¿Oyes los llantos en torno de ti?
¿Oyes cómo te alaban, cómo exaltan tus virtudes?
Bien plantado, derecho, ¡oh Horus!
¡Eres, verdaderamente, fuerte y arrogante!
Al igual que tú, yo he sido enderezado
Después de las ceremonias en mi honor...
Ptah ha aniquilado a tus enemigos;
Hechos prisioneros obedecen tus órdenes.
Estás de pie y tu palabra es una ley para ellos,
Como también para la gran cantidad de dioses y diosas.

II

¡Te están llamando! ¿Oyes?
¡Aquí tienes la segunda Sala!
¡Oh señor! Tu cabeza
De la que penden largas trenzas de mujer asiática,
Navega en la Barca;
Y toda la Morada del dios de la Luna
Está iluminada por el brillo de tu Rostro.
La parte superior de tu Cuerpo es azul como el lapislázuli,
Los bucles de tu cabellera son más negros aún
Que las Puertas de la Mansión de los Muertos.
Tu Corona adornada con piedras azules se halla iluminada por los rayos de Ra,
Tus vestidos de oro se hallan adornados con laspislázuli.
Tus cejas se asemejan a dos diosas hermanas
Donde las serpientes sagradas dominan la cabellera.
Tu nariz respira el Aire del Cielo.
Tus ojos inmóviles, están fijos en las montañas de Bakhau
Que se pierden en el Más Allá.
Tus pestañas están inmoviles para toda una Eternidad.
El párpado superior está hecho de lapislázuli.
Tu ojo, en verdad, es una ofrenda sepulcral.

Tu párpado inferior está sombreado con tinte "mestem".
Tus dos labios dicen siempre la Verdad, hija de Ra;
Ella apacigua la ira de los dioses.
Tus dientes son como cabezas de la diosa-serpiente Mehén.
De aquí que tu lengua se hace. hábil e inteligible.
Tu forma de hablar es más penetrante que lo que lo es al alba.
El canto de los pájaros de los campos.
Tus mandíbulas se pierden en el infinito
Y llegan a los Espacios Estrellados.
Tu pecho se queda inmóvil;
Después se dirige hacia el Mundo del Amenti...[223]

III

¡Te están llamando! ¿Oyes?
¡Aquí tienes la tercera Sala!
Tu cuello es adornado con oro y cobre fino.
De Anubis depende tu garganta
Y tus vértebras de la diosa Uadjit.
A tu espalda la adornan oro y cobre fino.
Tu forma humana está gobernada por Neftis.
Tu rostro se asemeja al Nilo sin aguas.[224]
Las dos mitades de tu espalda son dos huevos de cristal.
Tus dos piernas son lo suficientemente fuertes como para caminar.
Ocupas tu lugar.
He aquí que ¡os dioses te permiten el uso de tus ojos.

IV

...¡Te están llamando! ¿Oyes?
¡Aquí tienes la cuarta Sala!
Verdaderamente, tu garganta es la de Anubis
Y tus miembros están cubiertos por una capa de oro fino.
Tus dos senos son un par de huevos de cristal que Horus ha pintado de azul de lapislázuli.
Tus hombros son traslúcidos como el cristal;

223. Una visión realista de las Transformaciones del ser humano en el otro mundo.
224. O sea, el dios Nilo manifestando sin los velos de agua que lo ocultan.

Tus brazos están fuertemente fijados para que tú puedas defenderte;
Tu Corazón "ib" está siempre colmado de satisfacción;
Tu Corazón "hati" está animado por las dos divinidades Sekhem.[225]
Toda tu persona glorifica a los espíritus estelares.
Pues, verdaderamente, el Mundo Inferior de tu Ser
Es el mismo Cielo infinito.[226]
El Reino de los Muertos[227], donde la Luz de las Tinieblas está siempre equilibrada,
Ese es tu ombligo.
(Las ofrendas que aquí deben hacerse son las flores Ankham.)
Thoth, el dios a quien venero, es glorificado por mí:
"Que tus bellezas bienhechoras puedan guardar mi tumba
En el momento en que, en los sitios puros y santos, tan queridos por mí,
Yo sea proclamado dios."

V

...¡Te están llamando! ¿Oyes?
¡Aquí tienes la quinta Sala!
Tus brazos se asemejan a estanques
Durante la época de las inundaciones abundantes...
Observa, ¡qué cantidad de estatuas del Amo de las Aguas Adornan los estanques sagrados!
¡Mira! Tus dos caderas están rodeadas de oro;
Tus rodillas son como plantas acuáticas
Que abrigan bajo sus hojas a una gran cantidad de nidos de pájaros.
Eres conducido por tus piernas hacia la Vía de la Felicidad
Y tus pies son estables para siempre...
Verdaderamente tus brazos son como estanques bordeados de piedras;
Tus dedos son como lingotes de oro;
Y tus uñas se asemejan a pedazos de sílex, ¡Para ti trabajan!

---

225. Sekhem: el poder (mágico) de la voluntad.
226. Es decir, los órganos de nuestro cuerpo, disimulados de las miradas, son de la misma naturaleza que los planetas que gobiernan el mundo.
227. El Duat ocupaba el centro del mundo, como el ombligo, el centro del cuerpo.

VI

¡Te están llamando! ¿Oyes?
¡Aquí tienes la sexta Sala!
Aquí te adornan con tus Vestidos de Pureza;
Te acuestan sobre tu lecho de muerte;
Te traen miembros de animales para tu Doble
Y sus corazones para tu Cuerpo Glorioso...
Aquí véis cómo recibes tus vestidos de lino puro
De manos de los sacerdotes de Ra. Comes el Pan sobre un mantel
Que la diosa Tait ha preparado para ti.
Luego de haber comido la pata de un animal
Te diriges hacia la Herencia que Ra te concede.
Tus pies deben ser lavados en una aljofaina de plata
Que el dios Sokari ha fabricado para ti;
Comes el pan que ha sido consagrado en el altar
Y bendecido por los dos Padres divinos;
Comen el pan y los asados con precaución;
Te deleitas con el dulce perfume de las flores;
Tu corazón va hacia el altar
En donde se hallan las ofrendas
Destinadas a las Almas divinas de Heliópolis.
Tus servidores te las ofrecen y las colocan,
Ante ti, en el Gran Templo,
Según tus órdenes.
Semejante a Orión, te levantas,
Y mientras Nut extiende sus brazos hacia ti,
Tú te diriges a su encuentro.
Orión, hijo de Ra, y Nut la Madre de los dioses,
Hablan de ti esas dos divinidades del Cielo,
Diciéndose mutuamente: “Levantémosle en brazos, hoy, tú y yo,
Mientras los dioses le glorifican,
Y hagámosle dichoso todo el tiempo
Que su Nombre esté en boca de jóvenes y muchachas.”
En la puerta de tu oculta morada, de pie, tu oyes estas palabras...

VII

¡Te están llamando! ¿Oyes?
¡Aquí tienes la séptima Sala!
Aquí tienes el dios Anubis
Que te trae tu mortaja y que te ama.
Te recibe entre los Grandes Videntes y te cubre con adornos,
El, Guardián de la Gran Divinidad...
Tú vas hacia el Lago de la Perfección
Y allí te purificas.
Cumples con los ritos de los sacrificios en las moradas celestes.
Te concilias las gracias del Señor de Heliópolis.
Te presentan, en dos hermosos vasos,
La Leche Sagrada y el Agua de Ra.
Ahora te elevan y te colocan derecho.
Tú te lavas los pies sobre una piedra sagrada,
A la orilla del Lago de los Dioses.
Terminado esto, otra vez emprendes tu Viaje.
Miras a Ra sentado sobre sus Pilares.
Como brazos tendidos, sostiene el Cielo infinito.
Ante ti se abre un camino...
Y tú contemplas los grandes horizontes del Cielo
Donde reina la Pureza tan grata a tu corazón.

VIII

¡Te están llamando! ¿Oyes?
¡Aquí esta la octava Sala!
Tus ofrendas están ordenadas ante Ra.
Siguiendo los decretos de Horus y de Thoth,
Allá abajo conocerás el principio y el fin...
¡Te están llamando!
La visión de tu esplendor les regocija;
Siguen atentamente los progresos de tu divinidad
Entre los Espíritus de Heliópolis.
Tú caminas con los rasgos de tu Cuerpo Glorioso
Y transitas el Gran Camino del Cielo.
Recibes en tus brazos bien tendidos

Las ofrendas sepulcrales de tu Padre divino.
Te ofrecen lino fino para que uses todos los días,
Mientras tú, en tu calidad de dios nuevo,
Franqueas el Portal del Gran Templo.

IX

¡Te están llamando! ¿Oyes?
¡Aquí tienes la novena Sala!
Encuentro aquí aire puro para las ventanas de mi nariz,
Cincuenta cestas con bellas y puras ofrendas
Y mil ánsares...
Tus enemigos, en verdad,
Fueron derrotados para toda la Eternidad que vendrá...

• • •

Conjuro CLXXIII

PALABRAS DE HORUS A SU PADRE DIVINO, OSIRIS, EN EL MOMENTO EN QUE ENTRA A SU CASA EN LA MORADA DEL MUNDO INFERIOR[228]

¡Salve, oh Osiris, Príncipe del Amenti,
Gran divinidad, Señor de Abydos,
Rey de la Eternidad, Príncipe de la Duración,
Dios misterioso del Re-stau!
¡Estoy aquí!
¡Señor de los dioses, el único, sé glorificado,
Tú, viviendo por la Verdad de la Palabra!
Heme aquí que llego ante ti...
¡Yo, tu hijo Horus
Que llego para vengarte!
Yo traigo a la diosa de la Verdad y de la Justicia
Hasta los lugares donde
Tú reinas Rodeado de las jerarquías divinas...

228. Aquí el difunto se identifica con Horus.

He vencido a tus enemigos;
¡Que me sea posible, por lo tanto, estar a tu lado! Pues he consolidado y sostenido a todos los que
En la Tierra participan de tu Ser.

1... ¡Oh Osiris! Yo soy tu hijo Horus,
¡He llegado para vengarte, ¡oh mi Padre, Osiris!
2... ¡Oh Osiris! Yo soy tu hijo Horus,
¡He venido para rechazar a tus enemigos!
3... ¡Oh Osiris! Yo soy tu hijo Horus,
¡Estoy aquí para destruir al Mal que se adhiere a tu persona!
4... ¡Oh Osiris! Yo soy tu hijo Horus,
¡Estoy aquí para derrotar a quienes te atacan!
5... ¡Oh Osiris! Yo soy tu hijo Horus,
¡Estoy aquí para golpear a los demonios que te asaltan!
6... ¡Oh Osiris! Yo soy tu hijo Horus,
¡A los demonios de Seth los traigo encadenados![229]
7... ¡Oh Osiris! Yo soy tu hijo Horus,
¡He combatido a quienes te eran hostiles!
8... ¡Oh Osiris! Yo soy tu hijo Horus,
¡Te he traido las ofrendas del Norte y del Sur!
9... ¡Oh Osiris! Yo soy tu hijo Horus,
Para tí he labrado los campos...
10... Por ti he llenado de agua los canales...
11... Para ti he trabajado con la azada...
12... Para ti he construido las cisternas...
13... Para ti he vigilado los campos...
14... Los demonios que he matado,
Oh Osiris, te llevarán ofrendas sepulcrales...
15... Para ti he abatido bueyes y cabras...
16... Para ti he conseguido alimentos...
17... Yo he traido para ti...
18... Yo he abatido para ti...[230]
19... Para ti he matado animales castrados...
20... Para ti he llenado las redes con pájaros...

229. Cada una de las invocaciones, de la 7 a la 40 comienzan con las palabras: "¡Oh Osiris! Yo soy tu hijo Horus..."
230. Una laguna en el texto.

21... Yo he traido a tus enemigos encadenados...
22... Yo he traido a tus enemigos atados...
23.. Yo he traido agua fresca de Elefantina
Para que refresque tu corazón...
24... Yo he traido plantas de todas clases...
25... Yo he consolidado el Corazón de quienes
en la Tierra comulgan contigo...
26... Yo he preparado para ti, con trigo rojo,
panes consagrados hechos en la ciudad de Pe...
27... Yo he preparado para ti bebidas fermentadas
Obtenidas del trigo blanco en la ciudad de Pe...
28... Yo he sembrado para ti trigo y cebada
en los Campos de los Bienaventurados...
29... Yo he realizado para ti la recolección de los campos...
30... Yo he glorificado tu Nombre...
31... Yo te he devuelto tus Almas...
32... Yo te he devuelto tu Poder...
33-34... Yo te he dado ... [231]
35... Yo te he devuelto tu potencia de Terror...
36... Yo te he devuelto tu potencia de Victoria...
37... Yo te he traído tus dos ojos y las dos plumas
para que adornen tu cabeza...
38... Yo te he traido a Isis y Neftis
Que te restituirán tu poder...
39... Yo he llenado con líquido mágico
El Ojo divino de Horus...
40... Yo he traído el Ojo divino de Horus
Para que tu Rostro ilumine los mundos...

231. Otra laguna.

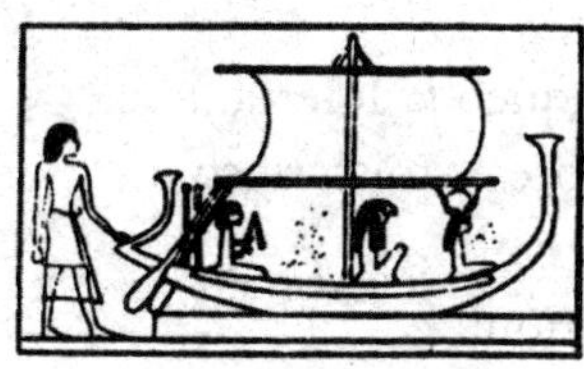

Conjuro CLXXIV

PARA HACER FRANQUEAR LA GRAN PUERTA AL ESPÍRITU SANTIFICADO

¡Oh Osiris! Yo soy tu hijo Horus y satisfago tus necesidades.
¡Los poderosos tiemblan en verdad,
Cuando sales del Duat con el gran cuchillo en la mano!
¡Salve, oh dios Saa, hijo de Keb,
Venido al Mundo por las Jerarquías divinas!
¡Aquí está Horus, que mora en su Ojo divino!
¡He aquí, en medio de sus emanaciones, a Tum!
Los dioses del Este y del Oeste descansan en el seno de este gran Ser
De innumerables Metamorfosis...
En el momento en que nací, en verdad, en el Mundo del Más Allá
Nació una nueva divinidad: ¡era yo!
Ahora, puedo ver con mis ojos...
Observo alrededor de mí; existo.
Mi vista es clara y penetrante.
De pie, vuelvo a tornar el hilo interrumpido de mi vida...
Cumplo con lo que me fue ordenado por los dioses
Pues la torpeza y la somnolencia me aterran.
Estoy de pie en Nedet;
Mis ofrendas me las traen de Pe
Y yo las recibo en Heliópolis.
En verdad ha cumplido
Con lo que le fue ordenado por su Padre;
Y Seth, el Señor de las Tempestades, le enderezó hasta ponerlo de pie.
Yo también te he enderezado y te he puesto de pie,
A través de la Palabra mágica de Tum.
Avanzo y mis piernas no rehusan obedecerme;
¡Las Jerarquías celestes me han engendrado!
Fui concebido por la diosa Sekhmet
Y traído al Mundo por ella al lado de Sirio,
El gran espíritu estelar
Que muestra cada día a la Barca de Ra el camino,
Atravesando el Cielo a grandes pasos.

Versión poética de A. Laurent

Heme aquí que llego a mi sitio predestinado;
En la cabeza llevo la doble corona real y franqueo la Puerta...
Tú, oh dios de la Doble Pluma y cuyo Nombre es misterioso,
Entérate: ¡yo soy el Loto Sagrado!
¡El Cielo infinito está invadido por mi radiación!
Me recibe en su seno el Reino de la Pureza
Y en él permanezco para siempre
Al lado de las ventanas de la nariz de la divinidad todopoderosa
Porque yo he permanecido ya en el Lago de Fuego
Y recibí allí mi retribución
Por el Mal que causé en la Tierra.
Protejo a Isis y a Neftis
Durante la Noche del Derrumbamiento de los Mundos
Siendo el Guardián de la Vestidura Sagrada...
Heme aquí coronado dios Nefer-Tum,[232]
Porque soy la Azucena sagrada al lado de las ventanas de la nariz de Ra,
Cuando, como es costumbre,
Surge en el Horizonte.
Su mirada purifica a los dioses...
Heme aquí que festejo mis triunfos
En presencia de los Dobles etéricos...
En torno de mí, yo reuno los corazones
Gracias a mi sabiduría;
Yo, que soy favorito de los dioses Saa y Amenti-Ra.
Voy hacia el sitio preparado para mí
Cerca de los Dobles etéricos.
Reúno a mi alrededor a los corazones,
Gracias a mi gran sabiduría, en el seno de los dioses Saa y Amenti-Ra;
Mi talismán Djed me da su protección.
Yo pronuncio entonces las Palabras de Potencia que guardo en mi corazón
En Nombre del Señor de la Vestidura Ansi...
Yo soy, en verdad, yo mismo, ¡el dios de la sabiduría, Saa!
¡Yo soy Amenti-Ra! ¡Con fuerza entro
Y me zambullo en los abismos del Cielo!...

232. El dios Nefer-Tum, divinidad solar de Menfis, era hijo de Ptah y de Sekmet.

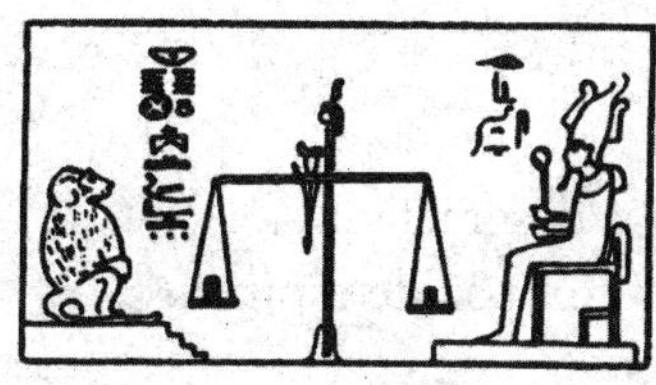

Conjuro CLXXV

PARA NO MORIR POR SEGUNDA VEZ

- ¡Oh Thoth!
Respóndeme, ¿qué sucedió con
Los dioses que Nut dio vida en otro tiempo?
Escucho la voz de Thoth que dice:
"Han engendrado guerras, desencadenado desastres,
Cometido calamidades, creado demonios,
Hecho estragos y destrucciones;
Pero también, al lado de estas Obras del Mal,
Realizaron grandes cosas".

- ¡Haz cumplir, oh Thoth, los decretos de Tum,
Para que no triunfe el Mal
Y los enemigos del Bien no continuen sus asaltos!

¡Oh Thoth! ¿no ves como en este mismo instante
Actúan silenciosamente y hacen sus preparativos
Contra la bella Ordenación de los Años y de los Meses?

¡Observa! ¡Yo continúo tu fiel Tableta, oh Thoth,
Y estoy dispuesto a recibir la marca de tu Pincel!
Y héme aquí que traigo tu Tintero...
Yo no soy, en verdad, uno de esos Espíritus
Que preparan a escondidas la Obra del Mal.
Que no sea hacia mí dirigido el castigo!
¡Oh Tum! ¿A qué lugar llego ahora? [233]
¡Ay! ¡No encuentro aire puro para respirar,
Y no hay agua!
No percibo por ningún lado, ni tampoco se adivina en las tinieblas,
Otra cosa sino abismos y precipicios...
¡Qué oscuridad impenetrable!

---

233. El pasaje siguiente no tiene coherencia con el resto del conjuro. Es, probablemente, de fecha posterior y presenta una imagen sombría del Más Allá. Contrasta en forma notoria con el tono "optimista" del *Libro*.

Mis pasos exploran con titubeos el camino
Y avanzo a tientas;
Alrededor de mi se siente pensar a las Almas desgraciadas...
Es imposible, en verdad, vivir en este lugar con paz de espíritu
Ni conocer las voluptuosidades del amor.
¡Ojalá encuentre,
A falta de aire y de agua, y a falta de los placeres del amor,
La santificación de mi espíritu!
¡Y también, a falta de panes sepulcrales y de vino,
La paz para mi Espíritu!
Héme aquí que recibo una orden de Tum:
Debo mirar, inmóvil, tu rostro, ¡oh Thoth!
¡No seas, entonces ni muy duro ni muy cruel conmigo!
Observa, por incontables años por venir,
Todos los dioses ponen en tus manos sus tronos,
Para que tú, oh Thoth! dispongas de ellos,
Y tu propio trono sea entregado a tu Hijo Horus.
Porque las grandes divinidades enviaron a Horus
Para que tome posesión de su Trono,
A él, Heredero del Trono
Que vive en medio del LagodeI Doble Fuego.
Entonces, fue decretado por los dioses Que yo reemplace a Horus
Y así me será concedido el contemplar a Tum, mi Señor...
¿Cuál será, entonces, la duración de mi vida?
Ha sido ordenado que viviré incontables años.
Héme aquí que recibo la orden
De permanecer al lado de las más antiguas divinidades...
Porque yo rescaté el Mal realizado por mí
Desde que esta Tierra apareció
Junto con el Alba de la existencia, en el Océano del Cielo,
Surgiendo del Caos de los Primeros Tiempos...
Yo tengo, en verdad, la misma edad de Osiris...
Muchas han sido mis Metamorfosis:
Yo recorrí toda la serie de los Seres variados.
Los hombres no conocen la belleza de estas Formas;
Y los dioses apenas las conocen.
Entonces, esta belleza que es mía, bajo la forma de Osiris,
Es más perfecta que la de los otros dioses.

Osiris me confió la Región de los Muertos...
Su hijo Horus, su Heredero legítimo,
Está sentado en el Trono que surge del Lago de Fuego.
En otro tiempo yo ayudé a este dios a elevarse en su Trono,
En la Barca de los Incontables de Años...
Horus está sólidamente establecido en su Trono,
Rodeado de los amigos que ama y de innumerables posesiones;
Mientras que el Alma de Seth sigue alejada de los otros dioses.
Héme aquí que yo soy capaz de dejar inmóvil en mi Barca
Esta Alma de Seth.
En verdad, viendo el aspecto de mi Cuerpo divino, ¡siente miedo!
¡Oh Osiris, Padre mío, haz por mí
Lo que tu propio Padre Ra, hizo por ti!
¡Que me sea posible establecerme en la Tierra para toda la Eternidad!
¡Que me sea posible mantener el Trono en mi poder!
¡Que mi heredero sea fuerte y sólido!
¡Que florezca mi tumba!
¡Que mis amigos tengan prosperidad!
¡Que mis enemigos sean amarrados, encadenados,
Destruidos por Serkit, la diosa-escorpión!
¡Yo soy en verdad tu hijo, oh Ra, mi Padre divino!
¡Creaste para mí la Vida, la Fuerza y la Salud!
He aquí que Horus ha sido establecido en su Trono...
Dadme, ¡oh Ra! la gracia para que los días de mi vida
Me conduzcan al seno de la Beatitud.

• • •

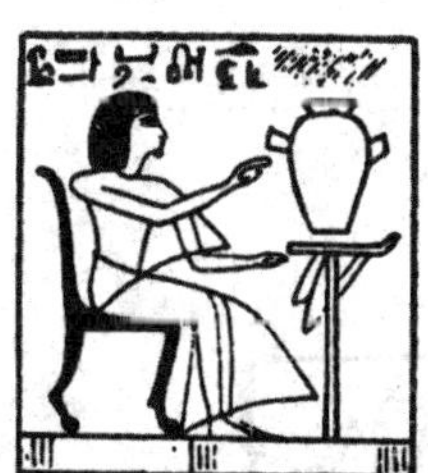

Conjuro CLXXVI

PARA NO MORIR POR SEGUNDA VEZ

¡Yo odio, en realidad, al País del Este!
¡Que no me lleven
Hacia los subterráneos de tortura!
Porque yo no cometí acciones aborrecidas por los dioses.

Y cuando atravesé la región de Mesket
Fui reconocido puro.
El día de mis funerales
El dios Beb-er-djer me concede la santificación
Frente al Señor de los Mundos.

• • •

Conjuro CLXXVII

PARA HACER REVIVIR EL ALMA EN EL MUNDO INFERIOR

¡Oh Nut! Tú que hiciste surgir a Osiris, mi Padre divino,
Y que le diste a Horus como sucesor,
Cuyas alas son poderosas
Igual a las de un halcón real con la cabeza empenachada con dos plumas,
¡Observa! Heme aquí que conduce mi Alma.
Mis Palabras de Potencia son perfectas.
El lugar que me fue asignado Está ubicado junto a las estrellas fijas.
Es así que siguiendo mis órdenes
Los Espíritus santificados corren hacia mí.
Viene a mi encuentro Horus, el de los ojos azules,
Seguido por Horus el de los ojos rojos,
Que camina detrás de él y le da su protección...
....[234]

234. El estado del texto del resto del conjuro CLXXVII no permite, debido a las lagunas y alteraciones de los copistas, una interpretación satisfactoria.

Conjuro CLXXVIII

PARA PONER DE PIE EL CADÁVER Y PARA DEVOLVER LA VISTA A LOS OJOS, EL OÍDO A LAS OREJAS

¡Observa!
Este que aparece delante de ti es el Ojo de Horus.
Tómalo como una ofrenda:
El te nutrirá, él te sostendrá...
Oh vosotros, campesinos de los Campos del Más allá,
¡No os desaniméis!
¡Purificad vuestros Cuerpos celestiales!
¡Absorbed el Ojo de Horus!
Porque, es él, en verdad,
¡La Aceituna Sagrada de Heliópolis!
El destruye el Mal y la Corrupción
Del Cuerpo de Osiris.
¡Que me sea posible ignorar el hambre y la sed!
¡Que calmen mis sufrimientos y mi hambre los Espíritus Kas!
¡Que mi corazón encuentre la calma y la satisfacción!
¡Y vosotros, Espíritus divinos, que ordenáis las inundaciones,
Haced que me sean traídos panes y bebidas!
Porque Ra le había dado orden a los Espíritus
De que procuren al año la abundancia,
Y es así que se adueñan de las ofrendas
Y que traen trigo, cebada y panes.
Porque Ra es un Macho poderoso...
¡Oh vosotros, Guardianes de los cinco Panes Sagrados
Depositados en el Santuario del Gran Templo!
¡Observad!
Delante de Ra, en el Cielo, son colocados tres de estos panes ...[235]
Dos están en la Tierra, junto a las jerarquías divinas...
Héme aquí que cruzo las barreras del Cielo.
¡Yo te observo, Ra! ¡Yo te observo, Ra!
¡Oh Ra! ¡Dadme tus favores

235. Imagen-símbolo: la triada caracteriza al plan celeste (mental); el número dos (la "diada") a la Tierra.

En este día, fasto para mí!
Porque siguiendo las órdenes de Shu y de Isis,
No guardo sino sentimientos piadosos
Y me uno a ese dios fervorosamente.
Heme aquí que me traen pan y bebida
Y demás ofrendas puras a voluntad,
Cosas buenas y útiles para mis Viajes,
En este día, fasto para mí,
Salidas del Ojo divino de Horus...
¡Que mi bebida sea el vino de Ra!
Es así que recorre el Cielo...
Sus revoluciones celestes son como las de Thoth...
¡El odia, en verdad, el hambre y la sed!
Le fueron concedidas las ofrendas sepulcrales
Por el Señor de la Eternidad.
Durante la Noche fue concebido;
En pleno Día fue traído al mundo,
En medio de todos los dioses que rodean a Ra,
Adoradores de Ra y Antepasados de los dioses.
Es así que él os trae panes sepulcrales
Que encontró en la Pupila del Ojo divino de Horus
Y en las ramas del árbol sagrado Then...
¡Aquí está! ¡Aquí llega!
Le traen ofrendas de Horus las divinidades KhentiAmenti.
Igual que Horus, se alimenta y bebe de ellas.
Tiene también el favor de Anubis, habitante solitario de las Colinas.
¡En verdad, tras la muerte, tu Forma
Permanece como la que tuviste en tu vida en la Tierra!
¡Tu juventud es ahora eterna!
He aquí que tu rostro es descubierto.
Puedes, ahora, contemplar al Señor del Horizonte,
Que en las horas apropiadas de la Noche te ofrece
Tus cenas sepulcrales...
En verdad, ¡Horus te ha vengado!
¡Rompió las mandíbulas de tus enemigos!
Hizo prisionero a los violentos en sus plazas fortificadas.
Entonces, tú tienes el poder sobre las aguas
Y avanzas hacia el altar

Llevando en tus brazos los panes consagrados
Y los cuatro vasos llenos de agua.
Pues es Shu quien lo ordenó para ti:
"¡Que tenga pan y bebida!..."
¡Despierta! ¡Despierta, oh tú que permaneces dormido!
Aquí te traen ofrendas ante Thoth,
Ese Dios poderoso que sale del Nilo celeste
Mientras Up-uaut[236] sale del Asert
Y las jerarquías divinas te ofrecen el incienso...
¡En verdad, tu boca es pura!
¡Tu lengua es justa y verdadera!
Tú odias las inmundicias y estás libre de toda mancha,
Igual que Seth se vuelve puro en Rehiú
Cuando mira a Thoth en el Cielo...
¡Oh vosotros, Espíritus divinos que dáis libertad al Alma del difunto,
Fortificadla con vuestro alimento!
¡Calmad su sed con vuestra bebida!
¡Que le sea posible ahí donde vosotros mismos estáis sentados!
¡Que se fortalezca de vuestra fuerza!
¡Que le sea posible, igual que a vosotros,
Recorrer el Cielo en su Barca!
¡Que en el medio de los Campos de los Bienaventurados encuentre su morada!
¡Que pueda gozar de las aguas corrientes de los Campos de la Paz!
¡Que pueda consumir, en compañía de los dioses, todas sus ofrendas!
Tus enemigos son llevados, en este momento,
A la vasta Sala del juicio;
La Balanza de la Justicia de los Mundos está a tu favor.
¡Sí, eres libre! ¡Libre como Osiris,
Amo de las ofrendas del Amenti!
Te diriges allí donde más te place.
Miras al gran dios durante su Obra de Creación...

Es así que la Vida es restituida a las ventanas de su nariz...
Él triunfa frente a sus enemigos
Sí, en verdad, ¡tú condenas la mentira y la iniquidad!
Tú apaciguas el enojo del dios de este mundo

236. Divinidad de cabeza de chacal, que "abre los caminos".

En la Noche en que se callan los llantos.
Y los dioses te conceden la vida,
Una vida dulce y placentera.
En compañía de las jerarquías divinas.
¡Observa! Su boca hace escuchar un decreto
Que te acuerda, por voluntad de Thoth,
Una vida dulce y placentera.
Tú triunfas frente a tus enemigos
Y, por encima tuyo,
Tu Madre, la diosa Nut,
Despliega la inmensidad en los Espacios celestiales...
Gracias a la magia poderosa de la Gran Creadora de los Seres
Tú puedes seguir al Dios Grande;
Tú fuiste liberado de los enemigos y del Mal... ¡Oh Forma inmensa
Que estás rodeada de enjambres de criaturas que han nacido de ti,
De ti, Amo del Tiempo que transcurre, Antecesor de Ra!,
¡Ábreme los caminos!
¡Permíteme recorrer la órbita circular de Osiris,
Señor de la Vida de las Dos Tierras!
El Eterno.

• • •

Conjuro CLXXIX

PARA IR DEL AYER HACIA EL HOY

El Ayer me ha provisto de Luz.
He aquí el Hoy, Yo he creado los Mañanas.
Yo soy el dios Seps que sale de su Árbol.
Yo soy el dios Nun que manifiesta su poder.
Yo soy el Señor de la Corona blanca Ureret
Y el ordenador de los Misterios del dios Neheb Kau.
Yo soy el Demonio Rojo que recupera el Ojo divino.
He traspuesto la Puerta de la Muerte
Y heme aquí que llego hoy al final de mi Viaje.
Porque la diosa poderosa me abre la Puerta
De entrada del Sendero.
Heme aquí que ataco a mi enemigo y le someto;

Se ha rendido y no le dejaré en libertad...
Frente a los Jueces del Mundo Inferior que rodean a Osiris
Lo reduciré a la nada:
Está ahí, con toda la Gloria de sus reales atributos:
¡He aquí al dios Khenti-Amenti![237]
El Día de las Metamorfosis
Me sitúa a la cabeza de los Espíritus Rojos.
Yo soy también el Señor de las Espadas
Y me defenderé de todo ataque.
Yo soy un escriba que pincel en mano,
Anota todo lo que ocurre alrededor de él.
Aquí están los Espíritus Rojos
A quienes les traen muchas cosas agradables y dulces;
Me las entregan; ataco a mi Enemigo
Le someto y no le dejaré en libertad.
¡Frente a los Jueces del Más Allá, he terminado con él!
Le aniquilo en los vastos campos
Frente al altar de la diosa Uadjit.
Guardo mi poder sobre él gracias a la diosa Sekhmet.
Yo soy el Señor de las Metamorfosis...
Porque yo poseo, en verdad, en mí,
Las Esencias y las Formas de todos los dioses.

• • •

Conjuro CLXXX

CÓMO ABRIR A LOS ESPÍRITUS SANTIFICADOS LOS CAMINOS DEL MUNDO INFERIOR. CÓMO DEVOLVERLES LA LIBERTAD DE MOVIMIENTOS, A FIN DE QUE PUEDAN RECORRER MEDIANTE GRANDES ZANCADAS EL MUNDO INFERIOR YEN SEGUIDA SALIR DE ÉL. CÓMO DARLES LA POSIBILIDAD DE EFECTUAR TODAS LAS METAMORFOSIS DE UN ALMA VIVIENTE

¡Aquí está Ra que baja hacia el Horizonte Occidental!

237. Khenti-Amenti: Osiris.

Se muestra con los rasgos de Osiris
A través de la radiación de los Espíritus santificados
Y de todos los dioses del Amenti.
¡Porque él es único, el dios oculto del Duat,
El Alma sagrada que dirige los destinos del Amenti,
El Ser-Bueno de vida eterna...!
Es así que vienen con las ofrendas del Duat
Merced a las cuales tú cumplirás el Viaje...
Hijo de Ra, tú provienes de Tum.
Los que habitan el Duat te glorifican.
¡Oh tú, Rey del Aukert,
Amo Supremo de la Corona,[238]
Gran dios cuyo Trono es misterioso,
Señor que conoce el peso de la Palabra,
Jefe supremo de los Jueces infernales!
¡Los que habitan el Duat te glorifican y se regocijan contigo
¡Los espíritus divinos lloran al enemigo
Y se arrancan los cabellos;
Te aplauden y te glorifican;
Sollozan dando gritos;
Se alegran; porque saben
Que tu Alma viviente es glorificada en tu Cuerpo inanimado...
Entre gritos de alegría te glorifican las Almas de los muertos...
¡Sublime es, en verdad, el Alma de Ra que mora en el Amenti!
¡Salve, Osiris!
Yo soy, en tu Templo, un servidor,
Y habito en la divina Morada en la que se oyen tus órdenes.
¡Que me sea posible ser recibido entre los Elegidos del Duat
Como a una gran Luminaria
Que el Duat nutre con la esencia de su Ser![239]
Yo le transito en mi condición de hijo de Ra
Y me muestro bajo los rasgos de Tum.
El Duat es para mí, en verdad, un lugar de reposo...
La oscuridad que en él reina
Yo la manejo a mi voluntad.

238. Aukert: el Mundo Inferior.
239. El difunto "alimenta" al Duat, a los dioses y espíritus que habitan en él, con su *ser*.

Entro y salgo de él sin tener dificultades.
He aquí que tú extiendes, ¡oh dios Tatunen!,[240]
tus brazos hacia mí.
Al colocar, completamente derecha, mi Forma acostada
Los que habitan el Duat encuentran nuevamente la tranquilidad de su espíritu.
¡Oh vosotros, Espíritus divinos, extended vuestros brazos y sostenedme!
Porque yo conozco vuestros Nombres misteriosos...
¡Enseñadme el camino que debo seguir!
¡Oh vosotros espíritus Bienaventurados, glorificadme!
¡Porque, cuando soy glorificado
Son Ray Osiris los que se alegran!
Heme aquí que coloco ante vosotros las ofrendas;
Esa es la voluntad de Ra.
Yo soy su Elegido, su Heredero en la Tierra...
Mi viaje llega ahora a su término.
He recorrido todas las rutas del Más Allá;
He penetrado a las regiones apartadas del Duat;
Entré por la fuerza en la hermosa Amenti;
Al espíritu estelar de Sirio presenté mi cetro
Y a la divinidad cuyo nombre no debe ser revelado,
Presenté la diadema de Nemmés...
¡Contempladme, pues oh vosotros, Espíritus santificados!
¡Vosotros, que guiáis las Almas de los muertos
A través de los caminos que atraviesan el Duat!
¡Ojalá me sea posible llegar a ser un Espíritu santificado
Y llegar a ser Ordenador de los Misterios!
¡Libradme del poder de los demonios
Que amarran sus víctimas al poste,
Porque yo soy Heredero de Osiris!
¡Mirad la diadema Nemmés que adorna mi cabeza!
¡Yo llegué a ser came de vuestra carne al ser el elegido de los dioses
Yo soy igual a mi Padre, Osiris,
Al que rinden veneración las cuatro regiones del Espacio;
Por lo tanto, ¡miradme! ¡Y al mirarme, regocijáos!
¡Ojalá me fuera posible ser enaltecido igual que este dios
Que recorre el ciclo de sus Metamorfosis!

240. Tatunen (Ptah).

¡Abrid a mi Alma divina las Vías celestiales,
Para que pueda quedarme en la hermosa Amenti!
¡Corred los cerrojos de las Puertas del Cielo,
Porque yo soy quien ubica a los dioses en sus sitios
Y quien da las ofrendas a las Almas de los muertos y a la de los dioses!
¡Yo soy, en verdad el dios Mehanuti-Ra!
Yo soy el pájaro misterioso Benn, que vive en el Duat.
Yo hago en él mi entrada y al salir de él,
El pájaro misterioso aparece en el Cielo...
Yo atravieso el Cielo nocturno, siguiendo a Ra;
Yo encuentro en los Campos de Ra mis ofrendas celestiales;
Y en los Campos de los Bienaventurados encuentro mis ofrendas terrestres.
Yo avanzo bajo los rasgos de mi Cuerpo Glorioso,
El de los atributos misteriosos...
Son grandes mis pasos.
Mis Metamorfosis representan al doble dios Horus-Seth...
Es así que los Espíritus divinos que preceden a Ra
Me llevan en su Barca celestial;
Porque yo soy igual al Alma misteriosa
Que vive eternamente en el Amenti...

• • •

Conjuro CLXXXI

PARA PENETRAR ANTE OSIRIS Y SUS JERARQUIAS

¡Salve, oh Príncipe del Amenti!
Ser-Bueno, Señor de la Tierra Sagrada,
Que eres coronado igual que Ra! Heme aquí que llego a contemplarte
Y para regocijarme con el espectáculo de tu belleza...
Porque el Disco de Ra es tu Disco; sus rayos de Luz son tus rayos;
Su diadema Ureret es tu diadema;
Su inmensidad es tu inmensidad;
Sus salidas al alba son tus salidas al alba;

Sus bellezas son tus bellezas;
Su pavorosa majestad es tu majestad;
Los perfumes que exhala son tus perfumes;
Sus Palacios en el Cielo son tus Palacios en el Cielo;
Sus mansiones son tus mansiones;
Su Trono es tu Trono;
Su Herencia es tu Herencia;
Sus adornos son tus adornos;
Sus decretos son tus decretos;
Su Amenti es tu Amenti;
Sus posesiones son tus posesiones;
Su poder mágico es tu poder mágico;
Sus atributos divinos son tus atributos divinos;
Sus talismanes son tus talismanes;
¡Inmortal él, tú también lo eres!
¡Invencible él, tú también lo eres!
¡Inatacable é1, tú también lo eres!... ¡Oh Osiris, hijo de Nut,
Señor de los Cuernos de la Luna,
Coronado del Atef, diadema reluciente, gloria a tí!
Tú recibes, jefe supremo de los jueces infernales, la corona real Ureret.
Por todas partes siembra Tum el terror de tu Nombre:
En el corazón de los hombres, en el corazón de las mujeres,
De los dioses, de los Espíritus santificados y de los muertos.
Ellos ponen en tus manos
La real corona de Heliópolis.
¡Muchas son, verdaderamente, tus Metamorfosis en Djedu!
Eres muy temido en los Dos Mundos, Pruebas tu bravura en el Re-stau.
A los amos del Gran Templo le es dulce tu recuerdo.
Es así que te elevas en Abydos
Y frente a las Jerarquías divinas sales triunfante.
¡Es temible tu potencia guerrera!
¡La Tierra entera tiembla ante ti'!

Conjuro CLXXXII

PARA HACER ESTABLE A OSIRIS MIENTRAS THOTH RECHAZA A SUS ENEMIGOS

Yo soy Thoth, amo de los dos Cuernos de la Luna[241];
Mis manos son puras y mi letra es perfecta.
Odio el Mal y detesto la Iniquidad;
Yo establezco por escrito la Justicia divina.
En verdad, yo soy el pincel con el cual el dios del Universo escribe.
Soy el Amo de la Rectitud y la Lealtad.
Señor del Verdad y de la Justicia.
Yo aniquilo la Mentira y declaro la Verdad ante los dioses.
Mis palabras tienen poder en los Dos Mundos.
Al que vence victorioso, yo humillo,
Y al débil escarnecido, yo levanto.
Yo hago llegar hasta Osiris, el Ser-Bueno,
El fresco y agradable aire de los Vientos del Norte
Cuando este dios deja el seno de la diosa que lo trajo al Mundo.
Ra se acuesta en el Horizonte Igual que Osiris;
Y Osiris se acuesta en el Horizonte igual que Ra.
Yo hago penetrar a Ra
En el seno de los Misterios sagrados
Donde los Espíritus divinos vuelven a la vida al Dio-del-Corazón-Detenido,
El Alma misteriosa del Amenti.
¡Escucháis los gritos de alegría
Frente al Dios-del-Corazón-Detenido, hijo de Nut, el Ser-Bueno!
¡En verdad, yo soy Thoth, el poderoso,
El bienamado de Ra!
Gracias a mí todo lo que Ra emprende
Es coronado por el éxito.
Yo soy el Gran Mago, igual que Thoth.
Semejante a él, sentado en la Barca-de-los-incontables Años,
Yo soy el Señor de la Ley escrita

241. Las divinidades de la Luna eran tres: Thoth, encarnación de los Amos de la Sabiduría —cuyo signo era la luna invisible—, e Iah y Khon.

Y el Purificador de las Dos Tierras.
Mi brillo mágico da protección a Nut, que le ha dado la vida.
Yo venzo a mis enemigos y destruyo los obstáculos.
Yo ejecuto las voluntades de Ra en su santuario.
Yo soy Thoth, que rechazo a los enemigos de Osiris
Y que, frente a las catástrofes que les esperan,
Establece los Mundos de Mañana...
Siendo Thoth, administro el Cielo, la Tierra y el Duát
Y doy vida a las Almas de las generaciones futuras[242]
Gracias a la potencia de mi Verbo mágico
Llega el aire a las que Pasan las pruebas de los Misterios.
¡En verdad, yo he vencido a los enemigos de Osiris!
¡Heme aquí que llego ante tí, oh Señor de la Tierra sagrada,
Osiris, macho poderoso del Amenti!
¡Observa! ¡Tu Trono es estable para toda la Eternidad!
Por la protección mágica de mis manos,
Yo doy a tus miembros la Duración infinita;
Hago guardia junto a tí, todos los días de mi vida
Y protejo tu existencia y la de tu Doble Etérico...
¡Oh Rey del Duat! ¡Oh príncipe del Amenti!
¡Observa cómo los dioses llegan ante ti,
Tú que como conquistador te adueñas del Cielo,
Que colocas sobre tu cabeza la corona Atef,
Que te apoderas del Bastón de mando y del Látigo!
¡Oh tú, Ser-Bueno, Infinito, Eterno,
Que permites a los seres humanos
Volver a nacer otra vez a la vida,
Volver a ser jóvenes (y reencarnar) en el momento preciso!
¡Aquí está, delante de tí, tu hijo Horus!
El te devuelve los atributos de Tum.
Tu rostro es de una hermosura perfecta, ¡Oh Un Nefer!
¡Elévate pues, elévate, oh
Macho poderoso del Amenti!
En el seno de Nut, tu Madre divina, eres estable!
¡Porque ella estuvo unida a ti
Y sale en tu persona de su Cuerpo celestial!

---

242. Hemmomit: seres descarnados que habiendo culminado la vida en el Más Allá, se preparaban para una nueva encarnación.

Igual que en el pasado, tu Corazón "ib"
Calcula la duración de su vida por la del Corazón "hati".
Están colmadas de Vida, de Fuerza y de Salud las ventanas de tu nariz.
Igual que Ra, tú renuevas tu juventud todos los días.
Tu triunfo es inmenso, ¡oh Osiris!
¡Observa! ¡Yo vengo hasta ti! ¡Yo soy Thoth!
Yo apaciguo a Horus y tranquilizo el furor de los dos Combatientes.
Yo domé a los Espíritus Rojos y también a los demonios de la Revuelta;
Lo sometí a duras pruebas...
Yo soy Thoth que, en Letópolis,
Guía a lugar seguro a los Misterios de la Noche.
Yo, Thoth que surgo diariamente en la ciudad de Buto.
Llevo abundantes ofrendas a los Espíritus santificados,
Estoy aquí para restituirte el hombro de Osiris,
Embalsamado y perfumado
Para que agrade al olfato de Un-Nefer.
Yo soy Thoth, que todos los días llega a la ciudad de Kher-Aha.
Heme aquí que amarro mi Barca;
La traje del Este hacia el Oeste.
En verdad, yo sobrepaso, en esplendor a todos los dioses,
Porque mi Nombre es "Aquel que es sublime".
Yo he abierto los caminos hacia el bien con mi Nombre de Up-Uaut.[243]
¡Gloria a Osiris, Un-Nefer, Infinito, Eterno!

• • •

Conjuro CLXXIII

HIMNO A OSIRIS

¡Llego ante tí, oh Osiris, hijo de Nut! Príncipe de
La Eternidad,
Yo, uno entre los dioses que rodean a Thoth;
Yo, que me siento feliz de lo que he hecho por ti:
Traer Aire fresco y agradable para tus Pulmones;
Vida y Fuerza para tu bello Rostro

243. Up (Uat): dios que abre los caminos.

Y Viento del Norte para las ventanas de tu Nariz,
¡Oh Señor de la Tierra sagrada de los Muertos!
Ordené a Shu que ilumine tu Cuerpo;
Que sus rayos alumbren tu Camino;
Con el Verbo de Potencia de su Boca
Destruyó el Mal que se agarraba a tus Miembros;
Dio paz a los dos Horus, esos dos Hermanos combatientes;
Rechazó las Tempestades y las Inundaciones;
Por su causa, Horus y Seth, igual que las Dos Tierras,
Mediante la paz que reina entre ellos,
Se esfuerzan por serte agradables;
Consiguió apaciguar la cólera de sus corazones
Y los reconcilio...
Tu hijo, Horus, sale triunfante frente a la asamblea de los dioses;
Y la realeza del mundo entero le ha sido dada.
Le ha sido conferido, también, el Trono de Keb,
Así como la categoría que Tum ha ordenado,
Fijado por escrito en los Archivos
Y grabado en una placa de hierro,
Siguiendo las órdenes de tu Padre, Ptah-Tanen,
Que está sentado en su Trono Real...
Ordenó a su Hermano enderezar a Shu,
Hacer elevar las aguas hasta llegar a la cima de las montañas
Para que crezca la hierba en las colinas
Y el trigo en los valles,
Para que tierra y agua no dejen de producir...
Es así que los dioses del Cielo y la Tierra,
Acompañan a tu Hijo, Horus, hasta la Sala
Donde es proclamado su Señor y su rey...
Se regocija tu Corazón, ¡oh Amo de los dioses!
Se alegra mucho,
Porque Egipto y el País Rojo conocen los beneficios de la paz
Y bajo tu amparo se entregan al trabajo;
En sitios apropiados son construidos templos y ciudades;
Corresponden a sus Nombres las posesiones de ciudades y provincias;
Según tu Nombre, que es sagrado, eternamente,
Te ofrecemos, ahora, sacrificios...
¿No escuchas cómo eres aclamado
Y cómo adoran tu Nombre?
¿No ves cómo se procede a las libaciones en honor de KA

Y cómo llegan de todas partes con ofrendas sepulcrales
Destinadas abs Espíritus santificados que te rodean?
Es así que las ofrendas dispuestas alrededor de las Almas de los Muertos
Son rociadas con agua lustral...
Todo lo que Ra ha ordenado para ti,
Al comienzo de los Tiempos,
Desde este instante está terminado;
Por ello ahora serás coronado, ¡oh hijo de Nut!
Igual que el Señor del Universo ha sido coronado...
Tú vives, en verdad, fijo y sin quebrantarte;
Tú rejuveneces; tú eres justo y verdadero.
Ra, tu Padre celestial, consolida tus miembros
Y las Jerarquías divinas te reciben con gritos de alegría...
Isis permanece a tu lado y no se separa un paso de ti.
Tus enemigos no te vencerán;
Todos los hombres y todos los países exaltan tu belleza,
Lo mismo que aclaman a Ra, cuando se levanta al alba...
Irradias sobre los mundos, erguido sobre tu pedestal.
Aceleran su paso,
Llenos de alegría, frente a tu belleza,
Los corazones de los hombres.
La realeza se le concede a Keb,
Tu Padre, que ha dispuesto tu hermosura;
En cuanto a la diosa que te trajo al Mundo y modeló tus miembros,
Es la madre de los dioses, es Nut.
Tu fuiste, en verdad, el primero de los cinco dioses[244]
Tomando en tus brazos el bastón de mando y el látigo,
Colocando la corona blanca de Atef en tu cabeza,
Eres entronizado rey de hombres y de dioses.
Porque, verdaderamente, fuiste coronado Señor de las Dos Tierras,
Y llevabas sobre tu frente los emblemas de la realeza de Ra
En el tiempo en que aun reposabas en el seno de tu Madre,
Nut. Cuando surges ahora,
Se inclinan los dioses profundamente.
Caminan hacia atrás en su sendero,
Embargados de un terror que viene de Ra;
Y la Fuerza irresistible de tu Majestad les da temor...
Verdaderamente, la Vida te acompaña, te siguen las ofrendas;
Cada día las hallas ante tu Rostro divino...

244. Los cinco dioses, hijos de Keb y de Nut, eran: Osiris, Isis, Neftis, Seth y Horus.

Dadme, entonces ¡oh dios!
La gracia para que pueda encontrarme junto a los que siguen tu Majestad,
De la misma manera que lo hacía en la Tierra...
En lo que respecta a mi Alma, haz que sea convocada
Para que te encuentre
Al lado de los Señores de la Verdad y de la Justicia.
Heme aquí que me dirijo hacia la ciudad de los dioses,
Este lugar que existía desde tiempo inmemorial;
Ahora, mi Alma, mi Doble, mi Espíritu santificado
Vivirán en este país Cuyo Señor es el dios de la Verdad-Justicia;
Él, que da el alimento a los dioses.
Esta Tierra ejerce, en verdad, atracción sobre los otros países:
Los del Sur que siguen la corriente (del río),
Y los del Norte, que aprovechan los Vientos propicios
Que llegan allí, todos los días, a hacer sus banquetes,
Como los manda el dios,
Amo de estos lugares, Señor de la Paz...
¿Acaso este dios no ha dicho:
"Que al menos reine la alegría en el corazón de los hombres
Que con la Justicia y la Verdad
Se conforman respecto a los dioses de estos lugares"?
Porque él da larga vida a los que proceden así;
Concede honores en la Tierra
Y les prepara después bellos funerales
Uniéndoles al suelo de la Tierra sagrada.
Ve, entonces, ¡oh dios!
Yo llego ante tí,
Rogando, con los brazos extendidos,
Y te ofrezco la Verdad y la Justicia.
No hallaréis fraude ni mentira en mi corazón...
Porque yo sé que tú subsistes y continúas
En Verdad y en Justicia.
Entérate, entonces, ¡oh dios!
Yo no cometí pecados en este Mundo,
No he hecho daño a nadie ni me apropié de sus bienes.
Yo soy Thoth, el Hierogramata perfecto, de las manos puras,
Amo de la Verdad y la Justicia Señor de la Pureza, destructor del Mal,
Escriba de la Verdad que odia el Pecado...
Mírame, ¡oh dios! Yo soy el Pincel del Señor del Universo,

Del Amo de las leyes, que realiza el don de las Palabras de Sabiduría,
Que vence a la Mentira y al Fraude
Y cuya palabra tiene poder en los Dos Países.
Yo soy Thoth, Señor de la Verdad y de la Justicia
Que otorga la victoria al débil perseguido
Y da venganza al oprimido en la persona del opresor.
Heme aquí que yo arrojo las Tinieblas y rechazo las Tempestades.
Traigo el soplo del Viento del Norte al Ser-Bueno;
Ese soplo de vida que ha traido al Mundo a su Madre celestial,
Yo le hago entrar en las Moradas misteriosas,
Para que así pueda despertar el Corazón
Del "dios-del-Corazón-Detenido",
Este dios de Bondad, hijo de Nut,
Horus, el invencible...

• • •

Conjuros CLXXXIV y CLXXXV

(Variantes del conjuro anterior)

Conjuros CLXXXVI y CLXXXVII

(Muy cortos han llegado a nosotros sumamente mutilados)

• • •

Conjuro CLXXXVIII

PARA CONSTRUIR UNA MORADA EN EL MUNDO INFERIOR Y PARA MOSTRARSE CON LOS RASGOS DE UN SER HUMANO

¡Que la paz sea contigo!
Es así que llegado a ser Espíritu santificado,
En el seno del Ojo divino entras en paz.
En tu Alma eres santificado;
Y, en silencio tu Sombra observa atentamente...
¡Que me contemple, entonces...
En el instante en que pase a juicio,

En todas partes donde se me juzgue,
Con todas mis Formas, con todos mis dones de espíritu,
Con todos los atributos divinos de mi Alma!
¡Que me alumbre mi Alma, entonces, en el seno de Ra!
¡Que en el Templo me santifique,
Cada vez que me juzguen,
Y que me miren!
¡Que le sea posible a mi Alma permanecer de pie o sentarse,
O penetrar en la morada de mi Cuerpo, convertido en una Divinidad estelar
Que obedece las órdenes de Osiris.
Está en movimiento, día y noche,
Y continúo los Ritmos de las Fiestas...

Conjuro CLXXXIX

(Variante del conjuro LII)

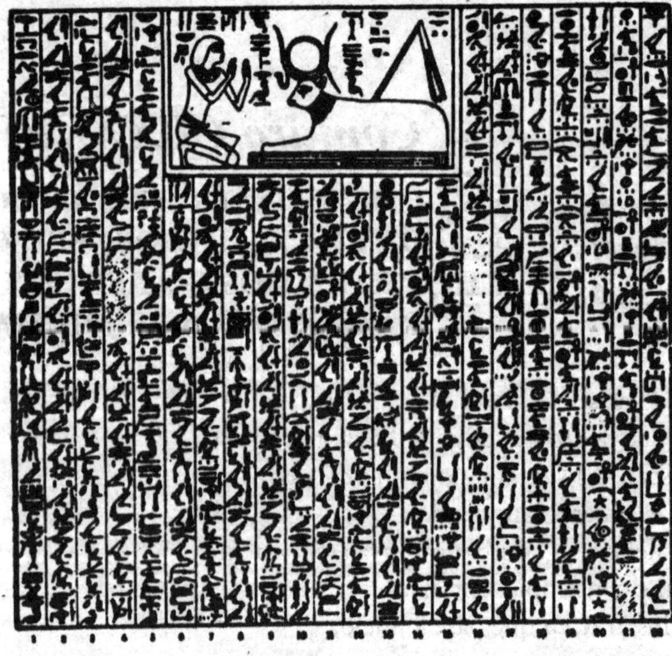

Conjuro CXC

Este libro se refiere al perfeccionamiento del Espíritu santificado en el seno de Ra, le dá el poder junto a Tum, le magnifica junto a Osiris, le torna poderoso junto al Señor del Amenti y junto a las jerarquías de los dioses, es dignamente venerado.

Este Libro se recitará el primer día del mes, durante la fiesta del sexto día y durante las ceremonias de Uak y las del dios Thoth; durante el aniversario de Osiris y durante las fiestas de Sokari y de la noche Haker.

Este Libro muestra los secretos de las moradas misteriosas del Duat; es guía de iniciación en los Misterios del Mundo Inferior; por él te será posible pasar a través de las montañas y entrar en los misteriosos valles a los que ninguna vía conocida, conduce. El hace guardia al lado del Espíritu santificado, alarga sus pasos cuando camina, acaba con su sordera y le deja entrar en contacto con los dioses.

Cuando recites este libro no debe verte ningún ser humano, sólo los que te son queridos y el sacerdote de Kheri-Heb; no tendrán que moverse de sus cuartos tus servidores; con respecto a tí, debes encerrarte en una sala con tapices de telas estelares. De esta manera el alma del difunto por el cual este Libro recitado podrá transitar a plena Luz del Día, entre los vivos; entre los dioses será poderosa; no la rechazarán, sino que, habiéndola examinado los dioses, en el difunto reconocerán a su igual.

Este Libro te enseñará las Metamorfosis por las que pasa el Alma bajo los efectos de la Luz.

Este Libro es, en verdad, un misterio muy grande y muy profundo. No lo pongas nunca en las manos del primero que llegue o de un ignorante.

Índice